14 - نۆۋەتلىك مەملىكەتلىك خەلق قۇرۇلتىيىنىڭ 2 - يىغىنىدا
بېرىلگەن «ھۆكۈمەت خىزمىتىدىن دوكلات»نى
ئۆگىنىشكە دائىر سوئال - جاۋابلار

2024-يىللىق

گوۋۇيۈەن تەتقىقات ئىشخانىسىنىڭ ھۆججەت تەييارلاش گۇرۇپپىسى

جۇڭگو يەنشى نەشرىياتى

مىللەتلەر نەشرىياتى

مەزكوٗر كىتابنى توٛزوٛش هەيئتى

موٗدىر : خوٗاڭ شوۋخوٗڭ

موٗئاۋىن موٗدىر : كاڭ شوٛپىڭ، شياۋ يەنشوٗن، چېن چاڭشىڭ

ئەزالار : (فامىلە بىخوٗا تەرتىپى بويىچە تىزىلدى)

ۋاڭ خەنجاڭ، ۋاڭ شىڭچيەن، نيوٗ فالياڭ،

فىڭ ۋېنلى، جوٗ يەنخوٗا، چياۋ شاڭكوٗي،

ليوٗ رىخوٗڭ، لى پەنخوٗي، سوٗڭ لى،

جياڭ شيوٗچيەن، چىن چىڭشەن

مۇندەرىجە

ھۆكۈمەت خىزمىتىدىن دوكلات

يۇقىرى سۈپەتلىك تەرەققىياتقا كۈچەپ تۈرتكە بولۇپ، ئىقتىسادنىڭ قايتا يۈكسىلىپ ياخشىلىنىش ۋەزىيىتىنى مۇستەھكەملەش ۋە كۈچەيتىش كېرەك(مۇقەددىمە ئورنىدا)

ھۆكۈمەت خىزمىتىدىن دوكلات

— 2024-يىل 3-ئاينىڭ 5-كۈنى 14-نۆۋەتلىك مەملىكەتلىك خەلق قۇرۇلتىيىنىڭ 2-يىغىنىدا بېرىلدى

گوۋۇيۈەن زۇڭلىسى **لى چياڭ**

ۋەكىللەر:

ھازىر مەن گوۋۇيۈەنگە ۋاكالىتەن قۇرۇلتايغا ھۆكۈمەت خىزمىتىدىن دوكلات بېرىمەن، قاراپ چىقىشىڭلارنى ھەمدە مەملىكەتلىك سىياسىي كېڭەش ئەزالىرىنىڭ پىكىر بېرىشىنى سورايمەن.

1. 2023-يىللىق خىزمەت ئەسلىمىسى

ئۆتكەن بىر يىل — پارتىيە 20-قۇرۇلتىيىنىڭ روھى ئومۇميۈزلۈك ئىزچىللاشتۇرۇلغان تۇنجى يىل، بۇ نۆۋەتلىك ھۆكۈمەت قانۇن بويىچە مەسئۇلىيىتىنى ئادا قىلغان تۇنجى يىل. يەۋقۇلئاددە مۇرەككەپ خەلقئارا مۇھىت ۋە مۇشكۈل، ئېغىر ئىسلاھات، تەرەققىيات، مۇقىملىق ۋەزىيىتى ئالدىدا، يولداش شى جىنپىڭ يادرولۇقىدىكى پارتىيە مەركىزىي كومىتېتى پۈتۈن

مەملىكەتتىكى ھەر مىللەت خەلقىنى ئىتتىپاقلاشتۇرۇپ ۋە يېتەكلەپ، تاشقى بېسىمغا تاقابىل تۇرۇپ، ئىچكى قىيىنچىلىقنى يېڭىپ، جاپالىق تىرىشچانلىق كۆرسىتىپ، يېڭى تاجىسمان ئۆپكە ياللۇغى يۇقۇمىنىڭ ئالدىنى ئېلىش-تىزگىنلەشتە مۇقىم بۇرۇلۇش ھاسىل قىلىپ، زور ھەل قىلغۇچ غەلىبىنى قولغا كەلتۈردى، ئىقتىسادىي، ئىجتىمائىي تەرەققىياتنىڭ پۈتۈن يىللىق ئاساسلىق نىشان-ۋەزىپىلىرى مۇۋەپپەقىيەتلىك ئورۇنلىنىپ، يۇقىرى سۈپەتلىك تەرەققىيات پۇختا ئالغا سىلجىتىلدى، جەمئىيەت ئومۇمىيىتىنىڭ مۇقىملىقى ساقلىنىپ، سوتسىيالىستىك زامانىۋىلاشقان دۆلەتنى ئومۇميۈزلۈك قۇرۇشتا پۇختا قەدەم تاشلاندى.

— ئىقتىساد ئومۇمىي جەھەتتىن قايتا يۈكسىلىپ ياخشىلاندى. ئىچكى ئىشلەپچىقىرىش ئومۇمىي قىممىتى 126 تىرىليون يۈەندىن ئېشىپ، %5.2 كۆپىيىپ، ئېشىش سۈرئىتى دۇنيادىكى ئاساسلىق ئىقتىسادىي گەۋدىلەر ئىچىدە ئالدىنقى قاتاردا تۇردى. شەھەر-بازارلاردا 12 مىليون 440 مىڭ ئادەم يېڭىدىن ئىشقا ئورۇنلاشتى، شەھەر-بازارلاردا ئېنىقلانغان ئىشسىزلىق نىسبىتى ئوتتۇرا ھېساب بىلەن %5.2 بولدى. ئاھالە ئىستېمال باھاسى %0.2 ئۆرلىدى. خەلقئارا كىرىم-چىقىم ئاساسىي جەھەتتىن تەڭپۇڭلاشتى.

— زامانىۋى كەسىپ سىستېمىسى قۇرۇلۇشىدا مۇھىم ئىلگىرىلەشلەر قولغا كەلدى. ئەنئەنىۋى كەسىپلەرنىڭ تىپىنى ئۆزگەرتىش، دەرىجىسىنى ئۆستۈرۈش تېزلەشتى، يېڭى گۈللىنىۋاتقان ئىستراتېگىيەلىك كەسىپلەر جۇش ئۇرۇپ راۋاجلاندى، كەلگۈسى كەسىپلەر تەرتىپلىك ئورۇنلاشتۇرۇلدى، ئىلغار ياسىمىچىلىق بىلەن زامانىۋى مۇلازىمەتچىلىك چوڭقۇر يۇغۇرۇلدى، بىر تۈركۈم زور كەسىپلەردە يېڭىلىق يارىتىش نەتىجىلىرى خەلقئارا ئىلغار سەۋىيەگە

يەتتى. دۆلىتىمىزدە ئىشلەنگەن C919 تىپلىق چوڭ ئايروپىلان سودا تىجارىتىگە كىرىشتۈرۈلدى، دۆلىتىمىزدە چوڭ تىپتىكى پوچتا پاراخوتى مۇۋەپپەقىيەتلىك ياساپ چىقىلدى، يېڭى ئېنېرگىيەلىك ئاپتوموبىل ئىشلەپچىقىرىش-سېتىلىش مىقدارىنىڭ دۇنيادا ئىگىلىگەن نىسبىتى 60%تىن ئاشتى.

—— پەن-تېخنىكىدا يېڭىلىق يارىتىشتا يېڭى بوۋسۇش ھاسىل قىلىندى. دۆلەت تەجرىبىخانىسى سىستېمىسى قۇرۇلۇشى كۈچلۈك ئالغا سىلجىتىلدى. ئاچقۇچلۇق، يادرولۇق تېخنىكىلاردا ئۆتكەلگە ھۇجۇم قىلىش نەتىجىلىرى مول بولدى، ئاۋىياتسىيە موتورى، يېقىلغۇ گاز تۇربىنىسى، 4-ئەۋلاد يادرو ئېلېكتىر گېنېراتور گۇرۇپپىسى قاتارلىق سەرخىل جابدۇقلارنى تەتقىق قىلىپ ياساشتا زور ئىلگىرىلەش ھاسىل قىلىندى، سۈنئىي ئەقىل، كىۋانت تېخنىكىسى قاتارلىق ئالدىنقى قاتاردىكى ساھەلەردە يېڭىلىق يارىتىش نەتىجىلىرى ئۈزلۈكسىز بارلىققا كەلدى. پۈتۈشكەن تېخنىكا توختامى سوممىسى 28.6% ئاشتى. يېڭىلىق يارىتىش ئارقىلىق تەرەققىياتقا تۈرتكە بولۇش ئىقتىدارى سىجىل ئۆستى.

—— ئىسلاھات-ئېچىۋېتىش چوڭقۇر ئالغا سىلجىتىلدى. يېڭى بىر نۆۋەتلىك ئاپپارات ئىسلاھاتى مەركەز قاتلىمىدا ئاساسىي جەھەتتىن تاماملاندى، يەرلىك قاتلامدا تەرتىپلىك قانات يايدۇرۇلۇۋاتىدۇ. مەملىكەت بويىچە بىرلىككە كەلگەن چوڭ بازار قۇرۇلۇشى كۈچەيتىلدى. دۆلەت كارخانىلىرى ئىسلاھاتىنى چوڭقۇرلاشتۇرۇش، يۈكسەلدۈرۈش ھەرىكىتى يولغا قويۇلدى، پۇقراۋى ئىگىلىكنىڭ تەرەققىي قىلىپ زورىيىشىنى ئىلگىرى سۈرۈش سىياسىتى چىقىرىلدى. ئەركىن سودا سىناق رايونى قۇرۇلۇشىنىڭ ئورۇنلاشتۇرمىسى يەنىمۇ مۇكەممەللەشتۈرۈلدى. ئېكسپورتنىڭ

خەلقئارا بازاردا ئىگىلىگەن ئۈلۈشىنىڭ مۇقىملىقى ساقلاندى، ئەمەلىي ئىشلىتىلگەن تاشقى مەبلەغ قۇرۇلمىسى ئەلالاشتى، «بىر بەلباغ، بىر يول»نى ئورتاق بەرپا قىلىشنىڭ خەلقئارا تەسىر كۈچى، چاقىرىق كۈچى تېخىمۇ نامايان بولدى.

—— بىخەتەر تەرەققىياتنىڭ ئاساسى مۇستەھكەملەندى ۋە پۇختىلاندى. ئاشلىق ھوسۇلى 1 تىرىليون 390 مىليارد جىڭغا يېتىپ، تارىختا يەنە بىر قېتىم يېڭى يۇقىرى سەۋىيە يارىتىلدى. ئېنېرگىيە بايلىقى تەمىناتى مۇقىم بولدى. مۇھىم كەسىپ زەنجىرى بىلەن تەمىنات زەنجىرىنى ئۆز ئالدىغا تىزگىنلەش ئىقتىدارىمىز ئۆستى. ئىقتىساد، پۇل مۇئامىلىنىڭ نۇقتىلىق ساھەلىرىدىكى خەۋپ-خەتەر پۇختا قەدەم بىلەن تۈگىتىلدى. زامانىۋى ئۇل ئەسلىھە قۇرۇلۇشى ئۈزلۈكسىز كۈچەيتىلدى.

—— ئېكولوگىيەلىك مۇھىت سۈپىتى مۇقىملىق ئاساسىدا ياخشىلاندى. بۇلغىنىشنىڭ ئالدىنى ئېلىش-تىزگىنلەش ئۆتكىلىگە ھۇجۇم قىلىش جېڭى چوڭقۇر قانات يايدۇرۇلدى، ئاساسلىق بۇلغىما چىقىرىش مىقدارى داۋاملىق تۆۋەنلىدى، يەر ئۈستى سۈيى ۋە قىرغاققا يېقىن دېڭىز تەۋەلىكىنىڭ سۇ سۈپىتىدە سىجىل ياخشىلىنىش بولدى. «ئۈچ شىمال» قۇرۇلۇشىدا ئۆتكەلگە ھۇجۇم قىلىش جېڭى ئومۇميۈزلۈك باشلاندى. ھاسىلىي ئېنېرگىيەلىك گېنېراتور گۇرۇپپىسىنىڭ كۆلىمى ئوت ئېلېكتىر گېنېراتور كۆلىمىدىن تارىخىي خاراكتېرلىك ئېشىپ كەتتى، پۈتۈن بىر يىلدا يېڭىدىن كۆپەيگەن گېنېراتور گۇرۇپپىسى پۈتۈن دۇنيانىڭكىنىڭ يېرىمىدىن ئېشىپ كەتتى.

—— خەلق تۇرمۇشى كۈچلۈك، ئۈنۈملۈك كاپالەتكە ئىگە بولدى. ئاھالىنىڭ ئىلكىدىكى ئوتتۇرىچە كىرىمى 6.1% ئېشىپ،

شەھەر ئاھالىسى بىلەن يېزا ئاھالىسىنىڭ كىرىم پەرقى داۋاملىق كىچىكلىدى. نامراتلىقتىن قۇتۇلدۇرۇش ئۆتكىلىگە ھۇجۇم قىلىش نەتىجىلىرى مۇستەھكەملەندى ۋە كېڭەيتىلدى، نامراتلىقتىن قۇتۇلغان رايونلاردىكى يېزا ئاھالىسىنىڭ كىرىمى 8.4% ئاشتى. مەجبۇرىيەت مائارىپى، ياشانغاندا ئاساسىي كۆتۈنۈش، ئاساسىي داۋالىنىش قاتارلىقلارغا مالىيەدىن ياردەم پۇلى بېرىش سالمىقى ئاشۇرۇلدى، قۇتقۇزۇش-كاپالەتلەندۈرۈش ئوبيېكتلىرىنىڭ دائىرىسى كېڭەيتىلدى. شەخسىلەر تاپاۋەت بېجى ئېلىش دائىرىسىدىن چىقىرىۋېتىلىدىغان مەخسۇس قوشۇمچە تۈردە «ياشانغانلار ۋە بالىلار»غا قارىتىلغان ئۆلچەم ئۆستۈرۈلۈپ، 66 مىليوندىن ئارتۇق باج تاپشۇرغۇچى نەپكە ئېرىشتى. شەھەر-بازارلاردىكى كونا مەھەللىلەرنى ئۆزگەرتىش ۋە كاپالەتلىك تۇرالغۇ بىلەن تەمىنلەش كۆچەيتىلىپ، ئون نەچچە مىليون ئائىلىگە نەپ يەتكۈزۈلدى.

ئۆتكەن بىر يىلنى ئەسلىسەك، قاتمۇقات قىيىنچىلىق ۋە خىرىس گىرەلىشىپ كەتتى، دۆلىتىمىز ئىقتىسادى دولقۇنسىمان راۋاجلىنىپ، ئەگرى-توقاي ئىلگىرىلىدى، نەتىجىلەرنىڭ قولغا كېلىشى ئاسانغا توختىمىدى. خەلقئارادىن قارىغاندا، دۇنيا ئىقتىسادىنىڭ ئەسلىگە كېلىشى ئاجىز بولدى، جۇغراپىيەلىك سىياسىي توقۇنۇش كەسكىنلەشتى، قورۇقچىلىق، يەككە تەرەپچىلىك كۈچەيدى، تاشقى مۇھىتىنىڭ دۆلىتىمىزنىڭ تەرەققىياتىغا بولغان پايدىسىز تەسىرى سىجىل زورايدى. دۆلىتىمىز ئىچىدىن قارىغاندا، يېڭى تاجىسىمان ئۆپكە ياللۇغى يۇقۇمىنىڭ زەربىسىگە ئۈچ يىل ئۇچرىدۇق، ئىقتىسادنى ئەسلىگە كەلتۈرۈپ راۋاجلاندۇرۇشتا نۇرغۇن قىيىن مەسىلىلەرگە دۇچ كەلدۇق، ئۇزاقتىن بۇيان جۇغلىنىپ قالغان چوڭقۇر قاتلاملىق زىددىيەتلەر تېز ئاشكارىلاندى، يەنە نۇرغۇن يېڭى ئەھۋال، يېڭى

مەسىلىلەر ئارقا-ئارقىدىن كۆرۈلدى. تاشقى ئېھتىياج تۆۋەنلەش بىلەن ئىچكى ئېھتىياج يېتىشمەسلىك ئەھۋالى تەڭلا كۆرۈلدى، دەۋرىيلىك مەسىلىلەر بىلەن قۇرۇلمىلىق مەسىلىلەر تەڭ مەۋجۇت بولۇپ تۇردى، بەزى جايلاردىكى ئۆي-زېمىن، يەرلىك قەرز، ئوتتۇرا-كىچىك پۇل مۇئامىلە ئاپپاراتى قاتارلىقلاردا يوشۇرۇن خەۋپ-خەتەر گەۋدىلىنىپ چىقتى، قىسمەن رايونلار كەلكۈن-ھۆلچىلىك، تەيفېڭ بورىنى، يەر تەۋرەش قاتارلىق ئېغىر تەبىئىي ئاپەتلەرگە ئۇچرىدى. بۇنداق ئەھۋالدا، سىياسەتنى تاللاش ۋە خىزمەتنى ئالغا سىلجىتىشتا دۇچ كەلگەن ئىككىدىن بىرىنى تاللايدىغان، ھەتتا كۆپتىن بىرىنى تاللايدىغان قىيىن مەسىلىلەر كۆرۈنەرلىك كۆپەيدى. پۈتۈن مەملىكەتتىكى يۇقىرى-تۆۋەننىڭ ئورتاق تىرىشچانلىقى ئارقىسىدا، پۈتۈن يىللىق تەرەققىيات كۆزلىمە نىشانىنى ئىشقا ئاشۇرۇپلا قالماي، نۇرغۇن جەھەتلەردە پائال ياخشىلىنىشتا يۈزلەنگەن ئۆزگىرىشلەرنىمۇ بارلىققا كەلتۈردۇق. بولۇپمۇ بىز يېڭى دەۋردە ئىقتىسادىي خىزمەتنى ياخشى ئىشلەشنىڭ قانۇنىيىتىگە بولغان تونۇشىمىزنى چوڭقۇرلاشتۇرۇپ، زور قىيىنچىلىقلارنى يېڭىشتە قىممەتلىك تەجرىبىلەرنى توپلىدۇق. ئەمەلىيەت شۇنى تولۇق ئىسپاتلىدىكى، يولداش شى جىنپىڭ يادرولۇقىدىكى پارتىيە مەركىزىي كومىتېتىنىڭ كۈچلۈك رەھبەرلىكىدە، جۇڭگو خەلقى ھەرقانداق جاپا-مۇشەققەت، خەۋپ-خەتەر ۋە توسالغۇلارنى يېڭەلەيدىغان جاسارەت، ئەقىل-پاراسەت ۋە ئىقتىدارغا ئىگە، جۇڭگونىڭ تەرەققىياتى جەزمەن دولقۇن يېرىپ ئىلگىرىلەيدۇ، كېلەچىكى جەزمەن ئۈمىدكە تولىدۇ!

بىر يىلدىن بۇيان، بىز پارتىيە 20-قۇرۇلتىيى ۋە 20-نۆۋەتلىك

مەركىزىي كومىتېت 2-ئومۇمىي يىغىنىنىڭ روھىنى چوڭقۇر ئۆگىنىپ ۋە ئىزچىللاشتۇرۇپ، پارتىيە مەركىزىي كومىتېتىنىڭ تەدبىر-ئورۇنلاشتۇرمىلىرى بويىچە، ئاساسلىقى تۆۋەندىكى خىزمەتلەرنى ئىشلىدۇق.

بىرىنچىدىن، ماكرولۇق تەڭشەش-تىزگىنلەش سالمىقىنى ئاشۇردۇق، ئىقتىساد يۈرۈشۈشىنىڭ سىجىل ياخشىلىنىشىغا تۈرتكە بولدۇق. كەسكىن خىرىس ۋە يۇقۇمدىن كېيىن ئىقتىسادنى ئەسلىگە كەلتۈرۈشتىن ئىبارەت ئالاھىدىلىكنى كۆزدە تۇتۇپ، بىز مۇقىم ئاشۇرۇش بىلەن زاپاس كۈچنى ئاشۇرۇشنى بىرتۇتاش پىلانلاپ، ئاساسنى مۇستەھكەملەش-روھنى يېتىلدۈرۈشنى گەۋدىلەندۈرۈپ، دەل جايىدا تەدبىر كۆرۈشكە ئەھمىيەت بېرىپ، ماكرولۇق تەڭشەش-تىزگىنلەشنىڭ ۋاقتى، سالمىقى، ئۈنۈمىنى ئىگىلەپ، تەتۈر دەۋرىيلىك تەڭشەشنى كۈچەيتتۇق، «باستۇرۇپ سۇغىرىش» ۋە قىسقا مۇددەتلىك كۈچلۈك قوزغىتىش يولىنى تۇتماي، يۇقىرى سۈپەتلىك تەرەققىياتقا تۈرتكە بولۇشقا تېخىمۇ كۆپ كۈچىدۇق، پۈتۈن بىر يىلدا ئىقتىسادنىڭ يۈرۈشۈشىدە ئاۋۋال تۆۋەنلەش، ئاندىن ئۆرلەش، كېيىن مۇقىملىشىش ۋەزىيىتىنى شەكىللەندۈردۇق. ئىچكى ئېھتىياجنى ئاشۇرۇش، قۇرۇلمىنى ئەلالاشتۇرۇش، ئىشەنچنى ئۇرغۇتۇش، خەۋپ-خەتەرنىڭ ئالدىنى ئېلىش ۋە ئۇنى تۈگىتىشنى چۆرىدەپ، بىر تۈركۈم باسقۇچلۇق سىياسەتلەرنى داۋاملىق ئەلالاشتۇرۇپ، بىر تۈركۈم يېڭى سىياسەتلەرنى ۋاقتىدا ئوتتۇرىغا قويۇپ، كۈچلۈك، ئۈنۈملۈك سىياسەت بىرىكمە مۇشتىنى ئاتتۇق. مالىيە سىياسىتىنىڭ سالمىقىنى ئاشۇرۇپ، ئۈنۈمىنى ئۆستۈرۈپ، ئۇقتىلىق ساھەلەرنىڭ چىقىم كاپالىتىنى كۈچەيتتۇق، پۈتۈن بىر يىلدا يېڭىدىن كۆپەيگەن باج-ھەق ئېتىبار سوممىسى 2 تىرىليون

200 مىليارد يۈەندىن ئاشتى، بىر تىرىليون يۈەن زايومنى كۆپەيتىپ تارقىتىپ ئاپەتتىن كېيىنكى ئەسلىگە كەلتۈرۈش، قايتا قۇرۇشقا ۋە ئاپەتتىن مۇداپىئەلىنىش، ئاپەت زىيىنىنى ئازايتىش، ئاپەتتىن قۇتقۇزۇش ئىقتىدارىنى ئۆستۈرۈشكە مەدەت بەردۇق. پۇل سىياسىتى دەل جايىدا، كۈچلۈك بولدى، ئامانەت پۇل تەييارلىق فوندى نىسبىتىنى ئىككى قېتىم تۆۋەنلەتتۇق، سىياسەتلىك ئۆسۈم نىسبىتىنى ئىككى قېتىم تۆۋەنلىتىپ تەڭشىدۇق، پەن-تېخنىكىدا يېڭىلىق يارىتىش، ئىلغار ياسىمىچىلىق، كىچىك، مىكرو كارخانىلارغا ئومۇمىيۈزلۈك مەنپەئەت يەتكۈزۈش، يېشىل تەرەققىي قىلدۇرۇش قاتارلىقلارغا بېرىلىدىغان قەرز پۇلنى زور ھەجىمدە ئاشۇردۇق. ئاپتوموبىل، تۇرالغۇ، ئېلېكترونلۇق مەھسۇلات، ساياھەت قاتارلىق جەھەتتىكى ئىستېمالنى قوللاش سىياسەتلىرىنى چىقاردۇق، زور مىقدارلىق ئىستېمال پۇختا قەدەم بىلەن قايتا يۈكسەلدى، تۇرمۇش مۇلازىمىتى ئىستېمالى تېز ئەسلىگە كەلدى. ھۆكۈمەت سېلىنمىسىنىڭ تۈرتكىلىك رولىنى جارى قىلدۇرۇپ، خەلق ئىچى سېلىنمىسىنى ئىلگىرى سۈرۈش سىياسىتىنى تۈزۈپ، ئېنېرگىيە، سۇچىلىق قاتارلىق ئۇل ئەسلىھە سېلىنمىسى ۋە ياسىمىچىلىق سېلىنمىسىنى بىرقەدەر تېز ئاشۇردۇق. شەھەرلەرگە قاراپ تەدبىر قوللىنىپ ئۆي-زېمىنغا دائىر تەڭشەش-تىزگىنلەشنى ئەلالاشتۇرۇپ، ئۆي سېتىۋېلىشقا بېرىلىدىغان قەرزنىڭ تەننەرخىنى تۆۋەنلىتىشكە تۈرتكە بولۇپ، ئۆي تاپشۇرۇشقا كاپالەتلىك قىلىش خىزمىتىنى پائال ئالغا سىلجىتتۇق. يەرلىك قەرزنى تۈگىتىشنىڭ بىر قاتار لايىھەسىنى تۈزۈپ يولغا قويۇپ، پۇل مۇئامىلە خەۋپ-خەتىرىنى تۈرلەر بويىچە بىر تەرەپ قىلىپ، سىستېمىلىق خەۋپ-خەتەر يۈز بەرمەسلىك تۆۋەن چېكىنى چىڭ ساقلىدۇق.

ئىككىنچىدىن، يېڭىلىق يارىتىشقا تايىنىپ كەسپلەرنىڭ

دەرىجىسىنى ئۆستۈرۈشكە يېتەكچىلىك قىلىپ، شەھەر، يېزا، رايونلار تەرەققىياتىنىڭ يېڭى قۇۋۋىتىنى ئاشۇردۇق. دۆلەتنىڭ ئىستراتېگىيەلىك پەن-تېخنىكا كۈچىنى ئاشۇرۇپ، زور پەن-تېخنىكا تۈرلىرىنى تېز يولغا قويدۇق. يېڭىچە سانائەتلەشتۈرۈشنى ئالغا سىلجىتىشنى ئومۇمىيۈزلۈك ئورۇنلاشتۇردۇق. سانائەت ئىقتىسادىنىڭ يۈرۈشلۈشىنى مۇقىملاشتۇرۇش، ئىلغار ياسىمىچىلىقنى قوللاش تەدبىرلىرىنى ئوتتۇرىغا قويدۇق، نۇقتىلىق ساھەلەردىكى كارخانىلارنىڭ تەتقىق قىلىپ يارىتىش خىراجىتىنى قوشۇپ ھېسابلاپ چىقىرىۋېتىش نىسبىتىنى ئۆستۈرۈپ، نۇقتىلىق كەسىپ زەنجىرىنىڭ يۇقىرى سۈپەتلىك تەرەققىياتىغا تۈرتكە بولدۇق، سانائەت كارخانىلىرىنىڭ پايدىسىنى چۈشۈشتىن ئۆسۈشكە ئۆزگەرتتۇق. رەقەملىك ئىقتىسادنى تېز تەرەققىي قىلدۇردۇق، 5G نىڭ ئابونتلار ئارىسىدا ئومۇملىشىش نىسبىتى 50%تىن ئاشتى. يېڭىچە شەھەر-بازارلاشتۇرۇش ئىستراتېگىيەسىنى چوڭقۇر يولغا قويۇپ، شەھەردە نوپۇسقا ئېلىش شەرتىنى يەنىمۇ بوشىتىپ ۋە قويۇۋېتىپ، ناھىيە بازىرىنىڭ ئۇنىۋېرسال بەرداشلىق بېرىش ئىقتىدارىنى ئاشۇرۇپ، دائىمىي ئاھالىنىڭ شەھەر-بازارلىشىش نىسبىتىنى 66.2% كە يەتكۈزدۇق. يېزا ئىگىلىكىنىڭ تەرەققىياتىنى قوللاش سىياسىتىنى كۈچەيتتۇق، ئاپەتكە تاقابىل تۇرۇپ مول ھوسۇل ئېلىش خىزمىتىنى كۈچلۈك قانات يايدۇرۇپ، يېڭى بىر نۆۋەتلىك 100 مىليارد جىڭ ئاشلىق ئىشلەپچىقىرىش ئىقتىدارىنى ئۆستۈرۈش ھەرىكىتىنى يولغا قويدۇق، يېزا-كەنتلەرنى گۈللەندۈرۈشنى پۇختا ئالغا سىلجىتتۇق. رايونلارنى ماس تەرەققىي قىلدۇرۇش تۈزۈلمە-مېخانىزمىنى مۇكەممەللەشتۈرۈپ، رايون زور ئىستراتېگىيەسىنى ئەمەلىيلەشتۈرۈش جەھەتتە بىر تۈركۈم يېڭى تەدبىرلەرنى چىقىرىپ، بىر تۈركۈم زور تۈرلەرنى يولغا قويۇپ،

رايونلار تەرەققىياتىنىڭ ماسلىقى، تەڭپۇڭلۇقىنى ئۈزلۈكسىز كۈچەيتتۇق.

ئۈچىنچىدىن، ئىسلاھاتنى چوڭقۇرلاشتۇرۇپ، ئېچىۋېتىشنى كېڭەيتىپ، تىجارەت-سودا مۇھىتىنى سىجىل ياخشىلىدۇق. مەملىكەت بويىچە بىرلىككە كەلگەن چوڭ بازار قۇرۇش ئومۇمىي خىزمەت لايىھەسىنى ئوتتۇرىغا قويۇپ، ئادىل رىقابەتكە توسالغۇ بولىدىغان بىر تۈركۈم سىياسەت-بەلگىلىمىلەرنى ئېنىقلىدۇق. دۆلەت كارخانىلىرى، پۇقراۋى كارخانىلار، چەت ئەل مەبلىغى كارخانىلىرىنىڭ تەرەققىياتىنى قوللاش سىياسىتىنى ئايرىم-ئايرىم يولغا قويدۇق، ھۆكۈمەت بىلەن كارخانىنىڭ دائىملىق پىكىر ئالماشتۇرۇش، ئالاقە قىلىش مېخانىزمىنى ئورنىتىپ، كارخانىلارنىڭ نېسى قالغان پۇلىنى ئېنىقلاش مەخسۇس ھەرىكىتىنى قانات يايدۇردۇق، بەلگىلىمىگە خىلاپ ھەق ئېلىشنى تۈزەشنى كۈچەيتتۇق. مالىيە، باج، پۇل مۇئامىلە، يېزا ئىگىلىكى، يېزا، ئېكولوگىيەلىك مۇھىتنى قوغداش قاتارلىق ساھەلەرنىڭ ئىسلاھاتىنى چوڭقۇرلاشتۇردۇق. تاشقى سودىنىڭ كۆلىمىنى مۇقىملاشتۇرۇش، قۇرۇلمىسىنى ئەلالاشتۇرۇشقا تۈرتكە بولۇپ، توكلۇق ئاپتوموبىل، لىتىيلىق باتارېيە، يورۇقلۇق ۋولت مەھسۇلاتىدىن ئىبارەت «يېڭى ئۈچ خىل مەھسۇلات»نىڭ ئېكسپورتىنى 30%كە يېقىن ئاشۇردۇق. چەت ئەل مەبلىغىنى جەلپ قىلىش سىياسىتىنى مۇكەممەللەشتۈرۈپ، تۈزۈملۈك ئېچىۋېتىشنى كېڭەيتتۇق. «بىر بەلباغ، بىر يول»نى ئورتاق بەرپا قىلىشنىڭ يۇقىرى سۈپەتلىك تەرەققىياتىنى پۇختا ئالغا سىلجىتىپ، ئورتاق بەرپا قىلىشقا قاتناشقۇچى دۆلەتلەر بىلەن بولغان سودا سېلىنمىسىنى بىرقەدەر تېز ئاشۇردۇق.

تۆتىنچىدىن، ئېكولوگىيەلىك مۇھىتنى قوغداش، تۈزەشنى كۈچەيتىپ، تەرەققىيات ئۇسۇلىنى يېشىل تەرەققىيات ئۇسۇلىغا

ئۆزگەرتىشنى تېزلەتتۇق. گۈزەل جۇڭگو قۇرۇلۇشىنى چوڭقۇر ئالغا سىلجىتتۇق. كۆك ئاسمان، سۈزۈك سۇ، پاكىز تۇپراقنى قوغداش جېڭىنى سىجىل ياخشى قىلدۇق. مۇھىم ئېكولوگىيە سىستېمىسىنى قوغداش ۋە ئەسلىگە كەلتۈرۈش زور قۇرۇلۇشىنى يولغا قويۇشنى تېزلەتتۇق. سۇ-تۇپراق ئېقىپ كېتىشىنىڭ، چۆللىشىشنىڭ ئۈنۈۋېرسال ئالدىنى ئېلىش-تىزگىنلەشنى چىڭ تۇتتۇق. ئېكولوگىيەلىك مۇھىتنى قوغداش نازارەتچىلىكىنى كۈچەيتتۇق. يېشىل، تۆۋەن كاربونلۇق كەسىپلەرنىڭ تەرەققىياتىنى قوللاش سىياسىتىنى تۈزدۇق. نۇقتىلىق ساھەلەرنى پەۋقۇلئاددە ئاز بۇلغىما چىقىرىدىغان قىلىپ ئۆزگەرتىشنى ئالغا سىلجىتتۇق. تۇنجى تۈركۈمدە كاربوننى چوققا قىممەتكە يەتكۈزۈشنى سىناق قىلىدىغان شەھەر ۋە باغچە رايونى قۇرۇلۇشىنى باشلىدۇق. يەر شارى كىلىماتىنى تۈزەشكە پائال قاتناشتۇق ۋە تۈرتكە بولدۇق.

بەشىنچىدىن، خەلق تۇرمۇشىنى كاپالەتلەندۈرۈشنى كۈچەپ چىڭ تۇتۇپ، ئىجتىمائىي ئىشلارنىڭ تەرەققىياتىنى ئالغا سىلجىتتۇق.
دىققەتنى ئامما كۆڭۈل بۆلۈۋاتقان ئىشلارغا مەركەزلەشتۈرۈپ، خەلق تۇرمۇشىغا دائىر ئەمەلىي ئىشلارنى ياخشى بېجىردۇق. ئىشقا ئورۇنلىشىشنى مۇقىملاشتۇرۇشقا يۈكسەك ئەھمىيەت بېرىپ، كارخانىلارنىڭ ئىش ئورنىنى مۇقىملاشتۇرۇشى ۋە ئىش ئورنىنى كۆپەيتىشىگە مەدەت بېرىش سىياسىتىنى ئوتتۇرىغا قويدۇق، ئالىي مەكتەپنى پۈتكۈزگەنلەر قاتارلىق نۇقتىلىق توپتىكىلەرنىڭ ئىشقا ئورۇنلىشىشىنى ئىلگىرى سۈرۈش مۇلازىمىتىنى كۈچەيتتۇق، نامراتلىقتىن قۇتۇلغان ئاھالە ئىچىدىكى ئىشلەۋاتقانلارنىڭ كۆلىمىنى 33 مىليوندىن ئاشۇردۇق. مەجبۇرىيەت مائارىپىدىكى ئاجىز ھالقىلار قۇرۇلۇشىنى كۈچەيتىپ، «ئىككىنى يېنىكلىتىش» خىزمىتىنى ياخشى

ئىشلەپ، دۆلەتنىڭ ئوقۇش ياردەم قەرز پۇلى ئۆلچىمىنى ئۆستۈرۈپ، ئۆسۈمىنى تۆۋەنلىتىپ، 11 مىليوندىن ئارتۇق ئوقۇغۇچىغا نەپ يەتكۈزدۇق. يېڭى تاجىسمان ۋىرۇس يۇقۇمىنى «B تۈردىكى يۇقۇملۇق كېسەللىك بويىچە باشقۇرۇش» تەدبىرلىرىنى ئەمەلىيلەشتۈرۈپ، تارقىلىشچان زۇكام، مىكوپلازمىلىق ئۆپكە ياللۇغى قاتارلىق يۇقۇملۇق كېسەلنىڭ ئالدىنى ئېلىش-داۋالاش خىزمىتىنى پۇختا، ياخشى ئىشلىدۇق. ئىشچى-خىزمەتچىلەرنىڭ داۋالىنىش سۇغۇرتىسىدا ئادەتتىكى ئامبۇلاتورىيەدە داۋالىنىش ھەققىنى بىرتۇتاش غەملەشنى يولغا قويدۇق. مەھەللە ئۇنىۋېرسال مۇلازىمەت ئەسلىھەلىرى قۇرۇلۇشىنى كۈچەيتىپ، ياشانغانلارنىڭ غىزالىنىشىغا ياردەم بېرىش مۇلازىمىتىنى زور كۈچ بىلەن راۋاجلاندۇردۇق. نەپىقە ئۆلچىمىنى ئۆستۈردۇق. قىيىنچىلىقى بار ئاممىنى تولۇق كاپالەتلەندۈرۈشنى كۈچەيتتۇق. خەيخې دەرياسى قاتارلىق ۋادىلاردىكى پەۋقۇلئاددە زور كەلكۈن-ھۆلچىلىك ئاپىتىگە ئۈنۈملۈك تاقابىل تۇردۇق، گەنسۇ ئۆلكىسى جىشىشەندىكى يەر تەۋرەش ئاپىتى قاتارلىقلاردا جىددىي قۇتقۇزۇش-ياردەم بېرىش خىزمىتىنى ياخشى ئىشلەپ، ئاپەتتىن كېيىنكى ئەسلىگە كەلتۈرۈش، قايتا قۇرۇشنى كۈچەيتتۇق. مەدەنىيەتكە ۋارىسلىق قىلىش ۋە ئۇنى تەرەققىي قىلدۇرۇشقا تۈرتكە بولۇپ، ساياھەت بازىرىنى ئومۇميۈزلۈك ئەسلىگە كەلتۈردۇق. ئاممىۋى تەنتەربىيەنى جۇش ئۇرۇپ راۋاجلاندۇرۇپ، چېڭدۇ ئالىي مەكتەپ ئوقۇغۇچىلىرى تەنھەرىكەت مۇسابىقىسى، خاڭجوۋ ئاسىيا تەنھەرىكەت مۇسابىقىسى ۋە ئاسىيا مېيىپلەر تەنھەرىكەت مۇسابىقىسىنى مۇۋەپپەقىيەتلىك ئۆتكۈزدۇق، دۆلىتىمىز تەنتەربىيە ئەزىمەتلىرى باتۇرلۇق بىلەن ئەلا نەتىجە ياراتتى.

ئالتىنچىدىن، ھۆكۈمەت قۇرۇلۇشىنى ئومۇميۈزلۈك كۈچەيتىپ، ئىدارە قىلىش ئۈنۈمىنى زور كۈچ بىلەن ئۆستۈردۇق. يولداش شى

جىنپىڭ يادرولۇقىدىكى پارتىيە مەركىزىي كومىتېتىنىڭ نوپۇزى ۋە مەركەزلىك بىرتۇتاش رەھبەرلىكىنى قەتئىي قوغداپ، پارتىيە مەركىزىي كومىتېتىنىڭ تەدبىر، ئورۇنلاشتۇرمىلىرىنى ئىزچىللاشتۇرۇشنىڭ ياخشى ئىجراچىسى، ياخشى ھەرىكەتچىسى، ياخشى ئەمەلىي ئىشلىگۈچىسى بولدۇق. شى جىنپىڭ يېڭى دەۋر جۇڭگوچە سوتسىيالىزم ئىدىيەسىنى ئۆگىنىش، ئىزچىللاشتۇرۇش باش تېما تەربىيەسىنى چوڭقۇر قانات يايدۇردۇق. سىياسىي قۇرۇلۇشنى ئالدىنقى ئورۇنغا قويۇشتا چىڭ تۇرۇپ، ھۆكۈمەتنىڭ ئۆز مەسئۇلىيىتىنى ئادا قىلىش ئىقتىدارىنى ئومۇميۈزلۈك ئۆستۈردۇق. قانۇنچىل ھۆكۈمەت قۇرۇلۇشىنى چوڭقۇر ئالغا سىلجىتتۇق. 10 قانۇن تەكلىپىنى مەملىكەتلىك خەلق قۇرۇلتىيى دائىمىي كومىتېتىنىڭ قاراپ چىقىشىغا سۇندۇق، 25 مەمۇرىي نىزامنى تۈزدۇق ۋە تۈزەتتۇق، مەمۇرىي قانۇن ئىجرا قىلىش سۈپىتىنى ئۆستۈرۈشنىڭ ئۈچ يىللىق ھەرىكىتىنى يولغا قويدۇق. نازارەتنى قانۇن بويىچە ئاڭلىق قوبۇل قىلدۇق. خەلق قۇرۇلتىيى ۋەكىللىرىنىڭ تەۋسىيەسى ۋە سىياسىي كېڭەش ئەزالىرىنىڭ تەكلىپىنى ئەستايىدىل بېجىردۇق. تەكشۈرۈپ تەتقىق قىلىشقا ئەھمىيەت بېرىپ، تىرىشىپ سىياسەت ۋە خىزمەتنى ئەمەلىيەتكە ئۇيغۇنلاشتۇردۇق، ئاممىغا يېقىنلاشتۇردۇق. نازارەت قىلىپ تەكشۈرۈش خىزمىتى مېخانىزمىنى ئەلالاشتۇردۇق. پارتىيە ئىستىلى، پاكلىق قۇرۇلۇشىنى ۋە چىرىكلىككە قارشى تۇرۇش كۈرىشىنى كۈچەيتتۇق. مەركەزنىڭ سەككىز تۈرلۈك بەلگىلىمىسىنىڭ روھىنى قاتتىق ئەمەلىيلەشتۈرۈپ، «تۆت خاھىش»نى سىجىل تۈزەپ، پۇل مۇئامىلە ئورۇنلىرى، دۆلەت كارخانىلىرى قاتارلىقلارغا قارىتىلغان كۆزىتىش، تۈزىتىش خىزمىتىنى كۈچلۈك ئالغا سىلجىتتۇق. شەھەر-يېزا ئاساسىي قاتلاملىرىنى ئىدارە قىلىشتا يېڭىلىق ياراتتۇق ۋە ئۇنى مۇكەممەللەشتۈردۇق. ئەرزىيەت

خىزمىتىنى پۇختا ياخشى ئىشلىدۇق. بىخەتەر ئىشلەپچىقىرىش ۋە جىددىي ئىشلارغا تاقابىل تۇرۇشنى باشقۇرۇشنى قاتتىق چىڭ تۇتۇپ، زور ھادىسە يوشۇرۇن خەۋپىنى مەخسۇس تەكشۈرۈپ تۈزەشنى قانات يايدۇردۇق. دۆلەت خەۋپسىزلىكى سىستېمىسىنى مۇكەممەللەشتۈرۈشكە تۈرتكە بولدۇق. جەمئىيەت ئامانلىقىنى ھەر تەرەپلىمە تۈزەشنى كۈچەيتىپ، تېلېگراف تور ئالدامچىلىقى قاتارلىق قانۇنغا خىلاپ جىنايى ھەرىكەتلەرگە ئۈنۈملۈك زەربە بېرىپ، تىنچ جۇڭگو قۇرۇلۇشىدا يېڭى ئىلگىرىلەشلەرنى قولغا كەلتۈردۇق.

بىر يىلدىن بۇيان، جۇڭگوچە چوڭ دۆلەت دىپلوماتىيەسىنى ئومۇميۈزلۈك ئالغا سىلجىتتۇق. رەئىس شى جىنپىڭ قاتارلىق پارتىيە ۋە دۆلەت رەھبەرلىرى كۆپ دۆلەتلەرگە زىيارەتكە باردى، كېسەك ئالتۇن دۆلەتلىرى رەھبەرلىرىنىڭ ئۇچرىشىشى، ئاسىيا-تىنچ ئوكيان رايونى ئىقتىسادىي ھەمكارلىق تەشكىلاتى رەھبەرلىرىنىڭ بىرەسمىي يىغىنى، شەرقىي ئاسىيا ھەمكارلىقى رەھبەرلىرىنىڭ بىر قاتار يىغىنلىرى قاتارلىق مۇھىم كۆپ تەرەپ، ئىككى تەرەپ پائالىيەتلىرىگە قاتناشتى. جۇڭگو-ئوتتۇرا ئاسىيا باشلىقلار يىغىنى، 3-نۆۋەتلىك «بىر بەلباغ، بىر يول» خەلقئارا ھەمكارلىق باشلىقلار مۇنبىرى قاتارلىق مۇھىم ساھىبخانلىق دىپلوماتىيە پائالىيەتلىرىنى مۇۋەپپەقىيەتلىك ئۆتكۈزدۇق. ئىنسانىيەت تەقدىرى ئورتاق گەۋدىسى بەرپا قىلىشقا تۈرتكە بولۇپ، دۇنياۋى تەرەققىيات تەشەببۇسى، دۇنياۋى خەۋپسىزلىك تەشەببۇسى، دۇنياۋى مەدەنىيلىك تەشەببۇسىنى ئەمەلىيلەشتۈرۈپ، دۇنياۋى ھەمراھلىق مۇناسىۋىتىنى چوڭقۇرلاشتۇرۇپ ۋە كېڭەيتىپ، خەلقئارا ۋە رايون قىزىق نۇقتا مەسىلىلىرىنى ھەل قىلىشتا ئاكتىپ ئىجابىي رولىمىزنى جارى قىلدۇردۇق. جۇڭگو دۇنيا تىنچلىقى ۋە تەرەققىياتىنى ئىلگىرى

سورۇش ئۈچۈن مۇھىم تۆھپە قوشتى.

ۋەكىللەر!

ئۆتكەن بىر يىلدا قولغا كەلتۈرگەن نەتىجىلەر ئاساسلىقى باش شۇجى شى جىنپىڭنىڭ رول تۇتۇپ يول باشلىغانلىقىنىڭ، شى جىنپىڭ يېڭى دەۋر جۇڭگوچە سوتسىيالىزم ئىدىيەسىنىڭ ئىلمىي يېتەكچىلىك قىلغانلىقىنىڭ، يولداش شى جىنپىڭ يادرولۇقىدىكى پارتىيە مەركىزىي كومىتېتىنىڭ كۈچلۈك رەھبەرلىك قىلغانلىقىنىڭ نەتىجىسى، پۈتۈن پارتىيە، پۈتۈن ئارمىيە، پۈتۈن مەملىكەتتىكى ھەر مىللەت خەلقىنىڭ ئىتتىپاقلىشىپ كۈرەش قىلغانلىقىنىڭ نەتىجىسى. مەن گوۋۇيۈەنگە ۋاكالىتەن پۈتۈن مەملىكەتتىكى ھەر مىللەت خەلقىگە، دېموكراتىك پارتىيە-گۇرۇھلار، خەلق تەشكىلاتلىرى ۋە ھەر ساھە زاتلىرىغا چىن كۆڭلۈمدىن رەھمەت ئېيتىمەن! شياڭگاڭ ئالاھىدە مەمۇرىي رايونىدىكى قېرىنداشلار، ئاۋمېن ئالاھىدە مەمۇرىي رايونىدىكى قېرىنداشلار، تەيۋەنلىك قېرىنداشلار ۋە چەت ئەللەردىكى چياۋمىن قېرىنداشلارغا چىن كۆڭلۈمدىن رەھمەت ئېيتىمەن! جۇڭگونىڭ زامانىۋىلاشتۇرۇش قۇرۇلۇشىغا كۆڭۈل بۆلگەن ۋە مەدەت بەرگەن ھەرقايسى دۆلەت ھۆكۈمەتلىرى، خەلقئارا تەشكىلاتلار ۋە ھەرقايسى دۆلەتتىكى دوستلارغا چىن كۆڭلۈمدىن رەھمەت ئېيتىمەن !

نەتىجىلەرنى مۇئەييەنلەشتۈرۈش بىلەن بىرگە، دۇچ كەلگەن قىيىنچىلىق ۋە خىرىسلارنىمۇ سەگەكلىك بىلەن كۆرۈپ يەتتۇق. دۇنيا ئىقتىسادىنىڭ ئېشىش قۇۋۋىتى يېتەرلىك ئەمەس، رايون قىزىق نۇقتا مەسىلىلىرى كۆپ يۈز بېرىۋاتىدۇ، تاشقى مۇھىتنىڭ مۇرەككەپلىكى، كەسكىنلىكى، ئېنىقسىزلىقى كۈچەيمەكتە. دۆلىتىمىز ئىقتىسادىنىڭ سىجىل قايتا يۈكسىلىش، ياخشىلىنىش ئاساسى تېخى

مۇقىم ئەمەس، ئۇنۇملۇك ئېھتىياج يېتەرلىك ئەمەس، قىسمەن ساھەلەردە ئىشلەپچىقىرىش ئىقتىدارى ئوشۇق بولۇۋاتىدۇ، ئىجتىمائىي كۆزلىمە بىرقەدەر ئاجىز، يوشۇرۇن خەۋپ-خەتەر يەنىلا بىرقەدەر كۆپ، ئىچكى چوڭ ئائىلىنىشتا توسۇق مەۋجۇت، خەلقئارا ئائىلىنىشتا كاشىلا مەۋجۇت. قىسمەن ئوتتۇرا، كىچىك كارخانىلار ۋە يەككە سودا-سانائەتچىلەرنىڭ تىجارىتى قىيىن بولماقتا. ئىشقا ئورۇنلىشىش ئومۇمىي مىقدارىنىڭ بېسىمى بىلەن قۇرۇلمىلىق زىددىيەت تەڭ مەۋجۇت بولۇپ تۇرماقتا، ئاممىۋى مۇلازىمەتچىلىكتە يەنە نۇرغۇنلىغان كەمتۈكلۈك بار. بەزى جايلارنىڭ ئاساسىي قاتلام مالىيە كىرىمى بىرقەدەر جىددىي بولۇۋاتىدۇ. پەن-تېخنىكىدا يېڭىلىق يارىتىش ئىقتىدارىمىز تېخى كۈچلۈك ئەمەس. نۇقتىلىق ساھەلەردىكى ئىسلاھاتتا ھېلىھەم ھەل قىلىش قىيىن بولغان بىرمۇنچە مەسىلىلەر بار. ئېكولوگىيەلىك مۇھىتنى قوغداش، تۇزەشتە ۋەزىپە ئېغىر، يول يىراق. بىخەتەر ئىشلەپچىقىرىشنىڭ ئاجىز ھالقىلىرىغا سەل قاراشقا بولمايدۇ. ھۆكۈمەت خىزمىتىدە يېتەرسىزلىك مەۋجۇت، شەكىلۋازلىق، بىيۇروكراتلىق خاھىشلىرى يەنىلا بىرقەدەر گەۋدىلىك، بەزى ئىسلاھات، تەرەققىيات تەدبىرلىرى جايىدا ئەمەلىيلەشمىدى. بەزى كادىرلاردا مەسئۇلىيەتچانلىق، ئەمەلىيەتچىللىك روھى كەمچىل، پاسسىپلىق بىلەن مەسئۇلىيەتتىن قېچىش، يۈزەكي ئىش قىلىش ئەھۋاللىرى مەۋجۇت. بەزى ساھەلەردە چىرىكلىك مەسىلىسى يەنىلا كۆپ يۈز بېرىۋاتىدۇ. بىز چوقۇم مەسىلە ۋە خىرىسلارغا بىۋاستە يۈزلىنىپ، خىزمەتلەرنى پۈتۈن ۋۇجۇدىمىز بىلەن ياخشى ئىشلەيمىز، خەلقنىڭ ئۈمىدى ۋە تاپشۇرۇقىنى ھەرگىز يەردە قويمايمىز!

2. 2024-يىللىق ئىقتىسادىي، ئىجتىمائىي تەرەققىياتنىڭ ئومۇمىي تەلىپى ۋە سىياسەت يۆنىلىشى

بۇ يىل جۇڭخۇا خەلق جۇمھۇرىيىتى قۇرۇلغانلىقىنىڭ 75 يىللىقى، 14-بەش يىللىق يىرىك پىلاندىكى نىشان-ۋەزىپىلەرنى ئىشقا ئاشۇرۇشتىكى ئاچقۇچلۇق يىل. ھۆكۈمەت خىزمىتىنى ياخشى ئىشلەش ئۈچۈن، يولداش شى جىنپىڭ يادرولۇقىدىكى پارتىيە مەركىزىي كومىتېتىنىڭ كۈچلۈك رەھبەرلىكىدە، شى جىنپىڭ يېڭى دەۋر جۇڭگوچە سوتسىيالىزم ئىدىيەسىنى يېتەكچى قىلىپ، پارتىيە 20-قۇرۇلتىيى ۋە 20-نۆۋەتلىك مەركىزىي كومىتېت 2-ئومۇمىي يىغىنىنىڭ روھىنى ئومۇمىيۈزلۈك ئىزچىللاشتۇرۇپ ۋە ئەمەلىيلەشتۈرۈپ، مەركەز ئىقتىساد خىزمىتى يىغىنىنىڭ ئورۇنلاشتۇرمىسى بويىچە، مۇقىملىق ئاساسىدا ئىلگىرىلەش خىزمەت باش رىتىمىدا چىڭ تۇرۇپ، يېڭى تەرەققىيات ئىدىيەسىنى تولۇق، دەل جايىدا، ئومۇمىيۈزلۈك ئىزچىللاشتۇرۇپ، يېڭى تەرەققىيات ئەندىزىسىنى تېز بەرپا قىلىپ، يۇقىرى سۈپەتلىك تەرەققىياتقا كۈچەپ تۈرتكە بولۇپ، ئىسلاھات-ئېچىۋېتىشنى ئومۇمىيۈزلۈك چوڭقۇرلاشتۇرۇپ، پەن-تېخنىكىدا يۇقىرى سەۋىيەدە ئۆزىگە تايىنىش، ئۆزىنى قۇدرەت تاپتۇرۇشقا تۈرتكە بولۇپ، ماكرولۇق تەڭشەش-تىزگىنلەش سالمىقىنى ئاشۇرۇپ، ئىچكى ئېھتىياجنى ئاشۇرۇش بىلەن تەمىنات تەرەپلىك قۇرۇلمىلىق ئىسلاھاتنى چوڭقۇرلاشتۇرۇشنى بىرتۇتاش پىلانلاپ، يېڭىچە شەھەر-بازارلاشتۇرۇش بىلەن يېزا-كەنتلەرنى ئومۇمىيۈزلۈك گۈللەندۈرۈشنى

بىرتۇتاش پىلانلاپ، يۇقىرى سۈپەتلىك تەرەققىيات بىلەن يۇقىرى سەۋىيەلىك خەۋپسىزلىكنى بىرتۇتاش پىلانلاپ، ئىقتىسادنىڭ ھاياتىي كۈچىنى ئاشۇرۇپ، خەۋپ-خەتەرنىڭ ئالدىنى ئېلىپ ۋە ئۇنى تۈگىتىپ، ئىجتىمائىي كۆزلىمىنى ياخشىلاپ، ئىقتىسادنىڭ قايتا يۈكسىلىپ ياخشىلىنىش ۋەزىيىتىنى مۇستەھكەملەپ ۋە كۈچەيتىپ، ئىقتىسادتا سۈپەتنى ئۈنۈملۈك ئۆستۈرۈش بىلەن مىقدارنى مۇۋاپىق ئاشۇرۇشقا سىجىل تۈرتكە بولۇپ، خەلقنىڭ بەخت-سائادىتىنى ئاشۇرۇپ، جەمئىيەت مۇقىملىقىنى ساقلاپ، جۇڭگوچە زامانىۋىلاشتۇرۇش ئارقىلىق كۈچلۈك دۆلەت قۇرۇش، مىللەتنى گۈللەندۈرۈش ئۇلۇغ ئىشىنى ئومۇميۈزلۈك ئالغا سىلجىتىشىمىز كېرەك.

ئۇنىۋېرسال تەھلىل ۋە تەتقىق قىلىپ شۇنداق ھۆكۈم چىقىرىشقا بولىدۇكى، بۇ يىل دۆلىتىمىزنىڭ تەرەققىياتى يەنىلا ئىستراتېگىيەلىك پۇرسەت بىلەن خەۋپ-خەتەر، خىرىس تەڭ مەۋجۇت بولۇپ تۇرىدىغان مۇھىتتا دۇچ كېلىدۇ، پايدىلىق شارائىت پايدىسىز ئامىلدىن كۈچلۈك بولىدۇ. دۆلىتىمىز روشەن تۈزۈم ئەۋزەللىكى، پەۋقۇلئاددە چوڭ كۆلەملىك بازارنىڭ ئېھتىياج ئەۋزەللىكى، كەسىپ سىستېمىسى مۇكەممەل بولغان تەمىنات ئەۋزەللىكى، يۇقىرى ساپالىق ئەمگەكچىلەر كۆپ بولۇشتەك ئىختىساسلىقلار ئەۋزەللىكىگە ئىگە، پەن-تېخنىكىدا يېڭىلىق يارىتىش ئىقتىدارىمىز ئۈزلۈكسىز ئېشىۋاتىدۇ، يېڭى كەسىپ، يېڭى ئەندىزە، يېڭى قۇۋۋەت تېزدىن زورىيىۋاتىدۇ، تەرەققىياتىمىزنىڭ ئىچكى ھەرىكەتلەندۈرگۈچ كۈچى ئۈزلۈكسىز جۇغلىنىۋاتىدۇ، ئىقتىسادىمىزنىڭ قايتا يۈكسىلىپ ياخشىلىنىش، ئۇزاققىچە ياخشىلىنىش ئاساسىي يۈزلىنىشى ئۆزگەرگىنى يوق، ھەم ئۆزگەرمەيدۇ، شۇڭا

ئىشەنچ ۋە كۈچ-قۇۋۋىتىمىزنى ئاشۇرۇشىمىز شەرت. شۇنىڭ بىلەن بىر ۋاقىتتا، تۆۋەن چەك تەپەككۇرىدا چىڭ تۇرۇپ، تولۇق خەۋپ-خەتەر ۋە خىرىسلارغا تاقابىل تۇرۇشقا تولۇق تەييارلىق كۆرۈشىمىز كېرەك. بىز پارتىيە مەركىزىي كومىتېتىنىڭ تەدبىر-ئورۇنلاشتۇرمىلىرىنى ئىزچىللاشتۇرۇپ ۋە ئەمەلىيلەشتۈرۈپ، پايدىلىق پۇرسەتلەرنى چىڭ تۇتۇپ، پايدىلىق شارائىتلاردىن ياخشى پايدىلىنىپ، ھەرقايسى تەرەپلەرنىڭ ئىش قىلىپ نەتىجە يارىتىش ئاكتىپلىقىنى تولۇق قوزغايدىغانلا بولساق، چوقۇم قىيىنچىلىق ۋە خىرىسنى يېڭىپ، ئىقتىسادنىڭ سىجىل ياخشىلىنىپ، ئۇزاققىچە مۇقىم راۋاجلىنىشىغا تۈرتكە بولالايمىز.

بۇ يىللىق تەرەققىياتنىڭ ئاساسلىق كۆزلىمە نىشانى: ئىچكى ئىشلەپچىقىرىش ئومۇمىي قىممىتىنى 5% ئەتراپىدا ئاشۇرۇش؛ شەھەر-بازارلاردا يېڭىدىن 12 مىليوندىن ئارتۇق ئادەمنى ئىشقا ئورۇنلاشتۇرۇش، شەھەر-بازارلاردا ئېنىقلانغان ئىشسىزلىق نىسبىتى 5.5% ئەتراپىدا بولۇش؛ ئاھالە ئىستېمال باھاسىنىڭ ئۆرلەش نىسبىتى 3% ئەتراپىدا بولۇش؛ ئاھالىنىڭ كىرىمىنى ئىقتىسادنىڭ ئېشىشى بىلەن ماس قەدەمدە ئاشۇرۇش؛ خەلقئارا كىرىم-چىقىمنىڭ ئاساسىي تەڭپۇڭلۇقىنى ساقلاش؛ ئاشلىق ھوسۇلىنى 1 تىرىليون 300 مىليارد جىڭدىن ئاشۇرۇش؛ بىرلىك ئىچكى ئىشلەپچىقىرىش ئومۇمىي قىممىتىنىڭ ئېنېرگىيە سەرپىياتىنى 2.5% ئەتراپىدا تۆۋەنلىتىپ، ئېكولوگىيەلىك مۇھىت سۈپىتىنى سىجىل ياخشىلاش.

يۇقىرىقى كۆزلىمە نىشاننى ئوتتۇرىغا قويۇشتا، ئىچكى-تاشقى ۋەزىيەت ۋە ھەرقايسى جەھەتتىكى ئامىللارنى ھەر تەرەپلىمە كۆزدە تۇتۇپ، ئېھتىياج ۋە ئىمكانىيەتكە تەڭ ئېتىبار بەردۇق. ئىقتىسادنىڭ ئېشىش كۆزلىمە نىشانىنى 5% ئەتراپىدا قىلىپ بېكىتىشتە، ئىشقا

ئورۇنلىنىشىش-كىرىمنى ئاشۇرۇشنى ئىلگىرى سۈرۈش، خەۋپ-خەتەرنىڭ ئالدىنى ئېلىش ۋە ئۇنى تۈگىتىش قاتارلىق جەھەتتىكى ئېھتىياجنى كۆزدە تۇتتۇق ھەمدە 14-بەش يىللىق يىرىك پىلان ۋە زامانىۋىلاشتۇرۇشنى ئاساسىي جەھەتتىن ئىشقا ئاشۇرۇش نىشانى بىلەن جىپسىلاشتۇردۇق، شۇنداقلا ئىقتىسادنى ئاشۇرۇشتىكى يوشۇرۇن كۈچ ۋە تىرەك شارائىتلىرىنىمۇ نەزەردە تۇتۇپ، ئاكتىپ ئىلگىرىلەش، جاسارەت بىلەن تىرىشىپ ئىشلەش تەلىپىنى نامايان قىلدۇق. بۇ يىللىق كۆزلىمە نىشاننى ئىشقا ئاشۇرۇش ئاسانغا توختىمايدۇ، سىياسەتلەردە نىشانلىق كۈچەشكە، خىزمەتتە ھەسسىلەپ تىرىشىشقا، ھەرقايسى تەرەپلەر بىر نىيەتتە ھەمكارلىشىشقا توغرا كېلىدۇ.

بىز مۇقىملىق ئاساسىدا ئىلگىرىلەش، ئىلگىرىلەش ئارقىلىق مۇقىملىقنى ئىلگىرى سۈرۈش، ئاۋۋال ئورنىتىپ، ئاندىن بىكار قىلىشتا چىڭ تۇرۇشىمىز كېرەك. مۇقىملىق — ئومۇمىيەت ۋە ئاساس، ھەرقايسى جايلار، تارماقلار كۆزلىمىنى مۇقىملاشتۇرۇشقا، مۇقىم ئاشۇرۇشقا، ئىشقا ئورۇنلىنىشنى مۇقىملاشتۇرۇشقا پايدىلىق سىياسەتلەرنى كۆپرەك چىقىرىشى، قىسقارتىش خاراكتېرلىك، تىزگىنلەش خاراكتېرلىك تەدبىرلەرنى ئوتتۇرىغا قويۇشتا ئېھتىياتچان بولۇشى، يۇقىرى سۈپەتلىك تەرەققىياتقا زىت سىياسەت، بەلگىلىمىلەرنى ئېنىقلاپ چىقىشى ۋە بىكار قىلىشى كېرەك. ئىلگىرىلەش — يېڭىلىش ۋە ھەرىكەتلەندۈرگۈچ كۈچ، ئورنىتىشقا تېگىشلىكلىرىنى ئاكتىپ، تەشەببۇسكارلىق بىلەن ئورنىتىش، بىكار قىلىشقا تېگىشلىكلىرىنى ئورنىتىش ئاساسىدا قەتئىي بىكار قىلىش كېرەك، بولۇپمۇ ئۇسۇلنى ئۆزگەرتىش، قۇرۇلمىنى تەڭشەش، سۈپەتنى ئۆستۈرۈش، ئۈنۈمنى ئاشۇرۇش جەھەتتە پائال ئىلگىرىلەش

كېرەك. ماكرو سىياسەتنى تەتۈر دەۋرىيلىك تەڭشەش ۋە ھالقىما دەۋرىيلىك تەڭشەشنى كۈچەيتىپ، ئاكتىپ مالىيە سىياسىتى ۋە پۇختا پۇل سىياسىتىنى داۋاملىق يولغا قويۇپ، سىياسەت قورالىدا يېڭىلىق يارىتىشنى، ئۇنىڭ ماسلاشتۇرۇش-ماسلىشىشىنى كۈچەيتىش كېرەك.

ئاكتىپ مالىيە سىياسىتىدە سالماقنى مۇۋاپىق ئاشۇرۇش، سۈپەتنى ئۆستۈرۈش، ئۈنۈمنى ئۆستۈرۈش كېرەك. تەرەققىيات ئېھتىياجى ۋە مالىيەنىڭ ئىمكانىيەتلىك سىجىللىقىنى ھەر تەرەپلىمە ئويلىشىپ، مالىيە سىياسىتى بوشلۇقىدىن ياخشى پايدىلىنىپ، سىياسەت قورالىنىڭ بىرىكىشىنى ئەلالاشتۇرۇش كېرەك. قىزىل رەقەم نىسبىتى 3% بويىچە ئورۇنلاشتۇرۇلىدۇ، قىزىل رەقەم كۆلىمى 4 تىرىليون 60 مىليارد يۈەن قىلىپ ئورۇنلاشتۇرۇلۇپ، ئالدىنقى يىلنىڭ بېشىدىكى خامچوتتىكىدىن 180 مىليارد يۈەن كۆپەيتىلىدۇ. مۆلچەرلىنىشىچە، بۇ يىل مالىيە كىرىمى داۋاملىق ئەسلىگە كېلىپ ئاشىدۇ، يۆتكەپ كېلىنگەن مەبلەغ قاتارلىقلار قوشۇلۇپ، ئادەتتىكى ئاممىۋى خامچوت چىقىمىنىڭ كۆلىمى 28 تىرىليون 500 مىليارد يۈەنگە يېتىپ، ئالدىنقى يىلدىكىدىن 1 تىرىليون 100 مىليارد يۈەن كۆپىيىدۇ. يەرلىك ھۆكۈمەت مەخسۇس زايومىدىن 3 تىرىليون 900 مىليارد يۈەن ئورۇنلاشتۇرۇلۇپ، ئالدىنقى يىلدىكىدىن 100 مىليارد يۈەن كۆپەيتىلىدۇ. كۈچلۈك دۆلەت قۇرۇش، مىللەتنى گۈللەندۈرۈش مۇساپىسىدىكى بەزى مۇھىم تۈر قۇرۇلۇشلىرىنىڭ مەبلەغ مەسىلىسىنى سىستېمىلىق ھەل قىلىشنى كۆزدە تۇتۇپ، دۆلەتنىڭ زور ئىستراتېگىيەسىنىڭ يولغا قويۇلۇشى ۋە نۇقتىلىق ساھەلەرنىڭ بىخەتەرلىك ئىقتىدارى قۇرۇلۇشىغا مەخسۇس ئىشلىتىش ئۈچۈن، بۇ يىلدىن باشلاپ ئۇدا بىرنەچچە يىل پەۋقۇلئاددە ئۇزاق

مۇددەتلىك ئالاھىدە زايوم تارقىتىلماقچى، بۇ يىل ئالدى بىلەن 1 تىرىليون يۈەن تارقىتىلىدۇ. ھازىر نۇرغۇن جەھەتتە مالىيە سېلىنمىسىنى ئاشۇرۇشقا توغرا كېلىدۇ، چىقىم قۇرۇلمىسىنى زور كۈچ بىلەن ئەلالاشتۇرۇپ، دۆلەتنىڭ زور ئىستراتېگىيەلىك ۋەزىپىسى ۋە ئاساسىي خەلق تۇرمۇشى جەھەتتىكى مالىيە كاپالىتىنى كۈچەيتىش، ئادەتتىكى چىقىملارنى قاتتىق تىزگىنلەش كېرەك. مەركەز مالىيەسى يەرلىككە قارىتىلغان تەڭپۇڭ يۆتكىمە چىقىم سالمىقىنى ئاشۇرۇپ، قىيىنچىلىقى بار رايونلارغا مۇۋاپىق مايىللىشىدۇ، ئۆلكە دەرىجىلىك ھۆكۈمەتلەر مالىيە كۈچىنىڭ تۆۋەنگە مايىللىشىشىغا تۈرتكە بولۇپ، ئاساسىي قاتلامنىڭ «ئۈچتە كاپالەتلەندۈرۈش» تۆۋەن چېكىگە پۇختا كاپالەتلىك قىلىشى كېرەك. قۇرۇلمىلىق باج كېمەيتىش-ھەق تۆۋەنلىتىش سىياسىتىنى ياخشى ئەمەلىيلەشتۈرۈپ، پەن-تېخنىكىدا يېڭىلىق يارىتىشنى ۋە ياسىمىچىلىقنىڭ تەرەققىياتىنى نۇقتىلىق قوللاش كېرەك. مالىيە ئىنتىزامىنى چىڭىتىپ، مالىيە-بوغالتىرلىق نازارەتچىلىكىنى كۈچەيتىپ، ئابروي قۇرۇلۇشى، ئوبراز قۇرۇلۇشىنى قەتئىي چەكلەپ، ھەشەمەتچىلىك، ئىسراپچىلىقنى قەتئىي توسۇش كېرەك. ھەر دەرىجىلىك ھۆكۈمەتلەر غورىگىل تۇرمۇش كەچۈرۈشكە ئادەتلىنىپ، ئىنچىكە ھېسابات قىلىپ، مالىيە مەبلىغىنى ھەقىقىي تۈردە دەل جايىغا ئىشلىتىپ، ئەمەلىي ئۈنۈم ھاسىل قىلىشى كېرەك.

پۇختا پۇل سىياسىتى جانلىق، مۇۋاپىق، توغرا، ئۈنۈملۈك بولۇشى كېرەك. ئوبوروتنىڭ مۇۋاپىق، يېتەرلىك بولۇشىنى ساقلاپ، ئىجتىمائىي مەبلەغ يۈرۈشتۈرۈش كۆلىمى، پۇل تەمىنات مىقدارى بىلەن ئىقتىسادنىڭ ئېشىشى ۋە باھا سەۋىيەسىنىڭ كۆزلىمە نىشانىنى

ئۆزئارا ماسلاشتۇرۇش كېرەك. ئومۇمىي مىقدار بىلەن قۇرۇلمىدىن ئىبارەت ئىككىنى تەڭشەشنى كۈچەيتىپ، ساقلانما مىقدارنى جانلاندۇرۇپ، ئۈنۈمنى ئۆستۈرۈپ، زور ئىستراتېگىيە، نۇقتىلىق ساھە ۋە ئاجىز ھالقىلارنى قوللاش سالمىقىنى ئاشۇرۇش كېرەك. ئۇنىۋېرسال ئىجتىمائىي مەبلەغ يۈرۈشتۈرۈش تەننەرخىنىڭ مۇقىملىق ئاساسىدا تۆۋەنلىشىنى ئىلگىرى سۈرۈش كېرەك. پۇل سىياسىتىنىڭ يەتكۈزۈش مېخانىزمىنى راۋانلاشتۇرۇپ، مەبلەغنىڭ تىنىپ قېلىشى ۋە قۇرۇق ئايلىنىشىدىن ساقلىنىش كېرەك. كاپىتال بازىرىنىڭ ئىچكى مۇقىملىقىنى كۈچەيتىش كېرەك. خەلق پۇلى پېرېۋوت نىسبىتىنىڭ مۇۋاپىق، تەڭپۇڭ سەۋىيەدىكى ئاساسىي مۇقىملىقىنى ساقلاش كېرەك. پەن-تېخنىكا پۇل مۇئامىلىسى، يېشىل پۇل مۇئامىلە، ئومۇمىي مەنپەئەتدارلىق پۇل مۇئامىلىسى، ياشانغاندا كۈتۈنۈش پۇل مۇئامىلىسى، رەقەملىك پۇل مۇئامىلىنى زور كۈچ بىلەن راۋاجلاندۇرۇش كېرەك. مەبلەغ يۈرۈشتۈرۈش ئىناۋىتىنى ئۆستۈرۈش، خەۋپ-خەتەرنى ئۈستىگە ئېلىش، ئۇچۇردىن ئورتاق بەھرىلىنىش قاتارلىق يانداش تەدبىرلەرنى ئەللاشتۇرۇپ، ئوتتۇرا، كىچىك، مىكرو كارخانىلارنىڭ مەبلەغ يۈرۈشتۈرۈش ئېھتىياجىنى تېخىمۇ ياخشى قاندۇرۇش كېرەك.

ماكرو سىياسەت يۆنىلىشىنىڭ بىردەكلىكىنى كۈچەيتىش كېرەك. تەرەققىيات ئومۇمىيتىنى چۆرىدەپ، مالىيە، پۇل، ئىشقا ئورۇنلىشىش، كەسىپ، رايون، پەن-تېخنىكا، مۇھىت قوغداش قاتارلىق سىياسەتلەرنىڭ ماسلاشتۇرۇشى ۋە ماسلىشىشىنى كۈچەيتىپ، ئىقتىسادىي سىياسەتتىن باشقا سىياسەتلەرنى ماكرو سىياسەت يۆنىلىشىنىڭ بىردەكلىكىنى باھالاش دائىرىسىگە كىرگۈزۈپ، سىياسەتلەرنى بىرتۇتاش پىلانلاشنى كۈچەيتىپ،

ئوخشاش يۆنىلىشلىك كۈچەش، بىرىكمە كۈچ شەكىللەندۈرۈشكە ھەقىقىي كاپالەتلىك قىلىش كېرەك. جايلار، تارماقلار سىياسەت تۈزۈشتە ھەرقايسى تەرەپلەرنىڭ پىكرىگە ئەستايىدىل قۇلاق سېلىشى ۋە ئۇلارنىڭ پىكرىنى قوبۇل قىلىشى، كارخانىلارغا چېتىلىدىغان سىياسەتلەردە بازار بىلەن پىكىر ئالماشتۇرۇشقا ئەھمىيەت بېرىشى، كارخانىلار كۆڭۈل بۆلۈۋاتقان مەسىلىلەرگە ئىنكاس قايتۇرۇشى كېرەك. سىياسەتلەرنى يولغا قويۇشتا ھەمكارلىشىپ ھەمتۈرتكە بولۇشنى كۈچەيتىپ، بىرىكمە ئۈنۈمنى ئاشۇرۇپ، بىرىنى دەپ يەنە بىرىدىن ۋاز كېچىش، بىر-بىرىگە توسالغۇ بولۇشتىن ساقلىنىش كېرەك. زاپاس سىياسەت تەتقىقاتىدا، ئالدىن كۆرەرلىكنى كۈچەيتىش، قورال ساندۇقنى بېيىتىش ھەمدە ئېشىنچە قالدۇرۇپ، لازىم بولغاندا ۋاقتىدا ئوتتۇرىغا قويغىلى بولۇشقا ھەقىقىي كاپالەتلىك قىلىپ، رولىنى ئۈنۈملۈك جارى قىلدۇرۇش كېرەك. سىياسەتنىڭ ئىجرا قىلىنىش ئەھۋالىنى ئىزلاپ باھالاشنى كۈچەيتىپ، كارخانا ۋە ئاممىنىڭ رازىمەنلىك تۇيغۇسىنى مۇھىم ئۆلچەم قىلىپ، ۋاقتىدا تەڭشەش ۋە مۇكەممەللەشتۈرۈش كېرەك. سىياسەتنى تەشۋىق قىلىش، چۈشەندۈرۈش خىزمىتىنى دەل جايىدا ياخشى ئىشلەپ، مۇقىم، ئاشكارا، كۆزلىمىلىك سىياسەت مۇھىتى يارىتىش كېرەك.

بۇ يىللىق تەرەققىياتنىڭ نىشان-ۋەزىپىلىرىنى ئورۇنلاشتا، شى جىنپىڭ ئىقتىساد ئىدىيەسىنى چوڭقۇر ئىزچىللاشتۇرۇپ، زېھنىمىزنى يىغىپ يۇقىرى سۈپەتلىك تەرەققىياتقا تۈرتكە بولۇشىمىز شەرت. سىستېما قارىشىنى كۈچەيتىپ، مۇھىم مۇناسىۋەتلەرنى ياخشى ئىگىلەپ ۋە بىر تەرەپ قىلىپ، تۈرلۈك خىزمەتلەرنى ئومۇمىي گەۋدە بويىچە چوڭقۇر پىلانلىشىمىز ۋە ئالغا سىلجىتىشىمىز كېرەك. سۈپەتنى

بىرىنچى ئورۇنغا، ئۈنۈمنى ئالدىنقى ئورۇنغا قويۇشتا چىڭ تۇرۇپ، داۋاملىق تۈردە ئاساسنى مۇستەھكەملەپ، روھنى يېتىلدۈرۈپ، ماكرولۇق تەڭشەش-تىزگىنلەشنىڭ قاراتمىلىقى، ئۈنۈمدارلىقىنى كۈچەيتىشىمىز كېرەك. كارخانا ۋە ئاممىنىڭ ئارزۇسىدىن خىزمەتنىڭ مەقسىتى، سىياسەتنىڭ كۈچەش نۇقتىسىنى توغرا تېپىپ چىقىشقا ئەھمىيەت بېرىشىمىز كېرەك. پۈتۈن يىللىق ئاشۇرۇش نىشانىنى تىرىشىپ ئورۇنلىشىمىز كېرەك. يۇقىرى سۈپەتلىك تەرەققىيات بىلەن يۇقىرى سەۋىيەلىك خەۋپسىزلىكنى ياخشى سۈپەتلىك ھەمتۈرتكە قىلىشتا چىڭ تۇرۇپ، بىخەتەرلىك تۆۋەن چېكىنى قەتئىي ساقلاش ئالدىنقى شەرتى ئاستىدا، تەرەققىيات ئۈچۈن تېخىمۇ كۆپ چارە-ئامال تېپىشىمىز، كارخانىلارغا تېخىمۇ كۆپ ياردەم بېرىشىمىز كېرەك. تەرەققىيات داۋامىدا خەلق تۇرمۇشىنى كاپالەتلەندۈرۈش ۋە ياخشىلاشتا چىڭ تۇرۇپ، خەلق تۇرمۇشىدىكى كەمتۈكلۈكلەرنى تولۇقلاش مەسىلىسىگە تەرەققىيات تەپەككۇرى ئارقىلىق مۇئامىلە قىلىشقا ئەھمىيەت بېرىپ، خەلق ئاممىسى ئالدىراۋاتقان، قىينىلىۋاتقان، غەم قىلىۋاتقان، ئارزۇ قىلىۋاتقان ئىشلارنى ھەل قىلىش داۋامىدا ئىقتىسادنىڭ يېڭى ئېشىش نۇقتىسىنى يېتىلدۈرۈشىمىز كېرەك. نېگىزىدىن ئېيتقاندا، يۇقىرى سۈپەتلىك تەرەققىياتقا تۈرتكە بولۇشتا ئىسلاھاتقا تايىنىمىز. بىز تېخىمۇ زور ئىرادە ۋە سالماق ئارقىلىق ئىسلاھات-ئېچىۋېتىشنى چوڭقۇرلاشتۇرۇپ، ئۈنۈملۈك بازار بىلەن قابىل ھۆكۈمەتنىڭ تېخىمۇ ياخشى بىرلىشىشىنى ئىلگىرى سۈرۈپ، جەمئىيەتنىڭ ھاياتىي كۈچىنى سىجىل ئۇرغۇتۇپ ۋە ئاشۇرۇپ، يۇقىرى سۈپەتلىك تەرەققىياتتا يېڭى، تېخىمۇ زور ئۈنۈم ھاسىل قىلىشقا تۈرتكە بولۇشىمىز كېرەك.

3. 2024-يىللىق ھۆكۈمەت خىزمىتىدىكى ۋەزىپىلەر

پارتىيە مەركىزىي كومىتېتى بۇ يىللىق خىزمەتلەرنى ئومۇمىيۈزلۈك ئورۇنلاشتۇردى، بىز چوڭقۇر ئىزچىللاشتۇرۇپ ۋە ئەمەلىيلەشتۈرۈپ، ئاساسىي زىددىيەتنى چىڭ تۇتۇپ، بوغما ھالەت چەكلىمىسىنى كۈچەپ بۇزۇپ تاشلاپ، تۈرلۈك خىزمەتلەرنى پۇختا، ياخشى ئىشلىشىمىز كېرەك.

(1) زامانىۋى كەسىپ سىستېمىسى قۇرۇلۇشىنى زور كۈچ بىلەن ئالغا سىلجىتىپ، يېڭى ماھىيەتلىك ئىشلەپچىقىرىش كۈچلىرىنى تېز راۋاجلاندۇرىمىز. يېڭىلىق يارىتىشنىڭ يېتەكچىلىك رولىنى تولۇق جارى قىلدۇرۇپ، پەن-تېخنىكىدا يېڭىلىق يارىتىش ئارقىلىق كەسىپتە يېڭىلىق يارىتىشقا تۈرتكە بولۇپ، يېڭىچە سانائەتلەشتۈرۈشنى تېز ئالغا سىلجىتىپ، تولۇق، زۆرۈر ئامىللىق ئىشلەپچىقىرىش ئۈنۈمىنى ئاشۇرۇپ، تەرەققىياتنىڭ يېڭى قۇۋۋىتى، يېڭى ئەۋزەللىكىنى ئۈزلۈكسىز يارىتىپ، ئىجتىمائىي ئىشلەپچىقىرىش كۈچلىرىنىڭ يېڭى يۈكسىلىشىنى ئىلگىرى سۈرىمىز.

كەسىپ زەنجىرى، تەمىنات زەنجىرىنى ئەلالاشتۇرۇش-دەرىجىسىنى ئۆستۈرۈشكە تۈرتكە بولىمىز. سانائەت ئىقتىسادىنىڭ مۇقىم يۈرۈشۈشىنى ساقلايمىز. ياسىمىچىلىقنىڭ نۇقتىلىق كەسىپ زەنجىرىنى يۇقىرى سۈپەتتە تەرەققىي قىلدۇرۇش ھەرىكىتىنى يولغا قويۇپ، كەمتۈكلۈكنى تولۇقلاشقا، ئارتۇقچىلىقنى جارى قىلدۇرۇشقا ۋە يېڭى ئارتۇقچىلىقنى بەرپا قىلىشقا كۈچەپ، كەسىپ زەنجىرى، تەمىنات زەنجىرىنىڭ ئەۋرىشىملىكى ۋە رىقابەت كۈچىنى ئاشۇرىمىز. ياسىمىچىلىقتا تېخنىكا ئۆزگەرتىش، دەرىجىنى ئۆستۈرۈش قۇرۇلۇشىنى يولغا قويۇپ، ئىلغار ياسىمىچىلىق توپىنى يېتىلدۈرۈپ

ۋە زورايتىپ، دۆلەت يېڭىچە سانائەتلەشتۈرۈش ئۈلگە رايونى قۇرۇپ، ئەنئەنىۋى كەسىپلەرنىڭ تېپىنى سەرخىل، ئاقىل، يېشىل تىپقا ئۆزگەرتىشكە تۈرتكە بولىمىز. زامانىۋى ئىشلەپچىقىرىش خاراكتېرىدىكى مۇلازىمەتچىلىكنى تېز تەرەققىي قىلدۇرىمىز. ئوتتۇرا، كىچىك كارخانىلارنىڭ كەسپىي، ئۇچۇپلىك، ئۆزگىچە، يېڭىچە تەرەققىياتىنى ئىلگىرى سۈرىمىز. ھۈنەرۋەن روھىنى ئەۋج ئالدۇرىمىز. ئۈلچەم يېتەكچىلىكى ۋە سۈپەت تىرىكىنى كۈچەيتىپ، خەلقئارا تەسىر كۈچىگە ئىگە تېخىمۇ كۆپ «جۇڭگو ياسىمچىلىقى» ماركىسىنى يارىتىمىز.

يېڭى گۈللىنىۋاتقان كەسپلەر ۋە كەلگۈسى كەسپلەرنى پائال يېتىلدۈرىمىز. كەسپتە يېڭىلىق يارىتىش قۇرۇلۇشىنى يولغا قويۇپ، كەسپ ئېكولوگىيەسىنى مۇكەممەللەشتۈرۈپ، قوللىنىش مۇھىتىنى كېڭەيتىپ، يېڭى گۈللىنىۋاتقان ئىستراتېگىيەلىك كەسپلەرنىڭ يۇغۇرما، توپلاشما تەرەققىياتىنى ئىلگىرى سۈرىمىز. تورغا ئۇلانغان يېڭى ئېنېرگىيەلىك ئاقىل ئاپتوموبىل قاتارلىق كەسپلەرنىڭ باشلامچىلىق ئەۋزەللىكىنى مۇستەھكەملەپ ۋە كېڭەيتىپ، ئالدىنقى قاتاردىكى يېڭى گۈللىنىۋاتقان ھىدروگېن ئېنېرگىيەسى، يېڭى ماتېرىيال، ئىجادىي دورا قاتارلىق كەسپلەرنىڭ تەرەققىياتىنى تېزلىتىپ، بىيو ياسىمچىلىق، تىجارەتلىك ئالەم قاتنىشى، تۆۋەن بوشلۇق ئىقتىسادى قاتارلىق يېڭى ئاشۇرۇش موتورىنى پائال بەرپا قىلىمىز. كەلگۈسى كەسپ تەرەققىياتىغا دائىر يىرىك پىلانىنى تۈزۈپ، كىۋانت تېخنىكىسى، ھاياتلىق ئىلمى قاتارلىق يېڭى مۇسابىقە يوللىرىنى ئېچىپ، بىر تۈركۈم كەلگۈسى كەسپلەر باشلامچى رايونىنى بەرپا قىلىمىز. ئىگىلىك تىكلەش سېلىنمىسى، پاي ھوقۇقى سېلىنمىسىنى راۋاجلاندۇرۇشقا ئىلھام بېرىپ، كەسپ

سىلىنىما فوندىنىڭ ئىقتىدارىنى ئەلالاشتۇرىمىز. نۇقتىلىق كەسىپلەرنى بىرتۇتاش ئورۇنلاشتۇرۇش ۋە مەبلەغ سېلىشقا يېتەكلەشنى كۈچەيتىپ، ئىشلەپچىقىرىش ئىقتىدارى ئوشۇق بولۇش ۋە تۆۋەن سەۋىيەلىك تەكرار قۇرۇلۇش قىلىشنىڭ ئالدىنى ئالىمىز.

رەقەملىك ئىقتىسادنىڭ ئىجادىي تەرەققىياتىنى چوڭقۇر ئالغا سىلجىتىمىز. رەقەملىك ئىقتىسادنىڭ يۇقىرى سۈپەتلىك تەرەققىياتىغا مەدەت بېرىدىغان سىياسەتنى تۈزۈپ، رەقەمنى كەسىپلەشتۈرۈش بىلەن كەسىپنى رەقەملەشتۈرۈشنى پائال ئالغا سىلجىتىپ، رەقەم تېخنىكىسى بىلەن ئەمەلىي ئىقتىسادنىڭ چوڭقۇر يۇغۇرۇلۇشىنى ئىلگىرى سۈرىمىز. چوڭ سانلىق مەلۇمات، سۈنئىي ئەقىل قاتارلىقلارنى تەتقىق قىلىپ يارىتىش ۋە قوللىنىشنى چوڭقۇرلاشتۇرۇپ، «سۈنئىي ئەقىل +» ھەرىكىتىنى قانات يايدۇرۇپ، خەلقئارا رىقابەت كۈچىگە ئىگە رەقەملىك كەسىپ توپى بەرپا قىلىمىز. ياسىمىچىلىقنىڭ تىپىنى رەقەملىك تىپقا ئۆزگەرتىش ھەرىكىتىنى يولغا قويۇپ، سانائەت ئالاقە تورىنى كۆلەملەشتۈرۈپ قوللىنىشنى تېزلىتىمىز، مۇلازىمەتچىلىكنىڭ رەقەملىشىشىنى ئالغا سىلجىتىپ، ئاقىل شەھەر، رەقەملىك يېزا-كەنت بەرپا قىلىمىز. ئوتتۇرا، كىچىك كارخانىلارنى رەقەملەشتۈرۈش قۇۋۋىتىگە ئىگە قىلىش مەخسۇس ھەرىكىتىنى چوڭقۇر قانات يايدۇرىمىز. سۇپا كارخانىلىرىنىڭ يېڭىلىق يارىتىشنى ئىلگىرى سۈرۈشى، ئىش ئورنىنى كۆپەيتىشى ۋە خەلقئارا رىقابەتتە كارامىتىنى كۆرسىتىشىگە مەدەت بېرىمىز. سانلىق مەلۇمات ئۇل تۈزۈمىنى تاكامۇللاشتۇرۇپ، سانلىق مەلۇماتنى ئېچىش، ئېچىۋېتىش ۋە ئوبوروت قىلىش، قوللىنىشقا زور كۈچ بىلەن تۈرتكە بولىمىز. رەقەملىك ئۇل ئەسلىھەلەرنى لايىقىدا، ئالدىن بەرپا قىلىپ، مەملىكەت بويىچە بىر گەۋدىلەشكەن ھېسابلاش

ئىقتىدارى سىستېمىسىنى تېز شەكىللەندۈرۈپ، ھېسابلاش ئىقتىدارى كەسىپ ئېكولوگىيەسىنى يېتىلدۈرىمىز. بىز كەڭ، چوڭقۇر رەقەم ئۆزگىرىشى ئارقىلىق، ئىقتىسادىي تەرەققىياتنى قوۋۋەتكە ئىگە قىلىپ، خەلقنىڭ تۇرمۇشىنى بېيىتىپ، جەمئىيەت ئىدارە قىلىشنىڭ زامانىۋىلىشىش سەۋىيەسىنى ئۆستۈرۈشىمىز كېرەك.

(2) دۆلەتنى پەن-مائارىپ ئارقىلىق گۈللەندۈرۈش ئىستراتېگىيەسىنى چوڭقۇر يولغا قويۇپ، يۇقىرى سۈپەتلىك تەرەققىياتنىڭ ئۇلۇغ تىرىكىنى كۈچەيتىمىز. مائارىپ كۈچلۈك دۆلەتنى، پەن-تېخنىكا كۈچلۈك دۆلەتنى، ئىختىساسلىقلار كۈچلۈك دۆلەتنى قۇرۇلۇشىنى بىر گەۋدە قىلىپ بىرتۇتاش ئالغا سىلجىتىشتا چىڭ تۇرۇپ، يېڭىلىق يارىتىش زەنجىرى، كەسىپ زەنجىرى، مەبلەغ زەنجىرى، ئىختىساسلىقلار زەنجىرىنى بىر گەۋدە قىلىش ئورۇنلاشتۇرمىسىنى يولغا قويۇپ، مائارىپ، پەن-تېخنىكا، ئىختىساسلىقلار ئۇنۇۋېرسال ئىسلاھاتىنى چوڭقۇرلاشتۇرۇپ، زامانىۋىلاشتۇرۇش قۇرۇلۇشىنى كۈچلۈك ھەرىكەتلەندۈرگۈچ كۈچكە ئىگە قىلىمىز.

يۇقىرى سۈپەتلىك مائارىپ سىستېمىسى قۇرۇلۇشىنى كۈچەيتىمىز. پارتىيەنىڭ مائارىپ فاڭجېنىنى ئومۇميۈزلۈك ئىزچىللاشتۇرۇپ، يۇقىرى سۈپەتلىك تەرەققىياتنى ھەر دەرىجىلىك، ھەر تۈرلۈك مائارىپنىڭ جان تومۇرى قىلىشتا چىڭ تۇرىمىز. مائارىپ كۈچلۈك دۆلەتنى قۇرۇش يىرىك پىلانى پىروگراممىسىنى تۈزۈپ يولغا قويىمىز. ئەخلاق ئارقىلىق ئادەم تەربىيەلەش تۈپ ۋەزىپىسىنى ئەمەلىيلەشتۈرۈپ، ئالىي، ئوتتۇرا، باشلانغۇچ مەكتەپلەرنىڭ ئىدىيەۋى-سىياسىي تەربىيە خىزمىتىنى بىر گەۋدىلەشتۈرۈش قۇرۇلۇشىنى ئالغا سىلجىتىمىز. ئاساسىي مائارىپنى ئەلالاشتۇرۇش،

سۈپىتىنى ئۆستۈرۈش ھەرىكىتىنى قانات يايدۇرۇپ، مەجبۇرىيەت مائارىپىنى سۈپەتلىك، تەكشى تەرەققىي قىلدۇرۇش بىلەن شەھەر-يېزا مەجبۇرىيەت مائارىپىنى بىر گەۋدىلەشتۈرۈشنى تېزلىتىپ، يېزىلاردىكى ياتاقلىق مەكتەپلەرنىڭ مەكتەپ باشقۇرۇش شارائىتىنى ياخشىلاپ، «ئىككىنى يېنىكلىتىش»نى داۋاملىق چوڭقۇرلاشتۇرۇپ، يەسلى مائارىپىنىڭ ئومۇمىي مەنپەئەتدارلىق تەرەققىياتىغا تۈرتكە بولۇپ، ناھىيەلەرنىڭ ئادەتتىكى تولۇق ئوتتۇرا مەكتەپ قۇرۇلۇشىنى كۈچەيتىمىز. ئوتتۇرا-باشلانغۇچ مەكتەپ ئوقۇغۇچىلىرىنىڭ ئوقۇش خىزمىتىدىن باشقا جەھەتلەردىكى يۈكىنى يېنىكلىتىمىز. ئالاھىدە مائارىپ، داۋاملاشما مائارىپنى ياخشى يولغا قويىمىز، ئۇقراۋى مائارىپنىڭ تەرەققىياتىنى يېتەكلەيمىز ۋە قېلىپلاشتۇرىمىز، كەسپىي مائارىپنىڭ سۈپىتىنى زور كۈچ بىلەن ئۆستۈرىمىز. ئالىي مائارىپ ئۇنىۋېرسال ئىسلاھاتىنى نۇقتىدا سىناق قىلىپ، پەن، كەسىپ ۋە بايلىق قۇرۇلمىسىنىڭ جايلىشىشىنى ئەلالاشتۇرۇپ، جۇڭگوچە ئالاھىدىلىككە ئىگە، دۇنيادا ئالدىنقى قاتاردا تۇرىدىغان ئالىي مەكتەپ ۋە ئەۋزەل پەن بەرپا قىلىشنى تېزلىتىپ، قوللىنىشچان تولۇق كۇرسلۇق ئالىي مەكتەپلەرنى بەرپا قىلىپ ۋە كۈچەيتىپ، ئوتتۇرا، غەربىي رايونلاردىكى ئالىي مەكتەپلەرنىڭ مەكتەپ باشقۇرۇش ئەمەلىي كۈچىنى ئاشۇرىمىز. ئوقۇغۇچىلارنىڭ پسىخىكا ساغلاملىق تەربىيەسىنى كۈچەيتىمىز. رەقەملىك مائارىپنى زور كۈچ بىلەن تەرەققىي قىلدۇرىمىز. مائارىپچىلار روھىنى ئەۋج ئالدۇرۇپ، يۇقىرى ساپالىق كەسپىيلەشكەن ئوقۇتقۇچىلار قوشۇنى بەرپا قىلىمىز. بىز مائارىپنى ئالدىن تەرەققىي قىلدۇرۇشتا چىڭ تۇرۇپ، مائارىپنىڭ زامانىۋىلىشىشىنى تېز ئالغا سىلجىتىپ، خەلقنىڭ بەخت ئاساسىنى

پۇختىلايمىز، دۆلەتنىڭ بىيىش، قۇدرەت تېپىش ئۇلىنى مۇستەھكەملەيمىز.

پەن-تېخنىكىدا يۇقىرى سەۋىيەدە ئۆزىمىزگە تايىنىش، ئۆزىمىزنى قۇدرەت تاپتۇرۇشقا تېز تۈرتكە بولىمىز. يېڭىچە پۈتۈن دۆلەتنىڭ كۈچىنى ئىشقا سېلىش تۈزۈلمىسىنىڭ ئەۋزەللىكىنى تولۇق جارى قىلدۇرۇپ، ئۆز ئالدىغا يېڭىلىق يارىتىش ئىقتىدارىمىزنى ئومۇميۈزلۈك ئۆستۈرىمىز. ئۇل تەتقىقاتنىڭ سىستېمىلىق جايلىشىشىنى كۈچەيتىپ، بىر تۈركۈم يېڭىلىق يارىتىش بازىلىرى، ئەۋزەل كوللېكتىپ ۋە نۇقتىلىق نىشانلارنى ئۇزاققىچە مۇقىم قوللاپ، دەسلەپكى يېڭىلىق يارىتىش ئىقتىدارىمىزنى ئاشۇرىمىز. دۆلەتنىڭ زور ئىستراتېگىيەلىك ئېھتىياجى ۋە كەسىپلەرنىڭ تەرەققىيات ئېھتىياجىنى نىشانلاپ، بىر تۈركۈم مۇھىم پەن-تېخنىكا تۈرلىرىنى ئورۇنلاشتۇرىمىز ۋە يولغا قويىمىز. دۆلەتنىڭ ئىستراتېگىيەلىك پەن-تېخنىكا كۈچى ۋە ئىجتىمائىي يېڭىلىق يارىتىش بايلىقىنى توپلاپ، ئاچقۇچلۇق، يادرولۇق تېخنىكىلاردا ئۆتكەلگە ماسلىشىپ ھۇجۇم قىلىشنى ئالغا سىلجىتىپ، ئاغدۇرۇش خاراكتېرلىك تېخنىكا ۋە ئالدىنقى قاتاردىكى تېخنىكا تەتقىقاتىنى كۈچەيتىمىز. دۆلەت تەجرىبىخانىسىنى يۈرۈشتۈرۈش، باشقۇرۇش مېخانىزمىنى مۇكەممەللەشتۈرۈپ، خەلقئارا ۋە رايونلۇق پەن-تېخنىكىدا يېڭىلىق يارىتىش مەركەزلىرىنىڭ تەسىر كۆرسىتىش، يېتەكلەش رولىنى جارى قىلدۇرىمىز. زور پەن-تېخنىكا ئۇل-ئەسلىھەلىرىنى سىستېمىلاشتۇرۇپ جايلاشتۇرۇشنى تېزلىتىپ، ئورتاق تېخنىكا سۇپىسى، ئوتتۇرا باسقۇچتا سىناق قىلىپ دەللىلەش سۇپىسى قۇرۇلۇشىنى ئالغا سىلجىتىمىز. كارخانىلارنىڭ پەن-تېخنىكىدا يېڭىلىق يارىتىشتىكى ئاساسىي گەۋدىلىك ئورنىنى كۈچەيتىپ،

كارخانىلارنى يېڭىلىق يارىتىش سېلىنمىسىنى ئاشۇرۇشقا رىغبەتلەندۈرۈپ، ئىشلەپچىقىرىش، ئوقۇتۇش، تەتقىقات، قوللىنىشنى بىرلەشتۈرۈشنى چوڭقۇرلاشتۇرۇپ، ئەمەلىي كۈچى بار كارخانىلارنىڭ مۇھىم ئۆتكەلگە ھۇجۇم قىلىش ۋەزىپىسىگە باشلامچىلىق قىلىشىغا مەدەت بېرىمىز. ساغلاملىق، ياشانغانلارنى كۈتۈش، مېيىپلەرگە ياردەم بېرىش قاتارلىق خەلق تۇرمۇشىغا دائىر پەن-تېخنىكىنى تەتقىق قىلىپ يارىتىش، قوللىنىشنى كۈچەيتىمىز. ئومۇمىيۈزلۈك يېڭىلىق يارىتىشقا مەدەت بېرىدىغان ئۇل تۈزۈمنى تېز شەكىللەندۈرۈپ، پەن-تېخنىكىنى باھالاش، پەن-تېخنىكا بويىچە مۇكاپاتلاش، پەن تەتقىقات تۈرلىرى ۋە خىراجىتىنى باشقۇرۇش تۈزۈمى ئىسلاھاتىنى چوڭقۇرلاشتۇرۇپ، «ئېلان چىقىرىپ باشلامچى تاللاش» مېخانىزمىنى تاكامۇللاشتۇرىمىز. بىلىم مۈلۈك ھوقۇقىنى قوغداشنى كۈچەيتىپ، پەن-تېخنىكا نەتىجىلىرىنى ئايلاندۇرۇپ قوللىنىشنى ئىلگىرى سۈرۈش سىياسەت-تەدبىرلىرىنى تۈزىمىز. ئىلىم-پەننى ئومۇملاشتۇرۇشنى كەڭ قانات يايدۇرىمىز. يېڭىلىق يارىتىش مەدەنىيىتىنى يېتىلدۈرۈپ، ئالىملار روھىنى ئەۋج ئالدۇرۇپ، ياخشى ئۆگىنىش ئىستىلىنى يېتىلدۈرىمىز. خەلقئارا پەن-تېخنىكا ئالاقە-ھەمكارلىقىنى كېڭەيتىپ، دۇنياۋى رىقابەت كۈچىگە ئىگە ئېچىۋېتىلگەن يېڭىلىق يارىتىش ئېكولوگىيەسىنى بەرپا قىلىمىز.

ئىختىساسلىقلارنى ھەر تەرەپلىمە يېتىشتۈرىمىز ۋە ياخشى ئىشلىتىمىز. تېخىمۇ ئاكتىپ، تېخىمۇ ئېچىۋېتىلگەن، تېخىمۇ ئۈنۈملۈك ئىختىساسلىقلار سىياسىتىنى يولغا قويىمىز. يۇقىرى سەۋىيەلىك ئىختىساسلىقلار ئېگىزلىكى ۋە ئىختىساسلىقلارنى جەلپ قىلىش، توپلاش سۇپىسى بەرپا قىلىشنى ئالغا سىلجىتىپ، ئىختىساسلىقلارنىڭ رايونلارغا مۇۋاپىق جايلىشىشى ۋە ماس تەرەققىي

قىلىشنى ئىلگىرى سۈرىمىز. دۆلەتنىڭ ئىستراتېگىيەلىك ئىختىساسلىقلار كۈچىنى تېز بەرپا قىلىپ، ئالدىنقى قاتاردا تۇرىدىغان تېخمۇ كۆپ پەن-تېخنىكا باشلامچى ئىختىساسلىقلىرى ۋە يېڭىلىق يارىتىش كوللېكتىپىنى تىرىشىپ يېتىشتۈرۈپ ۋە بارلىققا كەلتۈرۈپ، سەرخىل ئىجادچان ئىختىساسلىقلارنى بايقاش ۋە يېتىشتۈرۈش مېخانىزمىنى مۇكەممەللەشتۈرۈپ، ئۇل تەتقىقات ئىختىساسلىقلىرىنى يېتىشتۈرۈش سۇپىسى بەرپا قىلىپ، داڭلىق ئىنژېنېرلار ۋە يۇقىرى ماھارەتلىك ئىختىساسلىقلار قوشۇنىنى بارلىققا كەلتۈرۈپ، ياش پەن-تېخنىكا ئىختىساسلىقلىرىنى قوللاش سالمىقىنى ئاشۇرىمىز. خەلقئارا ئىختىساسلىقلار ئالاقىسىنى پائال ئالغا سىلجىتىمىز. يېڭىلىق يارىتىش قىممىتى، ئىقتىدارى، تۆھپىسىنى يېتەكچى قىلغان ئىختىساسلىقلارنى باھالاش سىستېمىسىنى تېز بەرپا قىلىپ، خىزمەت، تۇرمۇش كاپالىتى ۋە تەقدىرلەش، مۇكاپاتلاش تۈزۈمىنى ئەلالاشتۇرىمىز. بىز ئىختىساسلىقلارنى تەرەققىي قىلدۇرۇش مۇھىتىنى ياخشىلاش جەھەتتە سىجىل كۈچ سەرپ قىلىپ، ھەركىم ئۆز قابىلىيىتىنى تولۇق ئىشقا سالىدىغان، كارامىتىنى كۆرسىتىدىغان ياخشى ۋەزىيەت يارىتىشىمىز كېرەك.

(3) ئىچكى ئېھتىياجنى كۈچەپ ئاشۇرۇپ، ئىقتىسادتا ياخشى سۈپەتلىك ئايلىنىشنىڭ ئىشقا ئېشىشىغا تۈرتكە بولىمىز. ئىچكى ئېھتىياجنى ئاشۇرۇش ئىستراتېگىيەسىنى يولغا قويۇشنى تەمىنات تەرەپلىك قۇرۇلمىلىق ئىسلاھاتنى چوڭقۇرلاشتۇرۇش بىلەن ئورگانىك بىرلەشتۈرۈپ، ئىستېمال بىلەن سېلىنمىنى تېخمۇ ياخشى بىرتۇتاش پىلانلاپ، ئۇنىڭ ئىقتىسادنىڭ ئېشىشىغا تۈرتكە بولۇش رولىنى كۈچەيتىمىز.

ئىستېمالنىڭ مۇقىم ئېشىشىنى ئىلگىرى سۈرىمىز. كىرىمنى

ئاشۇرۇش، تەمىناتىنى ئەلالاشتۇرۇش، چەكلەش خاراكتېرىدىكى تەدبىرلەرنى ئازايتىش قاتارلىق جەھەتلەردە ئۇنۇملۈك تەدبىر قوللىنىپ، ئىستېمالنىڭ يوشۇرۇن ئىقتىدارىنى ئۇرغۇتىمىز. يېڭىچە ئىستېمالنى يېتىلدۈرۈپ ۋە زورايتىپ، رەقەملىك ئىستېمال، يېشىل ئىستېمال، ساغلام ئىستېمالنى ئىلگىرى سۈرۈش سىياسىتىنى يولغا قويۇپ، ئاقىل ئۆي، مەدەنىي كۆڭۈل ئېچىش ـ ساياھەت، تەنتەربىيە مۇسابىقىسى، دۆلىتىمىزدە ئىشلەنگەن «مودا مەھسۇلات» قاتارلىقلارغا دائىر ئىستېمالنىڭ يېڭى ئېشىش نۇقتىلىرىنى پائال يېتىلدۈرىمىز. ئەنئەنىۋى ئىستېمالنى مۇقىملاشتۇرۇپ ۋە كېڭەيتىپ، ئىستېمال بۇيۇملىرىنىڭ كونىسىنى يېڭىسىغا ئالماشتۇرۇشقا ئىلھام بېرىپ ۋە تۈرتكە بولۇپ، ئاقىل، تورلاشقان يېڭى ئېنېرگىيەلىك ئاپتوموبىل، ئېلېكترونلۇق مەھسۇلات قاتارلىقلارغا دائىر كۆپ مىقدارلىق ئىستېمالنى جانلاندۇرىمىز. ياشانغانلارنى كۈتۈش، بالىلارنى تەربىيەلەش، ئائىلە مۇلازىمىتى قاتارلىق مۇلازىمەتلەرنىڭ كۆلىمىنى كېڭەيتىش، سۈپىتىنى ئۆستۈرۈشكە تۈرتكە بولۇپ، ئىجتىمائىي كۈچلەرنىڭ مەھەللە مۇلازىمىتى بىلەن شۇغۇللىنىشىغا مەدەت بېرىمىز. ئىستېمال مۇھىتىنى ئەلالاشتۇرۇپ، «ئىستېمالنى ئىلگىرى سۈرۈش يىلى» پائالىيىتىنى قانات يايدۇرۇپ، «خاتىرجەم ئىستېمال ھەرىكىتى»نى يولغا قويۇپ، ئىستېمالچىلارنىڭ ھوقۇق ـ مەنپەئەتىنى قوغداشنى كۈچەيتىپ، مائاشلىق دەم ئېلىش تۈزۈمىنى ئەمەلىيلەشتۈرىمىز. ئۆلچەمنى ئۆستۈرۈش ھەرىكىتىنى يولغا قويۇپ، يۇقىرى سۈپەتلىك تەرەققىيات تەلىپىگە ئۇيغۇن كېلىدىغان ئۆلچەم سىستېمىسىنى تېز بەرپا قىلىپ، تاۋار ۋە مۇلازىمەت سۈپىتىنى ئۈزلۈكسىز ئۆستۈرۈشكە تۈرتكە بولۇپ، خەلق ئاممىسىنىڭ تۇرمۇشنى ياخشىلاش ئېھتىياجىنى تېخىمۇ ياخشى قاندۇرىمىز.

ئۈنۈملۈك سېلىنمىنى پائال كېڭەيتىمىز. ھۆكۈمەت سېلىنمىسىنىڭ تۈرتكە بولۇش، زورايتىش ئۈنۈمىنى ياخشى جارى قىلدۇرۇپ، پەن-تېخنىكىدا يېڭىلىق يارىتىش، يېڭىچە ئۇل ئەسلىھە، ئېنېرگىيە تېجەش، بۇلغىما ئازايتىش، كاربوننى تۆۋەنلىتىشنى ئۇقتىلىق قوللاپ، خەلق تۇرمۇشى قاتارلىق ئىقتىساد، جەمئىيەتنىڭ ئاجىز ساھەلىرىدىكى كەمتۈكلۈكنى تولۇقلاشنى كۈچەيتىپ، كەلكۈندىن مۇداپىئەلىنىش، سۇنى چىقىرىۋېتىش، ئاپەتكە تاقابىل تۇرۇش ئۇل ئەسلىھەلىرى قۇرۇلۇشىنى ئالغا سىلجىتىپ، تۈرلۈك ئىشلەپچىقىرىش ئۈسكۈنىلىرى، مۇلازىمەت ئۈسكۈنىلىرىنى يېڭىلاش ۋە تېخنىكىسىنى ئۆزگەرتىشكە تۈرتكە بولۇپ، 14-بەش يىللىق پىلاندىكى مۇھىم، زور قۇرۇلۇش تۈرلىرىنى تېز يولغا قويىمىز. بۇ يىل مەركەز خامچوتىدا 700 مىليارد يۈەن سېلىنما ئورۇنلاشتۇرۇلىدۇ. يەرلىك ھۆكۈمەت مەخسۇس زايومىنىڭ سېلىنما ساھەسى ۋە كاپىتال مەبلىغى ئورنىدا ئىشلىتىلىش دائىرىسى مۇۋاپىق كېڭەيتىلىدۇ، نورما تەقسىماتىنى تۈر تەييارلىقى تولۇق، سېلىنما ئۈنۈمى بىرقەدەر يۇقىرى رايونلارغا مايىللاشتۇرىمىز. تۈرلۈك مەبلەغلەرنى بىرتۇتاش ياخشى ئىشلىتىمىز، ئۈنۈمى تۆۋەن، ئۈنۈمسىز مەبلەغ سېلىشنىڭ ئالدىنى ئالىمىز. مەبلەغ سېلىشنى تەكشۈرۈپ تەستىقلاش تۈزۈمى ئىسلاھاتىنى چوڭقۇرلاشتۇرىمىز. خەلق ئىچى سېلىنمىسىنى ئىرىشىپ مۇقىملاشتۇرۇپ ۋە كېڭەيتىپ، قوللاش سىياسىتىنى ئەمەلىيلەشتۈرۈپ ۋە مۇكەممەللەشتۈرۈپ، ھۆكۈمەت بىلەن ئىجتىمائىي كاپىتال ھەمكارلىقى يېڭى مېخانىزمىنى يولغا قويۇپ، خەلق ئىچى كاپىتالىنىڭ زور تۈر قۇرۇلۇشىغا قاتنىشىشىغا ئىلھام بېرىمىز. تۈرلۈك چەكلىمىلەرنى يەنىمۇ بۇزۇپ تاشلاپ، تېخىمۇ كۆپ ساھەلەردە خەلق ئىچى سېلىنمىسىنى كىرەلەيدىغان، تەرەققىي

قىلالايدىغان، نەتىجە يارىتالايدىغان قىلىمىز.

(4) ئىسلاھاتنى قەتئىي تەۋرەنمەي چوڭقۇرلاشتۇرۇپ، تەرەققىيات ئىچكى ھەرىكەتلەندۈرگۈچ كۈچىنى ئاشۇرىمىز. نۇقتىلىق ساھەلەر ۋە ئاچقۇچلۇق ھالقىلار ئىسلاھاتىدا ئۆتكەلگە ھۇجۇم قىلىشنى ئالغا سىلجىتىپ، بازارنىڭ بايلىق تەقسىملەشتىكى ھەل قىلغۇچ رولىنى تولۇق جارى قىلدۇرۇپ، ھۆكۈمەتنىڭ رولىنى تېخىمۇ ياخشى جارى قىلدۇرۇپ، بازارلاشقان، قانۇنچىللاشقان، خەلقئارالاشقان ئالدىنقى قاتاردىكى تىجارەت-سودا مۇھىتى يارىتىپ، يۇقىرى سەۋىيەلىك سوتسىيالىستىك بازار ئىگىلىكى تۈزۈلمىسىنى بەرپا قىلىشقا تۈرتكە بولىمىز.

تۈرلۈك تىجارەت ئاساسىي گەۋدىلىرىنىڭ ھاياتىي كۈچىنى ئۇرغۇتىمىز. دۆلەت كارخانىلىرى، پۇقراۋى كارخانىلار، چەت ئەل مەبلەغى كارخانىلىرىنىڭ ھەممىسى زامانىۋىلاشتۇرۇش قۇرۇلۇشىدىكى مۇھىم كۈچ. «ئىككىدە قىلچە تەۋرەنمەسلىك» تىن ئىبارەت تۈزۈلمە-مېخانىزمنى ئۈزلۈكسىز مۇكەممەللەشتۈرۈپ ۋە ئەمەلىيلەشتۈرۈپ، تۈرلۈك مۈلۈكچىلىكتىكى كارخانىلارنىڭ ئادىل رىقابەتلىشىشى، بەس-بەستە تەرەققىي قىلىشىغا ياخشى مۇھىت يارىتىمىز. جۇڭگوچە زامانىۋى كارخانا تۈزۈمىنى مۇكەممەللەشتۈرۈپ، دۇنيا بويىچە ئالدىنقى قاتاردا تۇرىدىغان تېخىمۇ كۆپ كارخانىلارنى بەرپا قىلىمىز. دۆلەت كارخانىلىرى ئىسلاھاتىنى چوڭقۇرلاشتۇرۇش، يۈكسەلدۈرۈش ھەرىكىتىنى چوڭقۇر يولغا قويۇپ، ئاساسلىق كەسىپلەرنى كۈچەيتىپ ۋە ئەلالاشتۇرۇپ، يادرولۇق ئىقتىدارنى كۈچەيتىپ، يادرولۇق رىقابەت كۈچىنى ئاشۇرىمىز. دۆلەت ئىگىلىكىنىڭ جايلىشىشىنى ئەلالاشتۇرۇش ۋە قۇرۇلمىسىنى تەڭشەشكە يېتەكچىلىك قىلىش تۈزۈمىنى ئورنىتىمىز. پۇقراۋى

ئىگىلىكنىڭ تەرەققىي قىلىپ زورىيىشىنى ئىلگىرى سۈرۈش پىكرى ۋە يانداش تەدبىرلىرىنى ئومۇمىيۈزلۈك ئەمەلىيلەشتۈرۈپ، بازار ئىجازىتى، زۆرۈر ئامىلغا ئېرىشىش، قانۇننى ئادىل ئىجرا قىلىش، ھوقۇق-مەنپەئەتنى قوغداش قاتارلىق جەھەتلەردە ساقلىنىۋاتقان گەۋدىلىك مەسىلىلەرنى يەنىمۇ ئىلگىرىلەپ ھەل قىلىمىز. پۇقراۋى كارخانىلارغا بېرىلىدىغان قەرز پۇل نىسبىتىنى ئاشۇرۇپ، زايوم تارقىتىش، مەبلەغ يۈرۈشتۈرۈش كۆلىمىنى كېڭەيتىپ، يەككە سودا-سانائەتچىلەرگە تۈرگە ئايرىپ يار-يۆلەك بولۇش، مەدەت بېرىشنى كۈچەيتىمىز. ئەشيا ئوبوروتى تەننەرخىنى تۆۋەنلىتىش ھەرىكىتىنى يولغا قويۇپ، كارخانىلارنىڭ ھېسابىدىكى پۇلنى نېسى قالدۇرۇشنىڭ ئالدىنى ئېلىش ۋە ئۇنى ھەل قىلىشنىڭ ئۇزاق ئۈنۈملۈك مېخانىزمىنى تاكامۇللاشتۇرىمىز، قالايمىقان ھەق ئېلىش، قالايمىقان جەرىمانە قويۇش، قالايمىقان سېلىق سېلىشنى قەتئىي تەكشۈرۈپ بىر تەرەپ قىلىمىز. مۇنەۋۋەر كارخانىچىلار روھىنى ئەۋج ئالدۇرۇپ، كارخانىچىلارنىڭ ئىجادىي تەرەققىياتقا ئېتىبار بېرىشى، دادىللىق بىلەن ئىش قىلىشى، دادىللىق بىلەن تەۋەككۈل قىلىشى، دادىللىق بىلەن مەبلەغ سېلىشى، كارخانىنى پۇختا قەدەم بىلەن ياخشى باشقۇرۇشنى پائال قوللايمىز.

مەملىكەت بويىچە بىرلىككە كەلگەن چوڭ بازار قۇرۇلۇشىنى تېزلىتىمىز. مەملىكەت بويىچە بىرلىككە كەلگەن چوڭ بازار قۇرۇلۇشىنىڭ ئۆلچەم كۆرسەتمىسىنى تۈزۈپ چىقىمىز. مۈلۈك ھوقۇقىنى قوغداش، بازار ئىجازىتى، ئادىل رىقابەتلىشىش، ئىجتىمائىي ئىناۋەت قاتارلىق جەھەتلەردە تۈزۈم-قائىدىلەرنىڭ بىرلىككە كېلىشىگە كۈچەپ تۈرتكە بولىمىز. زۆرۈر ئامىللارنى بازارلاشتۇرۇپ تەقسىملەش ئۇنىۋېرسال ئىسلاھاتىنى نۇقتىدا سىناق قىلىشنى

چوڭقۇرلاشتۇرىمىز. ئادىل رىقابەتنى تەكشۈرۈشكە دائىر مەمۇرىي تۈزۈم چىقىرىپ، ئۇقتىلىق ساھە، يېڭى گۈللىنىۋاتقان ساھە، چەتكە چېتىشلىق ساھەلەرنى نازارەت قىلىش-باشقۇرۇش قائىدىسىنى مۇكەممەللەشتۈرىمىز. يەرلىك قوغدىچىلىق قىلىش، بازارنى بۆلۈۋېتىش، سودىگەر ۋە مەبلەغ جەلپ قىلىشتا ناتوغرا رىقابەتلىشىش قاتارلىق گەۋدىلىك مەسىلىلەرنى مەخسۇس تۈزەپ خېرىدار چاقىرىش-چىقىش بازىرىنى قېلىپلاشتۇرۇش ۋە باشقۇرۇشنى كۈچەيتىمىز. قانۇن بويىچە نازارەت قىلىش-باشقۇرۇشتا چىڭ تۇرۇپ، نازارەت قىلىش-باشقۇرۇش مەسئۇلىيىتىنى قاتتىق ئەمەلىيلەشتۈرۈپ، نازارەت قىلىش-باشقۇرۇشنىڭ دەللىكى ۋە ئۈنۈمدارلىقىنى ئۆستۈرۈپ، ئادىل رىقابەتلىشىدىغان بازار تەرتىپىنى قەتئىي قوغدايمىز.

مالىيە، باج، پۇل مۇئامىلە قاتارلىق ساھەلەرنىڭ ئىسلاھاتىنى ئالغا سىلجىتىمىز. يۇقىرى سەۋىيەلىك سوتسىيالىستىك بازار ئىگىلىكى تۈزۈلمىسى ئىسلاھاتى باشلامچى رايونى بەرپا قىلىمىز. يېڭى بىر نۆۋەتلىك مالىيە-باج تۈزۈلمىسى ئىسلاھاتىنى پىلانلاپ، پۇل مۇئامىلە تۈزۈلمىسى ئىسلاھاتى ئورۇنلاشتۇرمىسىنى ئەمەلىيلەشتۈرۈپ، يۇقىرى سۈپەتلىك تەرەققىياتقا مالىيە، باج، پۇل مۇئامىلە جەھەتتىن مەدەت بېرىش سالمىقىنى ئاشۇرىمىز. ئېلېكتىر ئېنېرگىيەسى، نېفىت، تەبىئىي گاز، تۆمۈريول ۋە ئۇنىۋېرسال تىرانسپورت سىستېمىسى قاتارلىقلارغا دائىر ئىسلاھاتنى چوڭقۇرلاشتۇرۇپ، تەبىئىي مونوپول ھالقىلىرىنى نازارەت قىلىش-باشقۇرۇش تۈزۈلمە-مېخانىزمىنى تاكامۇللاشتۇرىمىز. كىرىم تەقسىماتى، ئىجتىمائىي كاپالەت، تېببىي دورىگەرلىك-ساقلىق ساقلاش، ياشانغانلارنى كۈتۈش مۇلازىمىتى قاتارلىق ئىجتىمائىي ئىشلار، خەلق تۇرمۇشى ساھەسىدىكى

ئىسلاھاتىنى چوڭقۇرلاشتۇرىمىز.

(5) يۇقىرى سەۋىيەلىك سىرتقا ئېچىۋېتىش دائىرىسىنى كېڭەيتىپ، ئۆزئارا مەنپەئەت يەتكۈزۈپ، ئورتاق پايدا ئېلىشنى ئىلگىرى سۈرىمىز. يۇقىرى ئۆلچەملىك خەلقئارا ئىقتىساد-سودا قائىدىسى بىلەن تەشەببۇسكار ھالدا ئۇدۇللىشىپ، تۈزۈملۈك ئېچىۋېتىشنى پۇختا قەدەم بىلەن كېڭەيتىپ، ئىچكى-تاشقى ئىككى بازار، ئىككى بايلىقنىڭ ھەمتۈرتكىلىك تەسىرىنى كۈچەيتىپ، تاشقى سودا، تاشقى مەبلەغنىڭ ئاساسىي ھالىتىنى مۇستەھكەملەپ، خەلقئارا ئىقتىسادىي ھەمكارلىق ۋە رىقابەت يېڭى ئەۋزەللىكىنى يېتىلدۈرىمىز.

تاشقى سودىنىڭ سۈپىتىنى ئۆستۈرۈپ، مىقدارىنى مۇقىملاشتۇرۇشقا تۈرتكە بولىمىز. ئىمپورت-ئېكسپورت ئىناۋەتلىك قەرزى ۋە ئېكسپورت ئىناۋەت سۇغۇرتىسىنى قوللاشنى كۈچەيتىپ، چېگرا ھالقىپ راسچوت قىلىش، پېرېۋوت نىسبىتى خەۋپ-خەتىرىنى باشقۇرۇش قاتارلىق مۇلازىمەتنى ئەلالاشتۇرۇپ، كارخانىلارنىڭ كۆپ مەنبەلىك بازار ئېچىشىغا مەدەت بېرىمىز. چېگرا ھالقىغان ئېلېكترونلۇق سودا قاتارلىق يېڭى كەسىپ ھالىتىنىڭ ساغلام تەرەققىياتىنى ئىلگىرى سۈرىمىز، چەت ئەلدىكى ئىسكىلاتلارنىڭ جايلىشىشىنى ئەلالاشتۇرۇپ، پىششىقلاش سودىسىنىڭ دەرىجىسىنى ئۆستۈرۈشنى قوللاپ، ئارا مەھسۇلات سودىسى، يېشىل سودا قاتارلىق يېڭى ئېشىش نۇقتىلىرىنى كېڭەيتىمىز. ئەلا سۈپەتلىك مەھسۇلات ئىمپورتىنى پائال كېڭەيتىمىز. چېگرا سودىسىنى قوللاش سىياسىتىنى مۇكەممەللەشتۈرىمىز. چېگرا ھالقىغان مۇلازىمەت سودىسى پاسسىپ تىزىملىكىنى ئومۇمىيۈزلۈك يولغا قويىمىز. مۇلازىمەت سودىسى، رەقەملىك سودىنى ئىجادىي تەرەققىي قىلدۇرۇشقا دائىر سىياسەتنى

ئۆتتۈرىغا قويىمىز. ئىچكى سودا بىلەن تاشقى سودىنىڭ بىر گەۋدىلەشكەن تەرەققىياتىنى تېزلىتىمىز. ئىمپورت يەرمەنكىسى، گۇاڭجۇ سودا يەرمەنكىسى، مۇلازىمەت سودىسى يەرمەنكىسى، رەقەملىك سودا يەرمەنكىسى، ئىستېمال يەرمەنكىسى قاتارلىق مۇھىم يەرمەنكىلەرنى ياخشى ئۆتكۈزىمىز. خەلقئارا ئەشيا ئوبوروتى سىستېمىسى قۇرۇلۇشىنى تېزلىتىپ، ئاقىل تاموژنا بەرپا قىلىپ، تاشقى سودا كارخانىلىرىنىڭ تەننەرخىنى تۆۋەنلىتىشى، ئۈنۈمنى ئۆستۈرۈشىگە ياردەم بېرىمىز.

چەت ئەل مەبلىغىنى جەلپ قىلىش سالمىقىنى ئاشۇرىمىز. چەت ئەل مەبلىغىگە ئىجازەت بېرىش پاسسىپ تىزىملىكىنى داۋاملىق قىسقارتىپ، ياسىمىچىلىق ساھەسىگە قارىتىلغان چەت ئەل مەبلىغى ئىجازىتىگە چەك قويۇش تەدبىرلىرىنى ئومۇميۈزلۈك ئەمەلدىن قالدۇرىمىز، تېلېگراف، داۋالاش قاتارلىق مۇلازىمەتچىلىكنىڭ بازار ئىجازىتىنى بوشىتىمىز. چەت ئەل سودىگەرلىرىنىڭ مەبلەغ سېلىشىغا ئىلھام بېرىلىدىغان كەسىپلەر مۇندەرىجىسىنىڭ دائىرىسىنى كېڭەيتىپ، چەت ئەل مەبلىغى كارخانىلىرىنى چېگرا ئىچىدە قايتا مەبلەغ سېلىشقا ئىلھاملاندۇرىمىز. چەت ئەل مەبلىغى كارخانىلىرىغا قارىتىلغان پۇقراۋى مۇئامىلىنى ياخشى ئەمەلىيلەشتۈرۈپ، ئۇلارنىڭ ھۆكۈمەت بىرتۇتاش سېتىۋېلىش، خېرىدار چاقىرىش، خېرىدار چىقىش، ئۆلچەم تۈزۈشكە قانۇن بويىچە باراۋەر قاتنىشىشىغا كاپالەتلىك قىلىمىز، سانلىق مەلۇماتلارنىڭ چېگرا ھالقىپ يۆتكىلىشى قاتارلىق مەسىلىلەرنى ھەل قىلىشقا تۈرتكە بولىمىز. چەت ئەل سودىگەرلىرىنىڭ مەبلەغ سېلىشىغا قارىتىلغان مۇلازىمەت كاپالىتىنى كۈچەيتىپ، «جۇڭگوغا مەبلەغ سېلىش» ماركىسىنى يارىتىمىز. چەت ئەل تەۋەلىكىدىكىلەرنىڭ جۇڭگوغا كېلىپ خىزمەت، ئۆگىنىش،

ساياھەت قىلىشنى يەنىمۇ قولايلاشتۇرۇپ، چىقىم مۇلازىمىتىنى ئەلالاشتۇرىمىز. ئەركىن سودا سىناق رايونلىرىنى يۈكسەلدۈرۈش ئىستراتېگىيەسىنى چوڭقۇر يولغا قويۇپ، ئەركىن سودا سىناق رايونلىرى، خەينەن ئەركىن سودا پورتى قاتارلىقلارغا تېخىمۇ كۆپ ئۆز ئالدىغا ئىش كۆرۈش ھوقۇقى بېرىپ، تەرەققىيات رايونلىرىنىڭ ئىسلاھ قىلىشى، يېڭىلىق يارىتىشىغا تۈرتكە بولۇپ، سىرتقا ئېچىۋېتىشنىڭ يېڭى ئېگىزلىكىنى بەرپا قىلىمىز.

«بىر بەلباغ، بىر يول»نى يۇقىرى سۈپەتتە ئورتاق بەرپا قىلىشنىڭ چوڭقۇرلىشىشى، پۇختىلىنىشىغا تۈرتكە بولىمىز. «بىر بەلباغ، بىر يول»نى يۇقىرى سۈپەتتە ئورتاق بەرپا قىلىشنى قوللاشقا دائىر سەككىز تۈرلۈك ھەرىكەتنى جايىدا ئەمەلىيلەشتۈرۈشنى ياخشى تۇتىمىز. مۇھىم تۈرلەر ھەمكارلىقىنى پۇختا قەدەم بىلەن ئالغا سىلجىتىپ، خەلق تۇرمۇشىغا دائىر بىر تۈركۈم «كىچىك ھەم ياخشى» تۈرلەرنى يولغا قويىمىز، رەقەملەشتۈرۈش، يېشىللاشتۇرۇش، يېڭىلىق يارىتىش، ساغلاملىق، مەدەنىيەت، ساياھەت، نامراتلارنى ئازايتىش قاتارلىق ساھەلەردىكى ھەمكارلىققا پائال تۈرتكە بولىمىز. غەربىي رايون قۇرۇقلۇق-دېڭىز يېڭى يولى بەرپا قىلىشنى تېزلىتىمىز.

كۆپ تەرەپلىك، قوش تەرەپلىك ۋە رايونلۇق ئىقتىسادىي ھەمكارلىقنى چوڭقۇرلاشتۇرىمىز. كۈچكە ئىگە بولغان ئەركىن سودا كېلىشىمىنى ئەمەلىيلەشتۈرۈشكە تۈرتكە بولۇپ، تېخىمۇ كۆپ دۆلەت ۋە رايونلار بىلەن يۇقىرى ئۆلچەملىك ئەركىن سودا كېلىشىمى ۋە مەبلەغ سېلىش كېلىشىمى ئىمزالايمىز. جۇڭگو-شەرقىي جەنۇبىي ئاسىيا دۆلەتلىرى ئىتتىپاقى ئەركىن سودا رايونىنىڭ 3.0 نۇسخىسى سۆھبىتىنى ئالغا سىلجىتىپ، «رەقەملىك ئىقتىساد ھەمراھلىق

مۇناسىۋىتى كېلىشىمى »، «ئومۇمىيۈزلۈك ۋە ئىلغار تىنچ ئوكيان ھالقىغان ھەمراھلىق مۇناسىۋىتى كېلىشىمى »گە قاتنىشىشقا تۈرتكە بولىمىز. دۇنيا سودا تەشكىلاتى ئىسلاھاتىغا ئومۇمىيۈزلۈك، چوڭقۇر قاتنىشىپ، ئوچۇق دۇنيا ئىقتىسادى بەرپا قىلىشقا تۈرتكە بولۇپ، ھەرقايسى دۆلەت خەلقىگە ھەمكارلىشىپ ئورتاق پايدا ئېلىش نەتىجىلىرى ئارقىلىق تېخىمۇ كۆپ نەپ يەتكۈزىمىز.

(6) تەرەققىيات بىلەن خەۋپسىزلىكنى تېخىمۇ ياخشى بىرتۇتاش پىلانلاپ، نۇقتىلىق ساھەلەردىكى خەۋپ-خەتەرنىڭ ئۈنۈملۈك ئالدىنى ئالىمىز ۋە ئۇنى تۈگىتىمىز. يۇقىرى سۈپەتلىك تەرەققىيات ئارقىلىق يۇقىرى سەۋىيەلىك خەۋپسىزلىكنى ئىلگىرى سۈرۈشتە چىڭ تۇرۇپ، يۇقىرى سەۋىيەلىك خەۋپسىزلىك ئارقىلىق يۇقىرى سۈپەتلىك تەرەققىياتنى كاپالەتلەندۈرۈپ، ئۆي-زېمىن، يەرلىك قەرز، ئوتتۇرا-كىچىك پۇل مۇئامىلە ئاپپاراتلىرى قاتارلىقلارنىڭ خەۋپ-خەتىرىنى ھادىسىدىنمۇ، ماھىيەتتىنمۇ تۈزەش ئارقىلىق تۈگىتىپ، ئىقتىساد، پۇل مۇئامىلە ئومۇمىيىتىنىڭ مۇقىملىقىنى قوغدايمىز.

يوشۇرۇن خەۋپ-خەتەرنى پۇختا، تەرتىپلىك بىر تەرەپ قىلىمىز. زور خەۋپ-خەتەرنى بىر تەرەپ قىلىشنى بىرتۇتاش ماسلاشتۇرۇش مېخانىزمىنى مۇكەممەللەشتۈرۈپ، كارخانىلارنىڭ ئاساسىي گەۋدىلىك مەسئۇلىيىتى، تارماقلارنىڭ نازارەت قىلىش-باشقۇرۇش مەسئۇلىيىتى، يەرلىكنىڭ تەۋەلىك مەسئۇلىيىتىنى چىڭىتىپ، بىر تەرەپ قىلىش ئۈنۈمىنى ئۆستۈرۈپ، سىستېمىلىق خەۋپ-خەتەر يۈز بەرمەسلىك تۆۋەن چېكىنى چىڭ ساقلايمىز. ئۆي-زېمىن سىياسىتىنى ئەلالاشتۇرۇپ، ئوخشاش بولمىغان مۈلۈكچىلىكتىكى ئۆي-زېمىن كارخانىلىرىنىڭ مەبلەغ

يۈرۈشتۈرۈشتىكى مۇۋاپىق ئېھتىياجىنى ئوخشاش مۇئامىلە بىلەن قوللاپ، ئۆي-زېمىن بازىرىنىڭ مۇقىم، ساغلام تەرەققىياتىنى ئىلگىرى سۈرىمىز. يەرلىكنىڭ قەرز خەۋپ-خەتىرىنى تۈگىتىش بىلەن مۇقىملىق-تەرەققىياتنى بىرتۇتاش ياخشى پىلانلاپ، بىر قاتار قەرز تۈگىتىش لايىھەلىرىنى يەنىمۇ ئەمەلىيلەشتۈرۈپ، ساقلانما قەرز خەۋپ-خەتىرىنى جايىدا تۈگىتىپ، قەرز خەۋپ-خەتىرىنىڭ يېڭىدىن كۆپىيىشىنىڭ قاتتىق ئالدىنى ئالىمىز. بەزى جايلاردىكى ئوتتۇرا-كىچىك پۇل مۇئامىلە ئاپپاراتلىرىنىڭ خەۋپ-خەتىرىنى بىر تەرەپ قىلىشنى پۇختا ئالغا سىلجىتىمىز. قانۇنسىز پۇل مۇئامىلە ھەرىكەتلىرىگە قاتتىق زەربە بېرىمىز.

خەۋپ-خەتەرنىڭ ئالدىنى ئېلىش-تىزگىنلەش ئۇزاق ئۈنۈملۈك مېخانىزمىنى تاكامۇللاشتۇرىمىز. يېڭىچە شەھەر-بازارلاشتۇرۇشنىڭ تەرەققىيات يۆلىنىشى ۋە ئۆي-زېمىن بازىرىدىكى تەمىنات-تەلەپ مۇناسىۋىتىنىڭ ئۆزگىرىشىگە ماسلىشىپ، ئۆي-زېمىن تەرەققىياتىنىڭ يېڭى ئەندىزىسىنى تېز بەرپا قىلىمىز. كاپالەتلىك تۇرالغۇ قۇرۇلۇشى ۋە تەمىناتىنى زورايتىپ، تاۋار ئۆيگە ئالاقىدار ئۇللۇق تۈزۈملەرنى مۇكەممەللەشتۈرۈپ، ئاھالىنىڭ مۇتلەق تۇرالغۇ ئېھتىياجى ۋە كۆپ خىللاشقان ياخشىلاش خاراكتېرلىك تۇرالغۇ ئېھتىياجىنى قاندۇرىمىز. ھۆكۈمەت قەرزىنى باشقۇرۇشنىڭ يۇقىرى سۈپەتلىك تەرەققىياتقا ئۇيغۇن كېلىدىغان مېخانىزمىنى بەرپا قىلىپ، ئومۇمىي يەرلىك قەرزنى كۆزىتىش، نازارەت قىلىش-باشقۇرۇش سىستېمىسىنى مۇكەممەللەشتۈرۈپ، يەرلىكنىڭ مەبلەغ يۈرۈشتۈرۈش سۇپىسىنىڭ تىپىنى ئۆزگەرتىشنى تۈرلەر بويىچە ئالغا سىلجىتىمىز. پۇل مۇئامىلىنى نازارەت قىلىش-باشقۇرۇش تۈزۈلمىسىنى تاكامۇللاشتۇرۇپ، پۇل مۇئامىلە خەۋپ-خەتىرىنىڭ ئالدىنى

ئېلىش-تىزگىنلەش ئىقتىدارىمىزنى ئاشۇرىمىز.

ئۇقتۇرۇش ساھەلىرىنىڭ بىخەتەرلىك ئىقتىدارى قۇرۇلۇشىنى كۈچەيتىمىز. ئاشلىق ئىشلەپچىقىرىش، يىغىش، ساقلاش، پىششىقلاش سىستېمىسىنى مۇكەممەللەشتۈرۈپ، ئاشلىق بىخەتەرلىكىنىڭ ئاساسىنى ھەر تەرەپلىمە پۇختىلايمىز. دۆلەت سۇ تورى قۇرۇلۇشىنى ئالغا سىلجىتىمىز. ئېنېرگىيە بىلەن تەمىنلەش بىخەتەرلىك كاپالىتىنى كۈچەيتىپ، نېفىت-تەبىئىي گاز ۋە ئىستراتېگىيەلىك قېزىلما بايلىقلارنى چارلاش-ئېچىش سالمىقىنى ئاشۇرىمىز. چوڭ دۆلەت زاپاس ساقلاش سىستېمىسىنى تېز بەرپا قىلىپ، ئۇقتۇرۇش زاپاس ساقلاش ئەسلىھەلىرى قۇرۇلۇشىنى كۈچەيتىمىز. تور، سانلىق مەلۇمات قاتارلىقلارنىڭ بىخەتەرلىكىنى كاپالەتلەندۈرۈش ئىقتىدارىمىزنى ئۆستۈرىمىز. كەسىپ زەنجىرى بىلەن تەمىنات زەنجىرىنىڭ بىخەتەرلىكى ۋە مۇقىملىقىنى ئۈنۈملۈك قوغداپ، خەلق ئىگىلىكىنىڭ راۋان ئايلىنىشىغا تىرەك بولىمىز.

(7) يېزا ئىگىلىكى، يېزا، دېھقانلار خىزمىتىنى قەتئىي بوشاشماي چىڭ تۇتۇپ، يېزا-كەنتلەرنى ئومۇميۈزلۈك گۈللەندۈرۈشنى پۇختا ئالغا سىلجىتىمىز. يېزا ئىگىلىكى كۈچلۈك دۆلەتنى قۇرۇش نىشانىنى چىڭ كۆزلەپ، «مىڭ كەنت ئۈلگە كۆرسىتىش، ئون مىڭ كەنت تۈزەش» قۇرۇلۇشى تەجرىبىلىرىنى ئۆگىنىپ ۋە قوللىنىپ، شارائىتقا قاراپ ئىش كۆرۈپ، تۈرگە ئايرىپ تەدبىر قوللىنىپ، تەرتىپ بويىچە پەيدىنپەي ئىلگىرىلەپ، ئۇزاققىچە بوشاشماي تىرىشىپ، يېزا-كەنتلەرنى ئومۇميۈزلۈك گۈللەندۈرۈشتە ماھىيەتلىك ئىلگىرىلەشلەرنى، باسقۇچلۇق نەتىجىلەرنى ئۈزلۈكسىز قولغا كەلتۈرۈشكە تۈرتكە بولىمىز.

ئاشلىق ۋە مۇھىم يېزا ئىگىلىك مەھسۇلاتلىرى

ئىشلەپچىقىرىشدا مەھسۇلاتىنى مۇقىملاشتۇرۇش-تەمىناتىنى كاپالەتلەندۈرۈشنى كۈچەيتىمىز. ئاشلىق تېرىلغۇ كۆلىمىنى مۇقىملاشتۇرۇپ، دادۇرىنىڭ تېرىلغۇ كۆلىمىنى كېڭەيتىش نەتىجىلىرىنى مۇستەھكەملەپ، بىرلىك مەھسۇلاتىنى كەڭ كۆلەمدە ئاشۇرۇشقا تۈرتكە بولىمىز. بۇغدايىنىڭ ئەڭ تۆۋەن سېتىۋېلىش باھاسىنى مۇۋاپىق ئۆستۈرۈپ، ئۈچ چوڭ ئاساسلىق ئاشلىقنىڭ ئىشلەپچىقىرىش تەننەرخى ۋە كىرىمگە قارىتا سۇغۇرتا سىياسىتىنى مەملىكەت بويىچە يولغا قويۇپ، ئاشلىق تېرىيدىغان دېھقانلارنىڭ پايدىسىنى كاپالەتلەندۈرۈش مېخانىزمىنى تاكامۇللاشتۇرىمىز. ئاشلىق كۆپ چىقىدىغان ناھىيەلەرنى قوللاش سالمىقىنى ئاشۇرۇپ، ئاشلىق كۆپ چىقىدىغان رايونلاردا مەنپەئەت تولۇقلىمىسى بېرىش مېخانىزمىنى مۇكەممەللەشتۈرىمىز. ياغلىق دان ئىشلەپچىقىرىشىنى كېڭەيتىپ، چارۋىچىلىق، بېلىقچىلىق ئىشلەپچىقىرىش ئىقتىدارىنى مۇقىملاشتۇرىمىز، زامانىۋى ئەسلىھەلىك يېزا ئىگىلىكىنى راۋاجلاندۇرىمىز. سۇ تېجەر يېزا ئىگىلىكى، بىنەم يېزا ئىگىلىكىنىڭ تەرەققىياتىغا مەدەت بېرىمىز. كېسەللىك-ھاشارات زىياندىشلىقى ۋە ھايۋانات يۇقۇمىنىڭ ئالدىنى ئېلىش-تىزگىنلەشنى كۈچەيتىمىز. ئۇرۇقچىلىقنى گۈللەندۈرۈش، يېزا ئىگىلىكىگە دائىر ئاچقۇچلۇق، يادرولۇق تېخنىكىلاردا ئۆتكەلگە ھۇجۇم قىلىش سالمىقىنى ئاشۇرۇپ، يېزا ئىگىلىك ماشىنا-جابدۇقلىرىدىكى كەمتۈكلۈكنى تولۇقلاش ھەرىكىتىنى يولغا قويىمىز. تېرىلغۇ يەر قىزىل سىزىقىنى قاتتىق ساقلاپ، تېرىلغۇ يەرنى ئىگىلەش بىلەن تولۇقلاشنى تەڭپۇڭلاشتۇرۇش تۈزۈمىنى مۇكەممەللەشتۈرۈپ، قارا تۇپراقنى قوغداش ۋە شورلۇق يەرلەرنى ھەر تەرەپلىمە تۈزەشنى كۈچەيتىپ، يۇقىرى ئۆلچەملىك ئېتىز قۇرۇلۇشى سېلىنمىسىغا بېرىلىدىغان ياردەم

پۇلى سەۋىيەسىنى ئۆستۈرىمىز. ھەرقايسى جايلار دۆلەتنىڭ ئاشلىق بىخەتەرلىكىنى كاپالەتلەندۈرۈش مەسئۇلىيىتىنى زىممىسىگە ئېلىشى كېرەك. بىزدەك ئاھالىسى كۆپ دۆلەتتە بۇيۇك يېزا ئىگىلىك قارىشى، بۇيۇك ئوزۇق قارىشىنى ئەمەلىيەتتە كۆرسىتىپ، تاماق مەسىلىسىنى باشتىن-ئاخىر ئۆزىمىزگە تايىنىپ ھەل قىلىشىمىز شەرت.

نامراتلىقتىن قۇتۇلدۇرۇش ئۆتكىلىگە ھۇجۇم قىلىش نەتىجىلىرىنى قىلچە بوشاشماي مۇستەھكەملەيمىز ۋە كېڭەيتىمىز. قايتا نامراتلىشىپ كېتىشنىڭ ئالدىنى ئېلىش بويىچە كۆزىتىش ۋە يار-يۆلەك بولۇش خىزمىتىنى كۈچەيتىپ، كۆلەملىك قايتا نامراتلىشىپ كېتىش ئەھۋالى يۈز بەرمەسلىككە ھەقىقىي كاپالەتلىك قىلىمىز. نامراتلىقتىن قۇتۇلغان رايونلارنىڭ ئۆزگىچە، ئەۋزەل كەسىپلەرنى تەرەققىي قىلدۇرۇشغا مەدەت بېرىپ، قايتا نامراتلىشىپ كېتىشنىڭ ئالدىنى ئېلىش-ئىشقا ئورۇنلاشتۇرۇش ئۆتكىلىگە ھۇجۇم قىلىش ھەرىكىتىنى ئالغا سىلجىتىپ، كۆچۈرۈلگەنلەرگە داۋاملىق يار-يۆلەك بولۇشنى كۈچەيتىمىز. شەرقىي رايون بىلەن غەربىي رايوننىڭ ھەمكارلىقى ۋە نۇقتا بېكىتىپ يار-يۆلەك بولۇشنى چوڭقۇرلاشتۇرىمىز. يېزا-كەنتلەرنى گۈللەندۈرۈشتە دۆلەت نۇقتىلىق يار-يۆلەك بولىدىغان ناھىيەلەرنى قوللاش سالمىقىنى ئاشۇرۇپ، يېزىلاردىكى تۆۋەن كىرىملىك ئاھالىگە ۋە ئانچە تەرەققىي تاپمىغان رايونلارغا دائىملىق يار-يۆلەك بولۇش مېخانىزمىنى ئورنىتىپ ۋە تاكامۇللاشتۇرۇپ، نامراتلىقتىن قۇتۇلدۇرۇش نەتىجىلىرىنى تېخىمۇ مۇستەھكەملەيمىز، ئۇنۇمىنى تېخىمۇ ئىمكانىيەتلىك سىجىل قىلىمىز.

يېزىلارنىڭ ئىسلاھات-تەرەققىياتىنى پۇختا قەدەم بىلەن ئالغا سىلجىتىمىز. يېزا يەر تۈزۈمى ئىسلاھاتىنى چوڭقۇرلاشتۇرۇپ،

2-نۆۋەتلىك يەر ھۆددە مۇددىتى توشقاندىن كېيىن يەنە 30 يىل ئۇزارتىشنى پۈتۈن ئۆلكىدە سىناق قىلىشنى باشلايمىز. كوللېكتىپ مۈلۈك ھوقۇقى، كوللېكتىپ ئورمان ھوقۇقى، بوز يەر ئۆزلەشتۈرۈش، تەمىنات-سودا كوپېراتىپى قاتارلىقلارنىڭ ئىسلاھاتىنى چوڭقۇرلاشتۇرۇپ، يېڭىچە يېزا كوللېكتىپ ئىگىلىكىنىڭ تەرەققىياتىنى ئىلگىرى سۈرىمىز. دېھقانلار كىرىمىنىڭ ئېشىشىنى ئىلگىرى سۈرۈشنى كۆزدە تۇتۇپ، يېزا-كەنتلەردە خەلقنى بېيىتىش كەسىپلىرىنى زورايتىپ، يېڭىچە يېزا ئىگىلىك تىجارەت ئاساسىي گەۋدىلىرى ۋە ئىجتىمائىيلاشقان مۇلازىمەتنى راۋاجلاندۇرۇپ، يېزا-كەنت ئىختىساسلىقلىرىنى يېتىشتۈرىمىز ۋە ياخشى ئىشلىتىمىز. يېزا-كەنت مەدەنىيىتىنى گۈللەندۈرۈپ ۋە راۋاجلاندۇرۇپ، يېزىلاردىكى ناچار ئۆرپ-ئادەتلەرنى ئۆزگەرتىشنى سىجىل ئالغا سىلجىتىمىز. يېزا-كەنت قۇرۇلۇشى ھەرىكىتىنى چوڭقۇر يولغا قويۇپ، يېزىلارنىڭ سۇ، توك، يول، گاز، خەۋەرلىشىش قاتارلىق ئۇل ئەسلىھەسى ۋە ئاممىۋى مۇلازىمىتىنى زور كۈچ بىلەن ياخشىلاپ، توكلىغۇ، سوغۇق زەنجىرلىك ئەشيا ئوبوروتى، ئەۋەتىش-يەتكۈزۈش، تەقسىملەپ ئاپىرىپ بېرىش ئەسلىھە قۇرۇلۇشىنى كۈچەيتىپ، دېھقانلارنىڭ ئۆيلىرىنى يەر تەۋرەشكە چىداملىق قىلىپ ئۆزگەرتىش سالمىقىنى ئاشۇرۇپ، يېزىلارنىڭ ياشاش مۇھىتىنى سىجىل ياخشىلاپ، ياشاشقا ۋە ئىشلەشكە باب كېلىدىغان گۈزەل يېزا-كەنت بەرپا قىلىمىز.

(8) شەھەر-يېزىلارنىڭ يۇغۇرۇلۇشى ۋە رايونلارنىڭ ماس تەرەققىياتىغا تۈرتكە بولۇپ، ئىقتىسادنىڭ جايلىشىشىنى زور كۈچ بىلەن ئەلالاشتۇرىمىز. رايونلار ماس تەرەققىيات ئىستراتېگىيەسى، رايونلار زور ئىستراتېگىيەسى، ئاساسىي فۇنكسىيەلىك رايون

ئىستراتېگىيەسىنى چوڭقۇر يولغا قويۇپ، يېڭىچە شەھەر-بازارلاشتۇرۇشنى ئالغا سىلجىتىش بىلەن يېزا-كەنتلەرنى ئومۇميۈزلۈك گۈللەندۈرۈشنى ئورگانىك بىرلەشتۈرۈپ، ئۈستۈنلۈك ئارقىلىق بىر-بىرىنى تولۇقلايدىغان، يۇقىرى سۈپەتلىك تەرەققىي قىلىدىغان رايون ئىقتىساد ئەندىزىسىنى تېز بەرپا قىلىمىز.

يېڭىچە شەھەر-بازارلاشتۇرۇشنى پائال ئالغا سىلجىتىمىز. دۆلىتىمىزنىڭ شەھەر-بازارلاشتۇرۇش قۇرۇلۇشىدا يەنە زور تەرەققىي قىلىش، يۈكسىلىش بوشلۇقى بار. يېڭىچە شەھەر-بازارلاشتۇرۇشتىن ئىبارەت ئىستراتېگىيەلىك ھەرىكەتنى چوڭقۇر يولغا قويۇپ، تۈرلۈك زۆرۈر ئامىللارنىڭ قوش يۆنىلىشلىك يۆتكىلىشىنى ئىلگىرى سۈرۈپ، شەھەر-يېزىلارنىڭ يۇغۇرما تەرەققىيات يېڭى ئەندىزىسىنى شەكىللەندۈرىمىز. يېزا ئىگىلىك يۆتكەلمە ئاھالىسىنىڭ شەھەر ئاھالىسىگە ئايلىنىشىنى تېزلىتىشنى گەۋدىلىك ئورۇنغا قويۇپ، نوپۇس تۈزۈمى ئىسلاھاتىنى چوڭقۇرلاشتۇرۇپ، «ئادەم، يەر، پۇل»نى بىر-بىرىگە باغلاش سىياسىتىنى مۇكەممەللەشتۈرۈپ، شەھەرگە كىرىپ ئىشلەشنى خالايدىغان دېھقان ئىشلەمچىلەرنى شەھەر-بازار نوپۇسىغا ئېلىپ، نوپۇسقا ئېلىنمىغان دائىملىق ئاھالىنىڭ شەھەر-بازارلارنىڭ ئاساسىي ئاممىۋى مۇلازىمىتىدىن باراۋەر بەھرىمەن بولۇشىغا تۈرتكە بولىمىز. ناھىيە ئىقتىسادىنى يېتىلدۈرۈپ ۋە راۋاجلاندۇرۇپ، ئۇل ئەسلىھە ۋە ئاممىۋى مۇلازىمەتتىكى كەمتۈكلۈكنى تولۇقلاپ، ناھىيە بازىرىنى يېڭىچە شەھەر-بازارلاشتۇرۇشنىڭ مۇھىم ۋاسىتىسىگە ئايلاندۇرىمىز. شەھەر تورى، مەركىزىي شەھەر چەمبىرىكىنى تايانچ قىلىشقا ئەھمىيەت بېرىپ، چوڭ، ئوتتۇرا، كىچىك شەھەرلەرنىڭ ماس تەرەققىياتىنى ئىلگىرى سۈرىمىز. چېڭدۇ-چۇڭچىڭ رايونىنىڭ قوش شەھەر ئىقتىساد

چەمبىرىكى قۇرۇلۇشىغا تۆرتكە بولىمىز. شەھەر يېڭىلاش ھەرىكىتىنى پۇختا قەدەم بىلەن يولغا قويۇپ، ئادەتتىكى ئەھۋالدىمۇ، جىددىي ئەھۋالدىمۇ ئىشلەتكىلى بولىدىغان ئاممىۋى ئۇل ئەسلىھە قۇرۇلۇشىنى ۋە شەھەردىكى كەنتلەرنى ئۆزگەرتىشنى ئالغا سىلجىتىمىز، يەر ئاستى تۇرۇبا تورىنى تېز مۇكەممەللەشتۈرۈپ، كونا مەھەللىلەردە لىفت ئورنىتىش، ماشىنا توختىتىش قاتارلىق قىيىن مەسىلىلەرنى ھەل قىلىشقا تۆرتكە بولۇپ، توسالغۇسىز مۇھىت، ياشانغانلارغا لايىقلاشقان ئەسلىھە قۇرۇلۇشىنى كۈچەيتىپ، ياشاشقا باب كېلىدىغان، ئاقىل، ئەۋرىشىم شەھەر بەرپا قىلىمىز. يېڭىچە شەھەر-بازارلاشتۇرۇشتا ھەممە تەرەپتىن ئادەمنى ئاساس قىلىشنى گەۋدىلەندۈرۈپ، ئىنچىكە باشقۇرۇش ۋە مۇلازىمەت قىلىش سەۋىيەسىنى ئۆستۈرۈپ، خەلق ئاممىسىنى تېخىمۇ يۇقىرى سۈپەتلىك تۇرمۇشتىن بەھرىمەن قىلىمىز.

رايونلار ماس تەرەققىيات سەۋىيەسىنى ئۆستۈرىمىز. جايلارنىڭ سېلىشتۇرما ئەۋزەللىكىنى تولۇق جارى قىلدۇرۇپ، ئاساسىي فۇنكسىيەلىك ئورنىغا ئاساسەن، ئۇلارنى يېڭى تەرەققىيات ئەندىزىسى بەرپا قىلىشقا پائال سىڭىشىش ۋە مۇلازىمەت قىلىش ئىمكانىيىتىگە ئىگە قىلىمىز. غەربىي رايوننى كەڭ ئېچىش، شەرقىي شىمالنى ئومۇميۈزلۈك گۈللەندۈرۈش، ئوتتۇرا رايوننى تېز يۈكسەلدۈرۈش، شەرقىي رايوننىڭ زامانىۋىلىشىشىنى تېز ئالغا سىلجىتىش قاتارلىق ئىستراتېگىيەلەرنى چوڭقۇر يولغا قويۇپ، شەرقىي شىمال ۋە ئوتتۇرا، غەربىي رايوننىڭ يۆتكەلگەن كەسىپلەرنى قوبۇل قىلىش ئىقتىدارىنى ئاشۇرىمىز. بېيجىڭ-تيەنجىن-خېبېي، چاڭجياڭ دەرياسى دېلتىسى، گۇاڭدۇڭ-شياڭگاڭ-ئاۋمېن چوڭ قولتۇق رايونى قاتارلىق ئىقتىسادىي تەرەققىيات ئەۋزەللىكىگە ئىگە رايونلارنىڭ يۇقىرى

سۇپەتلىك تەرەققىياتنىڭ ھەرىكەتلەندۈرگۈچ كۈچ مەنبەسىگە خاس رولىنى تېخىمۇ ياخشى جارى قىلدۇرۇشىغا مەدەت بېرىمىز. بەلگە خاراكتېرلىك تۈرلەرنى شىۋىگىئەن يېڭى رايونىدا ئەمەلىيلەشتۈرۈش قۇرۇلۇشىنى چىڭ تۇتىمىز. چاڭجياڭ دەرياسى ئىقتىساد بەلبېغىنىڭ يۇقىرى سۈپەتلىك تەرەققىياتىنى سىجىل ئالغا سىلجىتىپ، خۇاڭخې دەرياسى ۋادىسىنىڭ ئېكولوگىيەسىنى قوغداش ۋە ئۇنى يۇقىرى سۈپەتتە تەرەققىي قىلدۇرۇشقا تۈرتكە بولىمىز. ئىنقىلابىي كونا رايونلار، مىللەتلەر رايونلىرىنىڭ تەرەققىياتىنى تېزلىتىشكە مەدەت بېرىپ، چېگرا رايونلارنىڭ قۇرۇلۇشىنى كۈچەيتىمىز، چېگرا رايوننى گۈللەندۈرۈش-خەلقنى بېيىتىش ھەرىكىتىنى بىر تۇتاش ئالغا سىلجىتىمىز. مۇھىم ئىشلەپچىقىرىش كۈچلىرىنىڭ جايلىشىشىنى ئەلالاشتۇرۇپ، دۆلەتنىڭ ئىستراتېگىيەلىك مەركىزىي رايون قۇرۇلۇشىنى كۈچەيتىمىز. ئاساسىي فۇنكسىيەلىك رايونلارنى سەرخىللاشتۇرۇشنى يولغا قويۇش يىرىك پىلانىنى تۈزۈپ، يانداش سىياسەتلەرنى مۇكەممەللەشتۈرىمىز. دېڭىز-ئوكيان ئىقتىسادىنى زور كۈچ بىلەن راۋاجلاندۇرۇپ، دېڭىز-ئوكيان كۈچلۈك دۆلىتى بەرپا قىلىمىز.

(9) ئېكولوگىيە مەدەنىيلىكى قۇرۇلۇشىنى كۈچەيتىپ، يېشىل، تۆۋەن كاربونلۇق تەرەققىياتنى ئالغا سىلجىتىمىز. سۈزۈك سۇ، يېشىل تاغنىڭ ئۆزى بىر بايلىق دېگەن ئىدىيەنى چوڭقۇر ئەمەلىيەتتىن ئۆتكۈزۈپ، كاربوننى تۆۋەنلىتىش، بۇلغىمىنى ئازايتىش، يېشىللىقنى كېڭەيتىش ۋە ئىقتىسادنى ئاشۇرۇشنى ماس ئالغا سىلجىتىپ، ئادەم بىلەن تەبىئەت ئىناق بىللە ئۆتىدىغان گۈزەل جۇڭگو بەرپا قىلىمىز.

ئېكولوگىيەلىك مۇھىتنى ھەر تەرەپلىمە تۈزەشكە تۈرتكە

بولىمىز. ھاۋا سۈپىتىنى سىجىل ياخشىلاش ھەرىكەت پىلانىنى چوڭقۇر يولغا قويۇپ، سۇ بايلىقى، سۇ مۇھىتى، سۇ ئېكولوگىيەسىنى تۈزەشنى بىرتۇتاش پىلانلاپ، تۇپراق بۇلغىنىشىنىڭ مەنبەدىن ئالدىنى ئېلىش-تىزگىنلەشنى كۈچەيتىمىز، قاتتىق تاشلاندۇق، يېڭى بۇلغىما، سۇلياۋدىن بۇلغىنىشنى تۈزەشنى كۈچەيتىمىز. تاغ، دەريا، ئورمان، ئېتىز، كۆل، ئوتلاق، قۇملۇقنى بىر گەۋدىلەشتۈرۈپ قوغداش ۋە سىستېمىلىق تۈزەشتە چىڭ تۇرۇپ، ئېكولوگىيەلىك مۇھىتنى رايونلارغا ئايرىپ باشقۇرۇش-تىزگىنلەشنى كۈچەيتىمىز. «ئۈچ شىمال» قۇرۇلۇشىنىڭ ئۈچ چوڭ بەلگە خاراكتېرلىك جېڭىنى تەشكىللەپ ۋە ياخشى قىلىپ، دۆلەت باغچىسى ئاساسىي گەۋدە قىلىنغان تەبىئىيلىكى قوغدىلىدىغان جاي قۇرۇلۇشىنى ئالغا سىلجىتىمىز. مۇھىم دەريا، كۆل، سۇ ئامبارلىرىنىڭ ئېكولوگىيەسىنى قوغداش ۋە تۈزەشنى كۈچەيتىمىز. چاڭجياڭ دەرياسىدا بېلىق تۇتۇشنى ئون يىل چەكلەشنى سىجىل ئالغا سىلجىتىمىز. جانلىقلارنىڭ كۆپ خىللىقىنى قوغداش زور قۇرۇلۇشىنى يولغا قويىمىز. ئېكولوگىيە مەھسۇلاتلىرىنىڭ قىممىتىنى رېئاللاشتۇرۇش مېخانىزمىنى مۇكەممەللەشتۈرۈپ، ئېكولوگىيەنى قوغداش تولۇقلىمىسى بېرىش تۈزۈمىنى تاكامۇللاشتۇرۇپ، ھەرقايسى تەرەپلەرنىڭ ئېكولوگىيەلىك مۇھىتنى قوغداش ۋە ياخشىلاش ئاكتىپلىقىنى تولۇق قوزغايمىز.

يېشىل، تۆۋەن كاربونلۇق ئىقتىسادنى زور كۈچ بىلەن تەرەققىي قىلدۇرىمىز. كەسىپ قۇرۇلمىسى، ئېنېرگىيە قۇرۇلمىسى، قاتناش-ترانسپورت قۇرۇلمىسى، شەھەر-يېزا قۇرۇلۇشى تەرەققىياتىنىڭ تىپىنى يېشىل تىپقا ئۆزگەرتىشنى ئالغا سىلجىتىمىز. ئومۇميۈزلۈك تېجەش ئىستراتېگىيەسىنى ئەمەلىيلەشتۈرۈپ، نۇقتىلىق

ساھەلەرنى ئېنېرگىيە تېجەيدىغان، سۇ تېجەيدىغان قىلىپ ئۆزگەرتىشنى تېزلىتىمىز. يېشىل تەرەققىياتقا مەدەت بېرىدىغان مالىيە-باج، پۇل مۇئامىلە، سېلىنما، باھا قاتارلىقلارغا دائىر سىياسەتلەرنى ۋە ئالاقىدار بازارلاشتۇرۇش مېخانىزمىنى مۇكەممەللەشتۈرۈپ، تاشلاندۇقلاردىن ئايلانما پايدىلىنىش كەسپىنىڭ تەرەققىياتىغا تۈرتكە بولۇپ، ئېنېرگىيە تېجەش، كاربوننى تۆۋەنلىتىشكە دائىر ئىلغار تېخنىكىنى تەتقىق قىلىپ يارىتىش ۋە قوللىنىشنى ئىلگىرى سۈرۈپ، يېشىل، تۆۋەن كاربونلۇق تەمىنات زەنجىرىنى شەكىللەندۈرۈشنى تېزلىتىمىز. گۈزەل جۇڭگو باشلامچى رايونى قۇرۇپ، يېشىل، تۆۋەن كاربونلۇق تەرەققىيات ئېگىزلىكىنى بەرپا قىلىمىز.

كاربوننى چوققا قىممەتكە يەتكۈزۈش، كاربوننى نېيتراللاشتۇرۇشنى پائال، پۇختا ئالغا سىلجىتىمىز. «كاربوننى چوققا قىممەتكە يەتكۈزۈشكە دائىر 10 چوڭ ھەرىكەت»نى پۇختا قانات يايدۇرىمىز. كاربون چىقىرىشنى ئىستاتىستىكا قىلىش، ھېسابلاش، تەكشۈرۈش ئىقتىدارىمىزنى ئۆستۈرۈپ، كاربوننى ئىزلاپ باشقۇرۇش سىستېمىسى بەرپا قىلىپ، مەملىكەت بويىچە كاربون بازىرى ساھەسىنىڭ قاپلاش دائىرىسىنى كېڭەيتىمىز. ئېنېرگىيە ئىنقىلابىنى چوڭقۇر ئالغا سىلجىتىپ، تاشقاتما ئېنېرگىيە ئىستېمالىنى تىزگىنلەپ، يېڭىچە ئېنېرگىيە سىستېمىسى بەرپا قىلىشنى تېزلىتىمىز. چوڭ تىپتىكى شامال ئېلېكترى، يورۇقلۇق ۋولت ئېلېكترى بازىسى ۋە سىرتقا يەتكۈزۈش يولى قۇرۇلۇشىنى كۈچەيتىپ، تارقالما ئېنېرگىيەدىن ئېچىپ پايدىلىنىشقا تۈرتكە بولۇپ، ئېلېكتىر تورىنىڭ پاكىز ئېنېرگىيەنى قوبۇل قىلىش، تەقسىملەش ۋە تەڭشەش-تىزگىنلەش ئىقتىدارىنى ئۆستۈرۈپ،

يېڭىچە ئىنېرگىيە ساقلاشنى راۋاجلاندۇرۇپ، يېشىل توك ئىشلىتىش ۋە خەلقئارادا ئۆزئارا ئېتىراپ قىلىشنى ئىلگىرى سۈرۈپ، كۆمۈر، كۆمۈر ئېلېكتىرىنىڭ تولۇق كاپالەتلەندۈرۈش رولىنى جارى قىلدۇرۇپ، ئىقتىسادىي، ئىجتىمائىي تەرەققىياتنىڭ ئېنېرگىيە ئىشلىتىش ئېھتىياجىغا ھەقىقىي كاپالەتلىك قىلىمىز.

(10) خەلق تۇرمۇشىنى ھەقىقىي كاپالەتلەندۈرۈپ ۋە ياخشىلاپ، جەمئىيەت ئىدارە قىلىشنى كۈچەيتىمىز ۋە ئۇنىڭدا يېڭىلىق يارىتىمىز. خەلق مەركەز قىلىنغان تەرەققىيات ئىدىيەسىدە چىڭ تۇرۇپ، ئاساسنى كاپالەتلەندۈرۈش، تۆۋەن چەكنى ساقلاش مەسئۇلىيىتىمىزنى ياخشى ئادا قىلىپ، خەلق تۇرمۇشىغا نەپ يەتكۈزىدىغان، خەلق قەلبىنى ئىللىتىدىغان تەدبىرلەرنى تېخىمۇ كۆپ قوللىنىپ، ئورتاق بېيىشنى پۇختا ئالغا سىلجىتىپ، جەمئىيەتنىڭ ئىناقلىقى ۋە مۇقىملىقىنى ئىلگىرى سۈرۈپ، خەلق ئاممىسىنىڭ ئېرىشىش تۇيغۇسى، بەخت تۇيغۇسى، بىخەتەرلىك تۇيغۇسىنى ئۈزلۈكسىز كۈچەيتىمىز.

كۆپ خىل تەدبىرلەرنى تەڭ قوللىنىپ، ئىشقا ئورۇنلىشىشنى مۇقىملاشتۇرۇپ، كىرىمنىڭ ئېشىشىنى ئىلگىرى سۈرىمىز. ئىشقا ئورۇنلىشىش ـ ئەڭ ئاساسىي خەلق تۇرمۇشى. ئىشقا ئورۇنلاشتۇرۇشنى ئالدىنقى ئورۇنغا قويۇش يۆنىلىشىنى گەۋدىلەندۈرۈپ، مۇقىم ئىشقا ئورۇنلىشىشنى مالىيە، باج، پۇل مۇئامىلە قاتارلىقلارغا دائىر سىياسەتلەر ئارقىلىق قوللاشنى كۈچەيتىپ، ئىشقا ئورۇنلىشىشنى ئىلگىرى سۈرىدىغان مەخسۇس سىياسەتلەرنىڭ سالمىقىنى ئاشۇرىمىز. ئىش ئورنىنى مۇقىملاشتۇرغاندىن كېيىن قايتۇرۇپ بېرىش، مەخسۇس قەرز بېرىش، ئىشقا ئورۇنلاشتۇرۇش ۋە ئىجتىمائىي سۇغۇرتا تولۇقلىما

يـاردەم پۇلـى بـېرىش قـاتـارلـىقلارغا دائىـر سـىيـاسـەتـلـەرنـى ئەمەلىيلەشتۈرۈپ ۋە مۇكەممەللەشتۈرۈپ، ئىشقا ئورۇنلاشتۇرۇش سىغىمى چوڭ ساھە كارخانىلىرىغا مەدەت بېرىشنى كۈچەيتىمىز. مۆلچەرلىنىشىچە، بۇ يىل 11 مىليون 700 مىڭدىن ئارتۇق ئوقۇغۇچى ئالىي مەكتەپنى پۈتكۈزىدۇ، ياشلارنىڭ ئىشقا ئورۇنلىشىشىنى ئىلگىرى سۈرۈشكە دائىر سىياسەت-تەدبىرلەرنى كۈچەيتىپ، ئىشقا ئورۇنلىشىش، ئىگىلىك تىكلەشكە يېتەكچىلىك قىلىش مۇلازىمىتىنى ئەلالاشتۇرىمىز. ھەربىي سەپتىن چېكىنگەنلەرنى ئىشقا ئورۇنلاشتۇرۇش خىزمىتىنى پۇختا، ياخشى ئىشلەپ، دېھقان ئىشلىگۈچىلەرنى ئىشقا ئورۇنلاشتۇرۇشنى پائال ئىلگىرى سۈرۈپ، مېيىپلەر قاتارلىق ئىشقا ئورۇنلىشىشى قىيىن بولغانلارغا يار-يۆلەك بولۇشنى كۈچەيتىمىز. جانلىق ئىشقا ئورۇنلىشىشقا مۇلازىمەت قىلىش ۋە كاپالەتلىك قىلىش تەدبىرلىرىنى تولۇقلاپ بويىچە مۇكەممەللەشتۈرۈپ، يېڭى ئىشقا ئورۇنلىشىش ھالىتىدە ئىشقا ئورۇنلاشقانلارنى كەسپىي زەخمە جەھەتتىن كاپالەتلەندۈرۈش سىنىقىنى كېڭەيتىمىز. ئىشقا ئورۇنلىشىشتا جىنسى، يېشى، ئوقۇش تارىخى قاتارلىق جەھەتلەردىن كەمسىتىدىغان ئەھۋاللارنى قەتئىي تۈزىتىپ، دېھقان ئىشلىگۈچىلەرنىڭ ئىش ھەققىنى بېرىشنى كاپالەتلەندۈرۈپ، ئەمگەك مۇناسىۋىتىگە دائىر مەسلىھەتلىشىش، ماسلاشتۇرۇش مېخانىزمىنى مۇكەممەللەشتۈرۈپ، ئەمگەكچىلەرنىڭ قانۇنلۇق ھوقۇق-مەنپەئەتىنى قوغدايمىز. ئىلغار ياسىمىچىلىق، زامانىۋى مۇلازىمەتچىلىك، ياشانغاندا كۈتۈش، ھالىدىن خەۋەر ئېلىش قاتارلىق ساھەلەرنىڭ ئىختىساسلىقلارغا بولغان ئېھتىياجىغا لايىقلىشىپ، كەسپىي ماھارەت بويىچە تەربىيەلەشنى كۈچەيتىمىز. شەھەر-يېزا ئاھالىسىنىڭ كىرىمىنى كۆپ يوللار ئارقىلىق ئاشۇرۇپ،

ئوتتۇرا ھال كىرىملىكلەرنىڭ كۆلىمىنى كېڭەيتىپ، تۆۋەن كىرىملىكلەرنىڭ كىرىمىنى ئاشۇرۇشنى تىرىشىپ ئىلگىرى سۈرىمىز.

داۋالاش ـ ساقلىق ساقلاش مۇلازىمەت ئىقتىدارىنى ئۆستۈرىمىز. نۇقتىلىق يۇقۇملۇق كېسەللىكنىڭ ئالدىنى ئېلىش ـ تىزگىنلەش خىزمىتىنى داۋاملىق ياخشى ئىشلەيمىز. ئاھالە داۋالىنىش سۇغۇرتىسى بويىچە كىشى بېشىغا بېرىلىدىغان مالىيە ياردەم پۇلى ئۆلچىمىنى 30 يۈەن ئۆستۈرىمىز. داۋالىنىش سۇغۇرتىسى، داۋالاش، تېببىي دورىگەرلىكنى ماس راۋاجلاندۇرۇش ۋە ئىدارە قىلىشنى ئىلگىرى سۈرىمىز. ئاساسىي داۋالىنىش سۇغۇرتىسىنى ئۆلكە دەرىجىسىدە بىرتۇتاش غەملەشكە تۈرتكە بولۇپ، دۆلەتنىڭ دورىنى مەركەزلىك سېتىۋېلىش تۈزۈمىنى مۇكەممەللەشتۈرۈپ، داۋالىنىش سۇغۇرتىسى فوندىنىڭ ئىشلىتىلىشىنى دائىملىق نازارەت قىلىش ـ باشقۇرۇشنى كۈچەيتىپ، باشقا جايدا داۋالىنىش ھەققىنى راسچوت قىلىشنى ئەمەلىيلەشتۈرىمىز ۋە مۇكەممەللەشتۈرىمىز. ھۆكۈمەت دوختۇرخانىلىرى ئىسلاھاتىنى چوڭقۇرلاشتۇرۇپ، داۋالاش مۇلازىمىتىنى بىمارلارنى مەركەز قىلىپ ياخشىلاپ، تەكشۈرۈش، ئانالىز قىلىش نەتىجىسىنى ئۆزئارا ئېتىراپ قىلىشقا تۈرتكە بولىمىز. دەرىجىگە ئايرىپ دىياگنوز قويۇش ـ داۋالاشنى ئالغا سىلجىتىشنى كۆزدە تۇتۇپ، ئەلا سۈپەتلىك داۋالاش بايلىقىنى ئاساسىي قاتلامغا يۈزلىنىشكە يېتەكلەپ، ناھىيە، يېزا، كەنتلەر داۋالاش مۇلازىمىتىنىڭ ماسلىشىپ ھەمتۈرتكە بولۇشىنى كۈچەيتىپ، ئاساسىي قاتلام داۋالاش ـ ساقلىق ساقلاش ئاپپاراتلىرىنىڭ سوزۇلما كېسەل ۋە دائىم كۆرۈلىدىغان كېسەلگە ئىشلىتىلىدىغان دورا تۈرلىرىنى كېڭەيتىمىز. كەم كۆرۈلىدىغان كېسەللىك ئۈستىدىكى تەتقىقات، داۋالاش

مۇلازىمىتى ۋە دورا ئىشلىتىش كاپالىتىنى كۈچەيتىمىز. بالىلار بۆلۈمى، ياشانغانلار تېبابىتى، روھىي ساغلاملىق، داۋالاش، پەرۋىش قاتارلىقلارغا دائىر مۇلازىمەتنىڭ كەمتۈكلۈكىنى تېز تولۇقلاپ، ئۇنىۋېرسال دوختۇرلارنى يېتىشتۈرۈش-تەربىيەلەشنى كۈچەيتىمىز. جۇڭيى تېبابىتى-دورىگەرلىكىگە ۋارىسلىق قىلىش ۋە ئۇنىڭدا يېڭىلىق يارىتىشنى ئىلگىرى سۈرۈپ، جۇڭيى تېبابىتى ئەۋزەل مەخسۇس كېسەللىك بۆلۈمى قۇرۇلۇشىنى كۈچەيتىمىز. كېسەللىكنىڭ ئالدىنى ئېلىش-تىزگىنلەش سىستېمىسىنى مۇكەممەللەشتۈرىمىز. ساغلام جۇڭگو ھەرىكىتى ۋە ۋەتەنپەرۋەرلىك تازىلىق ھەرىكىتىنى چوڭقۇر قانات يايدۇرۇپ، خەلق ئاممىسىنىڭ ساغلاملىق مۇداپىئە سېپىنى پۇختىلايمىز.

ئىجتىمائىي كاپالەت ۋە مۇلازىمەتنى كۈچەيتىمىز. ياشانغانلارنىڭ كۆپىيىشىگە پائال ھازىرلىق كۆرۈش دۆلەت ئىستراتېگىيەسىنى يولغا قويىمىز. شەھەر-يېزا ئاھالىسى ياشانغاندا ئاساسىي كۈتۈنۈش پۇلىنىڭ ئايلىق ئەڭ تۆۋەن ئۆلچىمىنى 20 يۈەن ئۆستۈرىمىز، پېنسىيەگە چىققانلارنىڭ ياشانغاندا كۈتۈنۈش ئاساسىي پۇلىنى داۋاملىق ئۆستۈرۈپ، ياشانغاندا كۈتۈنۈش سۇغۇرتىسىنى مەملىكەت بويىچە بىر تۇتاش غەملەشنى مۇكەممەللەشتۈرىمىز. پۈتۈن مەملىكەتتە شەخسلەر ياشانغاندا كۈتۈنۈش پۇلى تۈزۈمىنى يولغا قويۇپ، 3-تۈۋرۈكلۈك ياشانغاندا كۈتۈنۈش سۇغۇرتىسىنى پائال راۋاجلاندۇرىمىز. ھەربىي سەپتىن چېكىنگەنلەر، ھەربىيلەر ئائىلە تەۋەلىرى ۋە باشقا نەپىقە ئوبيېكتلىرىغا دائىر مۇلازىمەت كاپالىتىنى ياخشى قىلىمىز. شەھەر-يېزا مەھەللىرىنىڭ ياشانغاندا كۈتۈنۈش مۇلازىمىتى تورى قۇرۇلۇشىنى كۈچەيتىمىز، يېزىلارنىڭ ياشانغاندا كۈتۈنۈش مۇلازىمىتى جەھەتتىكى كەمتۈكلۈكىنى تولۇقلاش

سالمىقىنى ئاشۇرىمىز. ياشانغانلار بۇيۇملىرى ۋە ياشانغانلار مۇلازىمىتى تەمىناتىنى كۆچەيتىپ، ئاقباشلار ئىقتىسادىنى زور كۈچ بىلەن راۋاجلاندۇرىمىز. ئۇزاق مۇددەتلىك پەرۋىش سۇغۇرتىسى تۈزۈمىنى ئورنىتىشنى ئالغا سىلجىتىمىز. تۇغۇتقا مەدەت بېرىش سىياسىتىنى تاكامۇللاشتۇرۇپ، تۇغۇتتا دەم ئېلىش تۈزۈمىنى ئەلالاشتۇرىمىز، تىجارەت ئاساسىي گەۋدىلىرىنىڭ ئادەم ئىشلىتىش تەننەرخىنى مۇۋاپىق، ئورتاق ئۈستىگە ئېلىش مېخانىزمىنى مۇكەممەللەشتۈرۈپ، ھاۋالىلىك بېقىش مۇلازىمىتى تەمىناتىنى كۆپ يوللار ئارقىلىق كۆپەيتىمىز، ئائىلىلەرنىڭ تۇغۇت، بېقىش-تەربىيەلەش، مائارىپ يۈكىنى يېنىكلىتىمىز. ئۆيدە قالغان باللار ۋە قىيىن ئەھۋالدا قالغان باللارغا غەمخورلۇق قىلىش، قوغداش-ياردەم بېرىش خىزمىتىنى ياخشى ئىشلەيمىز. مېيىپلىكنىڭ ئالدىنى ئېلىش ۋە سالامەتلىكنى ئەسلىگە كەلتۈرۈش مۇلازىمىتىنى كۈچەيتىپ، ئېغىر مېيىپلەرنى ھاۋالىلىك بېقىش-ھالىدىن خەۋەر ئېلىش سىياسىتىنى مۇكەممەللەشتۈرىمىز. قاتلامغا، تۈرگە ئايرىلغان ئىجتىمائىي قوغداش-ياردەم بېرىش سىستېمىسىنى تاكامۇللاشتۇرۇپ، قايتا نامراتلىشىپ كېتىشنىڭ ئالدىنى ئېلىش ۋە تۆۋەن كىرىملىك ئاھالىگە يار-يۆلەك بولۇش سىياسىتىنى بىرتۇتاش پىلانلاپ، خەلق تۇرمۇشىنى تولۇق كاپالەتلەندۈرىدىغان بىخەتەرلىك تورىنى يەنىمۇ پۇختىلايمىز.

خەلق ئاممىسىنىڭ مەنىۋى مەدەنىيەت تۇرمۇشىنى بېيىتىمىز. شى جىنپىڭ مەدەنىيەت ئىدىيەسىنى چوڭقۇر ئۆگىنىمىز ۋە ئىزچىللاشتۇرىمىز. سوتسىيالىستىك يادرولۇق قىممەت قارىشىنى كەڭ كۆلەمدە ئەمەلىيەتتە كۆرسىتىمىز. پەلسەپە، ئىجتىمائىي پەن، ئاخبارات-نەشرىياتچىلىق، رادىيو-كىنو-تېلېۋىزىيە، ئەدەبىيات-

سەنئەت ۋە ئارخىپ ئىشلىرىنى راۋاجلاندۇرىمىز. مەدەنىيەتكە ۋارىسلىق قىلىش ۋە ئۇنى راۋاجلاندۇرۇشقا تۈرتكە بولىدىغان سىياسەت-تەدبىرلەرنى تۈزۈپ چىقىمىز. دۆلەتنىڭ مەدەنىيەتنى رەقەملەشتۈرۈش ئىستراتېگىيەسىنى چوڭقۇر ئالغا سىلجىتىمىز. ئومۇمىي خەلق كىتاب ئوقۇش پائالىيىتىنى چوڭقۇرلاشتۇرىمىز. تورنى ھەر تەرەپلىمە تۈزەشنى مۇكەممەللەشتۈرۈپ، ئاكتىپ، ساغلام بولغان، ئالغا بېسىشقا، ياخشىلىققا ئۈندەيدىغان تور مەدەنىيىتىنى يېتىلدۈرىمىز. مەدەنىيەتتە خەلققە نەپ يەتكۈزۈش قۇرۇلۇشىنى ئىجادىي يولغا قويۇپ، ئاممىۋى مەدەنىيەت مەيدان-سارايلىرىنى ھەقسىز ئېچىۋېتىش مۇلازىمەت سەۋىيەسىنى ئۆستۈرىمىز. مەدەنىيەت كەسپىنى زور كۈچ بىلەن تەرەققىي قىلدۇرىمىز. مەملىكەت بويىچە مەدەنىيەت يادىكارلىقلىرىنى 4-قېتىم ئومۇمىيۈزلۈك تەكشۈرۈشنى قانات يايدۇرۇپ، مەدەنىيەت يادىكارلىقلىرىنى سىستېمىلىق قوغداش ۋە ئۇنىڭدىن مۇۋاپىق پايدىلىنىشنى كۈچەيتىمىز. غەيرىي ماددىي مەدەنىيەت مىراسلىرىنى قوغداش ۋە ئۇنىڭغا ۋارىسلىق قىلىشنى ئالغا سىلجىتىمىز. جۇڭگو-چەت ئەل ئادىمىيەت ئالاقىسىنى چوڭقۇرلاشتۇرۇپ، خەلقئارا تارقىتىش ئىقتىدارىمىزنى ئۆستۈرىمىز. تەنتەربىيە ئىسلاھاتى سالمىقىنى زورايتىمىز. 2024-يىللىق ئولىمپىك تەنھەرىكەت مۇسابىقىسى ۋە مېيىپلەر ئولىمپىك تەنھەرىكەت مۇسابىقىسىگە تەييارلىق كۆرۈش-قاتنىشىش خىزمەتلىرىنى ياخشى ئىشلەيمىز. ئاممىنىڭ ئەتراپىدىكى تەنتەربىيە ئەسلىھەلىرىنى ياخشى قۇرۇپ، ئۇنىڭدىن ياخشى پايدىلىنىپ، ئومۇمىي خەلق بەدەن چېنىقتۇرۇش پائالىيىتىنى كەڭ قانات يايدۇرۇشقا تۈرتكە بولىمىز.

دۆلەت خەۋپسىزلىكى ۋە جەمئىيەت مۇقىملىقىنى قوغدايمىز.

ئومۇمىي دۆلەت خەۋپسىزلىكى قارىشىنى ئىزچىللاشتۇرۇپ، دۆلەت خەۋپسىزلىكى سىستېمىسى ۋە ئىقتىدارى قۇرۇلۇشىنى كۈچەيتىمىز. ئاممىۋى بىخەتەرلىكنى ئىدارە قىلىش سەۋىيەمىزنى ئۆستۈرۈپ، ئىدارە قىلىش ئەندىزىسىنىڭ تىپىنى ئىشتىن بۇرۇن ئالدىنى ئېلىشقا ئۆزگەرتىشكە تۈرتكە بولىمىز. ئاساسىي قاتلامنىڭ بىخەتەر ئىشلەپچىقىرىش ۋە ئاپەتتىن مۇداپىئەلىنىش، ئاپەت زىيىنىنى يېنىكلىتىش، ئاپەتتىن قۇتقۇزۇش ئۇلىنى كۈچەپ پۇختىلاپ، خەۋپ-خەتەرنىڭ ئالدىنى ئېلىش، جىددىي بىر تەرەپ قىلىش ۋە تىرەك بولۇش، كاپالەتلەندۈرۈش ئىقتىدارىنى كۈچەيتىمىز. بىخەتەر ئىشلەپچىقىرىش بويىچە ماھىيەتتىن تۈزەش ئۆتكىلىگە ھۇجۇم قىلىش ئۈچ يىللىق ھەرىكىتىنى پۇختا قانات يايدۇرۇپ، نۇقتىلىق كەسىپلەر، ساھەلەردە يوشۇرۇن خەۋپنى تەكشۈرۈش، تۈگىتىشنى كۈچەيتىپ، ھەرقايسى تەرەپلەرنىڭ مەسئۇلىيىتىنى چىڭىتىپ، ئېغىر، پەۋقۇلئاددە زور ھادىسىلەرنىڭ يۈز بېرىشىنى قەتئىي توسىمىز. كەلكۈن، ھۆلچىلىك، قۇرغاقچىلىق، تەيفېڭ بورىنى، ئورمان-ئوتلاق ئوت ئاپىتى، گېيوئاپەت، يەر تەۋرەش قاتارلىقلارنىڭ ئالدىنى ئېلىش-تاقابىل تۇرۇش خىزمىتىنى ياخشى ئىشلەپ، مېتېئورولوگىيە مۇلازىمىتىنى كۈچەيتىمىز. يېمەكلىك، دورا، ئالاھىدە ئۈسكۈنە قاتارلىقلارنىڭ بىخەتەرلىكىنى نازارەت قىلىش-باشقۇرۇشنى چىڭىتىمىز. جەمئىيەت ئىدارە قىلىش سىستېمىسىنى مۇكەممەللەشتۈرىمىز. شەھەر-يېزا مەھەللىرىنىڭ مۇلازىمەت ئىقتىدارىنى كۈچەيتىمىز. ئىجتىمائىي تەشكىلاتلار، ئىنسانپەرۋەرلىك ياردىمى، پىدائىيلار مۇلازىمىتى، ئاممىۋى پاراۋانلىق، خەيرىيەت ئىشلىرى قاتارلىقلارنىڭ ساغلام تەرەققىياتىغا يېتەكچىلىك قىلىمىز ۋە مەدەت بېرىمىز. ئاياللار، باللار، ياشانغانلار ۋە مېيىپلەرنىڭ قانۇنلۇق

ھوقۇق-مەنپەئەتىنى كاپالەتلەندۈرىمىز. يېڭى دەۋر «فېڭچياۋ تەجرىبىسى»دە چىڭ تۇرۇپ ۋە ئۇنى راۋاجلاندۇرۇپ، زىددىيەت، ماجىرانىڭ ئالدىنى ئېلىش-تۈگىتىشنى ئالغا سىلجىتىپ، ئەرزىيەت خىزمىتىنىڭ قانۇنچىللىشىشىغا تۈرتكە بولىمىز. ئامما قانۇن مۇلازىمىتىنى كۈچەيتىمىز. جەمئىيەت ئامانلىقى بويىچە ئومۇمىي جەھەتتىن ئالدىنى ئېلىش-تىزگىنلەشنى كۈچەيتىپ، قارا-رەزىل كۈچلەرنى يوقىتىشنى دائىملاشتۇرۇشنى ئالغا سىلجىتىپ، قانۇنغا خىلاپ تۈرلۈك جىنايى ھەرىكەتلەرگە قانۇن بويىچە زەربە بېرىپ، تېخىمۇ يۇقىرى سەۋىيەلىك تىنچ جۇڭگو بەرپا قىلىمىز.

ۋەكىللەر!

يېڭى سەپەر، يېڭى بۇرچ ھۆكۈمەت خىزمىتىگە تېخىمۇ يۇقىرى يېڭى تەلەپلەرنى قويىدۇ. ھەر دەرىجىلىك ھۆكۈمەتلەر ۋە ئۇلارنىڭ خادىملىرى «ئىككىنى تىكلەش»نىڭ ھەل قىلغۇچ ئەھمىيىتىنى چوڭقۇر ئۆزلەشتۈرۈپ، «تۆت ئاڭ»نى كۈچەيتىپ، «تۆت ئىشەنچ»نى چىڭىتىپ، «ئىككىنى قوغداش»نى ئىشقا ئاشۇرۇپ، ئاڭلىق ھالدا ئىدىيەدە، سىياسىيدا، ھەرىكەتتە يولداش شى جىنپىڭ يادرولۇقىدىكى پارتىيە مەركىزىي كومىتېتى بىلەن يۈكسەك بىردەكلىكنى ساقلاپ، سىياسىي ھۆكۈم قىلىش ئىقتىدارى، سىياسىي ئۆزلەشتۈرۈش ئىقتىدارى، سىياسىي ئىجرا قىلىش ئىقتىدارىنى ئۈزلۈكسىز ئۆستۈرۈپ، پارتىيە رەھبەرلىكىنى ھۆكۈمەت خىزمىتىنىڭ ھەرقايسى تەرەپلىرىگە، پۈتكۈل جەريانىغا سىڭدۈرۈشىمىز كېرەك. يۇقىرى سۈپەتلىك تەرەققىياتتا چىڭ تۇرۇشنى يېڭى دەۋرنىڭ چىڭ داۋلىسى قىلىپ، خەلققە بەخت يارىتىشنى ئەڭ مۇھىم سىياسىي نەتىجە قىلىپ، خەلق رازى بولىدىغان قانۇنچىل ھۆكۈمەت، ئىجادچان ھۆكۈمەت، پاك ھۆكۈمەت ۋە مۇلازىمەتچان ھۆكۈمەتنى تىرىشىپ

بەرپا قىلىپ، ھۆكۈمەتنىڭ مەسئۇلىيىتىنى ئومۇمىيۈزلۈك ياخشى ئادا قىلىشىمىز كېرەك.

قانۇن بويىچە مەمۇرىيەت يۈرگۈزۈشنى چوڭقۇر ئالغا سىلجىتىشىمىز كېرەك. ئاساسىي قانۇن ۋە قانۇنلارغا قاتتىق رىئايە قىلىشىمىز كېرەك. تەڭ دەرىجىلىك خەلق قۇرۇلتىيى ۋە ئۇنىڭ دائىمىي كومىتېتىنىڭ نازارىتىنى ئاڭلىق قوبۇل قىلىشىمىز، خەلق سىياسىي مەسلىھەت كېڭىشىنىڭ دېموكراتىك نازارىتىنى ئاڭلىق قوبۇل قىلىشىمىز، جەمئىيەت ۋە ئاممىۋى پىكىرنىڭ نازارىتىنى ئاڭلىق قوبۇل قىلىشىمىز كېرەك. ئىقتىسادىي تەپتىش نازارەتچىلىكىنى كۈچەيتىشىمىز كېرەك. ئىلمىي، دېموكراتىك، قانۇن بويىچە تەدبىر بەلگىلەشتە چىڭ تۇرۇپ، سىياسەت تۈزۈشتە قانۇنىيەتكە ئەمەل قىلىشىمىز، ئورتاق تونۇشنى كەڭ دائىرىدە مۇجەسسەملىشىمىز، قانۇننى ئاساس قىلىشىمىز كېرەك. مەمۇرىيەتتە ئاشكارا بولۇش تۈزۈمىنى مۇكەممەللەشتۈرۈشىمىز كېرەك. قانۇننى قاتتىق، قېلىپلىق، ئادىل، مەدەنىي ئىجرا قىلىشنى ئومۇميۈزلۈك ئالغا سىلجىتىشىمىز كېرەك. ئىشچىلار ئۇيۇشمىسى، كوممۇنىستىك ياشلار ئىتتىپاقى، ئاياللار بىرلەشمىسى قاتارلىق ئاممىۋى تەشكىلاتلارنىڭ رولىنى تېخىمۇ ياخشى جارى قىلدۇرۇشقا مەدەت بېرىشىمىز كېرەك. ئۆزى ئۈستىدە ئىنقىلاب قىلىش روھىنى جارى قىلدۇرۇپ، ئىزچىل تۈردە ئىستىلنى توغرىلاپ، ئىنتىزامنى چىڭىتىپ، چىرىكلىككە قارشى تۇرۇپ، پارتىيە ئىستىلى، پاكلىق قۇرۇلۇشى ۋە چىرىكلىككە قارشى تۇرۇش كۈرىشىنى چوڭقۇر ئالغا سىلجىتىشىمىز كېرەك. ھۆكۈمەت خادىملىرى قانۇن-ئىنتىزامغا رىئايە قىلىشىمىز، پاك ئادەم بولۇشىمىز، مەسئۇلىيىتىمىزنى تىرىشىپ ئادا قىلىشىمىز، ئۆزىمىزنى پاك تۇتۇپ خەلق ئۈچۈن ئىشلىشىمىز كېرەك.

مەمۇرىيەت ئۈنۈمىنى ئومۇميۈزلۈك ئۆستۈرۈشىمىز كېرەك. پارتىيە مەركىزىي كومىتېتىنىڭ تەدبىر، ئورۇنلاشتۇرمىلىرىنى ياخشى ئىزچىللاشتۇرۇش ۋە ياخشى ئەمەلىيلەشتۈرۈشنى چۆرىدەپ، سەرخىل، ماس، يۇقىرى ئۈنۈملۈك بولۇشتا چىڭ تۇرۇپ، ھۆكۈمەتنىڭ فۇنكسىيەسىنى ئۆزگەرتىشنى چوڭقۇر ئالغا سىلجىتىپ، ئىجرا كۈچى ۋە ئىناۋىتىنى ئۈزلۈكسىز ئۆستۈرۈشىمىز كېرەك. توغرا ئىدىيەۋى ئۇسۇل ۋە خىزمەت ئۇسۇلىدا چىڭ تۇرۇپ، تەپەككۇر قاتماللىقى ۋە يول بېقىنىشچانلىقىنى دادىل بۇزۇپ تاشلاپ، يېتەكلەش خاراكتېرگە، قوزغىتىش خاراكتېرگە ئىگە كۈچلۈك خىزمەت تۇتقىسىنى پائال پىلانلاپ ۋە ئۇنىڭدىن ياخشى پايدىلىنىپ، ئەمەلىيلەشتۈرۈشنى تۇتۇشتا كەم-كوتىسىز، چاقماقتەك چاققان، راستچىل-ئەمەلىيەتچىل ۋە دادىل-ماھىر بولۇشنى ھەقىقىي ئىشقا ئاشۇرۇپ، ئاخىرقى ئۈنۈمنىڭ پارتىيە مەركىزىي كومىتېتىنىڭ تەدبىر بەلگىلەش مۇددىئاسىغا ئۇيغۇن بولۇشىغا ھەقىقىي كاپالەتلىك قىلىپ، خەلق ئاممىسىنىڭ ئارزۇسىغا لايىقلىشىشىمىز كېرەك. باش تېما تەربىيەسىنىڭ نەتىجىلىرىنى مۇستەھكەملەپ ۋە كېڭەيتىپ، تەكشۈرۈپ تەتقىق قىلىشنى كەڭ ئەۋج ئالدۇرۇپ، «تۆتتە ئاساسىي قاتلامغا چۈشۈش» تۈزۈمىنى ئەمەلىيلەشتۈرۈشىمىز كېرەك. رەقەملىك ھۆكۈمەت قۇرۇلۇشىنى تېزلىتىشىمىز كېرەك. «ئىشنى يۇقىرى ئۈنۈملۈك بېجىرىش»نى ئالغا سىلجىتىشنى يېتەكچى قىلىپ، مەمۇرىيەت مۇلازىمىتىنىڭ سەۋىيەسىنى ئۆستۈرۈشىمىز كېرەك. شەكىلۋازلىق، بيۇروكراتلىقنى قەتئىي تۈزەپ، ھۆججەت ۋە يىغىنلارنى يەنىمۇ ئىخچاملاپ، نازارەت قىلىش، تەكشۈرۈش، سىناشنى مۇكەممەللەشتۈرۈپ، ئاساسىي قاتلام ۋە كارخانىلارنىڭ يۈكىنى داۋاملىق يېنىكلىتىشىمىز كېرەك. «ئۈچىنى

پەرقلەندۈرۈش»نى ئەمەلىيلەشتۈرۈپ، كادىرلارنى دادىل زىممىسىگە ئېلىپ ئىشلەشكە رىغبەتلەندۈرۈش ۋە قوغداش مېخانىزمىنى مۇكەممەللەشتۈرۈش كېرەك. كەڭ كادىرلار «ھەر ۋاقىت خاتىرجەم بولالمايدىغان» مەسئۇلىيەت تۇيغۇسىنى كۈچەيتىپ، ئۇنى «ھەممە ئىشتا كۆڭۈلدە سان بولىدىغان» ھەرىكەت كۈچىگە ئايلاندۇرۇپ، ئىش قىلىش-نەتىجە يارىتىش روھى ۋە خىسلىتىنى ئۇرغۇتۇپ، ھەقىقىي تۇتۇپ ئەمەلىي ئىشلەپ، باش چۆكۈرۈپ جاپالىق ئىشلەپ، ئىشنى ئوبدان قىلىپ نەتىجىلىك ئاخىرلاشتۇرۇپ، دەۋرگە ۋە خەلققە يۈز كېلەلىگۈدەك يېڭى نەتىجىلەرنى تىرىشىپ يارىتىشىمىز كېرەك.

ۋەكىللەر!

بىز جۇڭخۇا مىللىتى ئورتاق گەۋدىسى ئېڭىنى مۇستەھكەملەشنى ئاساسىي لىنىيە قىلىپ، مىللىي رايون ئاپتونومىيە تۈزۈمىدە چىڭ تۇرۇپ ۋە ئۇنى مۇكەممەللەشتۈرۈپ، مىللەتلەرنىڭ كەڭ ئارىلىشىشى، ئالماشتۇرۇشى، يۇغۇرۇلۇشىنى ئىلگىرى سۈرۈپ، مىللەتلەر رايونلىرىنىڭ زامانىۋىلاشتۇرۇش قۇرۇلۇشى قەدىمىنى تېزلىتىشكە تۈرتكە بولۇشىمىز كېرەك. پارتىيەنىڭ دىن خىزمىتى ئاساسىي فاڭجېنىدا چىڭ تۇرۇپ، دۆلىتىمىزدە دىننى جۇڭگوچىلاشتۇرۇشنى چوڭقۇر ئالغا سىلجىتىپ، دىننى سوتسىيالىزم جەمئىيىتىگە ئۇيغۇنلىشىشقا پائال يېتەكلىشىمىز كېرەك. چياۋمىنلار خىزمىتىنى كۈچەيتىپ ۋە ياخشىلاپ، چەت ئەللەردىكى چياۋمىن قېرىنداشلار ۋە ۋەتەنگە قايتقان چياۋمىنلار، چياۋمىنلار ئائىلە تەۋەلىرىنىڭ قانۇنلۇق ھوقۇق-مەنپەئەتىنى قوغداپ، مەملىكەت ئىچى-سىرتىدىكى جۇڭخۇا ئوغۇل-قىزلىرىنىڭ مىللەتنى گۈللەندۈرۈشكە ئورتاق كۈچ چىقىرىدىغان قۇدرەتلىك كۈچىنى مۇجەسسەملىشىمىز كېرەك.

ئۆتكەن بىر يىلدا، دۆلەت مۇداپىئەسى ۋە ئارمىيە قۇرۇلۇشىدا يېڭى نەتىجىلەر ۋە ئىلگىرىلەشلەر قولغا كەلدى، خەلق ئارمىيەسى زىممىسىدىكى بۇرچ-ۋەزىپىلەرنى ياخشى ئورۇنلىدى. يېڭى بىر يىلدا، شى جىنپىڭنىڭ ئارمىيەنى قۇدرەت تاپتۇرۇش ئىدىيەسىنى چوڭقۇر ئىزچىللاشتۇرۇپ، يېڭى دەۋردىكى ھەربىي ئىستراتېگىيە فاڭجېنىنى ئىزچىللاشتۇرۇپ، پارتىيەنىڭ خەلق ئارمىيەسىگە بولغان مۇتلەق رەھبەرلىكىدە چىڭ تۇرۇپ، ھەربىي كومىتېت رەئىسى مەسئۇل بولۇش تۈزۈمىنى ئومۇمىيۈزلۈك، چوڭقۇر ئىزچىللاشتۇرۇپ، ئارمىيە قۇرۇلغانلىقىنىڭ 100 يىللىقى كۈرەش نىشانىنى ئىشقا ئاشۇرۇش ئۆتكىلىگە ھۇجۇم قىلىش جېڭىنى ياخشى قىلىشىمىز كېرەك. ھەربىي مەشىق ۋە ئۇرۇش تەييارلىقىنى ئومۇمىيۈزلۈك كۈچەيتىپ، ھەربىي كۈرەش تەييارلىقىنى بىرتۇتاش ئالغا سىلجىتىپ، ئەمەلىي ئۇرۇش ھەربىي مەشىقىنى چىڭ تۇتۇپ، دۆلەتنىڭ ئىگىلىك ھوقۇقى، خەۋپسىزلىكى ۋە تەرەققىيات مەنپەئەتىنى قەتئىي قوغدىشىمىز كېرەك. زامانىۋى ھەربىي ئىشلارنى ئىدارە قىلىش سىستېمىسىنى بەرپا قىلىپ، ئارمىيە قۇرۇلۇشىنىڭ 14-بەش يىللىق يىرىك پىلانىنىڭ ئىجراسىنى چىڭ تۇتۇپ، دۆلەت مۇداپىئەسى تەرەققىياتىغا دائىر زور قۇرۇلۇشلارنىڭ يولغا قويۇلۇشىنى تېزلىتىشىمىز كېرەك. بىر گەۋدىلەشكەن دۆلەت ئىستراتېگىيە سىستېمىسى ۋە ئىقتىدارىنى مۇستەھكەملەپ ۋە ئۆستۈرۈپ، دۆلەت مۇداپىئەسى پەن-تېخنىكا سانائىتىنىڭ سىستېمىسى ۋە جايلىشىشىنى ئەلالاشتۇرۇپ، دۆلەت مۇداپىئە تەربىيەسى، دۆلەت مۇداپىئە سەپەرۋەرلىكى ۋە زاپاس كۈچ قۇرۇلۇشىنى كۈچەيتىشىمىز كېرەك. ھەر دەرىجىلىك ھۆكۈمەتلەر دۆلەت مۇداپىئەسى ۋە ئارمىيە قۇرۇلۇشىنى زور كۈچ بىلەن قوللاپ، «ئىككىنى ھىمايە قىلىش»

خىزمىتىنى چوڭقۇر قانات يايدۇرۇپ، ئارمىيە بىلەن ھۆكۈمەتنىڭ، ئارمىيە بىلەن خەلقنىڭ ئىتتىپاقلىقىنى مۇستەھكەملىشىمىز ۋە راۋاجلاندۇرۇشىمىز كېرەك.

بىز «بىر دۆلەتتە ئىككى تۈزۈم بولۇش»، «شياڭگاڭنى شياڭگاڭلىقلار ئىدارە قىلىش»، «ئاۋمېننى ئاۋمېنلىقلار ئىدارە قىلىش» يۇكسەك ئاپتونومىيە فاڭجېنىنى داۋاملىق ئومۇميۈزلۈك، توغرا، قەتئىي ئىجرا قىلىپ، شياڭگاڭ، ئاۋمېننى قانۇن بويىچە ئىدارە قىلىشتا چىڭ تۇرۇپ، «شياڭگاڭنى ۋەتەنپەرۋەرلەر ئىدارە قىلىش»، «ئاۋمېننى ۋەتەنپەرۋەرلەر ئىدارە قىلىش» پىرىنسىپىنى ئەمەلىيلەشتۈرۈشىمىز كېرەك. شياڭگاڭ، ئاۋمېننىڭ ئىقتىسادىنى راۋاجلاندۇرۇپ، خەلق تۇرمۇشىنى ياخشىلاپ، ئۆز ئەۋزەللىكى ۋە ئالاھىدىلىكىنى جارى قىلدۇرۇپ، گۇاڭدۇڭ-شياڭگاڭ-ئاۋمېن چوڭ قولتۇق رايونى قۇرۇلۇشىغا پائال قاتنىشىپ، دۆلەتنىڭ تەرەققىيات ئومۇمىيىتىگە تېخىمۇ ياخشى سىڭىشىپ، شياڭگاڭ، ئاۋمېننىڭ ئۇزاق مۇددەتلىك ئاۋاتلىقى ۋە مۇقىملىقىنى ساقلىشىنى قوللايمىز.

بىز يېڭى دەۋردىكى پارتىيەنىڭ تەيۋەن مەسىلىسىنى ھەل قىلىش ئومۇمىي تەدبىرىدە چىڭ تۇرۇپ ۋە ئۇنى ئىزچىللاشتۇرۇپ، بىر جۇڭگو پىرىنسىپى ۋە «92-يىل ئورتاق تونۇشى»دا چىڭ تۇرۇپ، «تەيۋەن مۇستەقىللىقى» بۆلگۈنچى كۈچلىرى ۋە تاشقى كۈچلەرنىڭ ئارىلىشىشىغا قەتئىي قارشى تۇرۇپ، ئىككى قىرغاق مۇناسىۋىتىنىڭ تىنچ تەرەققىياتىغا تۈرتكە بولۇپ، ۋەتەننى بىرلىككە كەلتۈرۈش ئۇلۇغ ئىشىنى قىلچە ئېغىشماي ئالغا سىلجىتىپ، جۇڭخۇا مىللىتىنىڭ تۈپ مەنپەئەتىنى قوغدىشىمىز كېرەك. ئىككى قىرغاقنىڭ يۇغۇرما تەرەققىياتىنى چوڭقۇرلاشتۇرۇپ، ئىككى

قىرغاقتىكى قېرىنداشلارنىڭ بەخت-سائادىتىنى ئاشۇرۇپ، مىللەتنى گۈللەندۈرۈشتىن ئىبارەت ئۇلۇغ ئىشنى بىر نىيەتتە ئورتاق ۋۇجۇدقا چىقىرىشىمىز كېرەك.

بىز مۇستەقىل-ئۆزىگە ئۆزى ئىگە بولۇش ئاساسىدىكى تىنچلىق دىپلوماتىيەسى سىياسىتىدە چىڭ تۇرۇپ، تىنچ تەرەققىيات يولىدا مېڭىشتا چىڭ تۇرۇپ، ئۆزئارا مەنپەئەت يەتكۈزۈپ ئورتاق پايدا ئالىدىغان ئېچىۋېتىش ئىستراتېگىيەسىنى قەتئىي يولغا قويۇپ، دۇنيانىڭ باراۋەر، تەرتىپلىك كۆپ قۇتۇپلىشىشىنى ۋە ئىقتىسادنىڭ ئومۇمى مەنپەئەتدار، سىغدۇرۇشچان دۇنياۋىلىشىشىنى تەشەببۇس قىلىپ، يېڭىچە خەلقئارا مۇناسىۋەت ئورنىتىشقا تۈرتكە بولۇپ، زومىگەرلىك، زوراۋانلىق، مۇشتۇمزورلۇق قىلمىشلىرىغا قارشى تۇرۇپ، خەلقئارا ئادىللىق ۋە ھەققانىيلىقنى قوغدىشىمىز كېرەك. جۇڭگو خەلقئارا جەمئىيەت بىلەن بىرلىكتە، دۇنياۋى تەرەققىيات تەشەببۇسى، دۇنياۋى خەۋپسىزلىك تەشەببۇسى، دۇنياۋى مەدەنىيلىك تەشەببۇسىنى ئەمەلىيلەشتۈرۈپ، پۈتكۈل ئىنسانىيەتنىڭ ئورتاق قىممىتىنى ئەۋج ئالدۇرۇپ، دۇنياۋى ئىدارە قىلىش سىستېمىسىنىڭ ئۆزگىرىشىگە تۈرتكە بولۇپ، ئىنسانىيەت تەقدىرى ئورتاق گەۋدىسى بەرپا قىلىشقا تۈرتكە بولۇشنى خالايدۇ.

ۋەكىللەر!

بۇرچنى ئادا قىلىشتا زىممىگە ئېلىش مۇھىم ئورۇندا تۇرىدۇ، كۈرەش كېلەچەكنى يارىتىدۇ. بىز يولداش شى جىنپىڭ يادرولۇقىدىكى پارتىيە مەركىزىي كومىتېتىنىڭ ئەتراپىغا تېخىمۇ زىچ ئۇيۇشۇپ، جۇڭگوچە سوتسىيالىزم ئۇلۇغ بايرىقىنى ئېگىز كۆتۈرۈپ، شى جىنپىڭ يېڭى دەۋر جۇڭگوچە سوتسىيالىزم ئىدىيەسىنى يېتەكچى قىلىپ، ئىشەنچنى چىڭىتىپ، يول ئېچىپ ئىلگىرىلەپ،

پۈتۈن يىللىق ئىقتىسادىي، ئىجتىمائىي تەرەققىياتنىڭ نىشان-ۋەزىپىلىرىنى تىرىشىپ ئورۇنلاپ، جۇڭگوچە زامانىۋىلاشتۇرۇش ئارقىلىق كۈچلۈك دۆلەت قۇرۇش، مىللەتنى گۈللەندۈرۈش ئۇلۇغ ئىشىنى ئومۇميۈزلۈك ئالغا سىلجىتىش ئۈچۈن بوشاشماي كۈرەش قىلايلى !

يۇقىرى سۈپەتلىك تەرەققىياتقا كۈچەپ تۈرتكە بولۇپ، ئىقتىسادنىڭ قايتا يۈكسىلىپ ياخشىلىنىش ۋەزىيىتىنى مۇستەھكەملەش ۋە كۈچەيتىش كېرەك

(مۇقەددىمە ئورنىدا)

خۇاڭ شوۋخۇڭ

بۇ يىللىق مەملىكەتلىك ئىككى يىغىن مۇۋەپپەقىيەتلىك يېپىلدى. باش شۇجى شى جىنپىڭ ئىككى يىغىن مەزگىلىدە ئىدىيەسى چوڭقۇر، مەزمۇنى مول، مۇھىم يېتەكچىلىك ئەھمىيىتىگە ئىگە بىر قاتار مۇھىم سۆز قىلدى. بۇلتۇر يىل ئاخىرىدا ئېچىلغان مەركىزىي كومىتېت ئىقتىساد خىزمىتى يىغىنىدا باش شۇجى شى جىنپىڭ مۇھىم سۆز قىلىپ، دۆلەت ئىچى ۋە سىرتىدىكى ئىقتىسادىي ۋەزىيەتنى ئومۇميۈزلۈك تەھلىل قىلىپ، بۇ يىللىق ئىقتىسادىي تەرەققىياتنىڭ ئومۇمىي تەلىپى، ئاساسلىق نىشانى، سىياسەت يۈزلىنىشى ۋە نۇقتىلىق ۋەزىپىلىرىنى ئوتتۇرىغا قويدى. زۇڭلى لى چياڭ بەرگەن «ھۆكۈمەت خىزمىتىدىن دوكلات» (تۆۋەندە قىسقارتىپ «دوكلات» دېيىلىدۇ)تا شى جىنپىڭ يېڭى دەۋر

جۇڭگوچە سوتسىيالىزم ئىدىيەسى يېتەكچى قىلىنىپ، پارتىيە 20-قۇرۇلتىيى ۋە 20-نۆۋەتلىك مەركىزىي كومىتېتى 2-ئومۇمىي يىغىنىنىڭ روھى چوڭقۇر ئىزچىللاشتۇرۇلۇپ، ئۆتكەن بىر يىللىق ھۆكۈمەت خىزمىتى خۇلاسىلىنىپ، بۇ يىللىق نۇقتىلىق خىزمەتلەر كونكرېت ئورۇنلاشتۇرۇلدى. بۇ يەردە ئۆزۈمىنىڭ ئۆگىنىش تەسىراتىمنى قىسقىچە سۆزلەپ ئۆتمەكچىمەن.

1. 2023-يىلى دۆلىتىمىز تەرەققىياتىدا تەستە قولغا كەلگەن مۇۋەپپەقىيەتلەرنى چوڭقۇر تونۇپ، جۇغلانغان قىممەتلىك تەجرىبىلەرنى ھەسسىلەپ قەدىرلەش كېرەك

ئۆتكەن بىر يىل — پارتىيە 20-قۇرۇلتىيىنىڭ روھى ئومۇميۈزلۈك ئىزچىللاشتۇرۇلغان تۇنجى يىل، بۇ نۆۋەتلىك ھۆكۈمەت قانۇن بويىچە مەسئۇلىيىتىنى ئادا قىلغان تۇنجى يىل. پەۋقۇلئاددە مۇرەككەپ خەلقئارا ۋەزىيەت ۋە مۇشكۈل، ئېغىر ئىسلاھات، تەرەققىيات، مۇقىملىق ۋەزىپىسى ئالدىدا، يولداش شى جىنپىڭ يادرولۇقىدىكى پارتىيە مەركىزىي كومىتېتى پۈتۈن مەملىكەت خەلقىنى ئىتتىپاقلاشتۇرۇپ ۋە يېتەكلەپ، تاشقى بېسىمغا تاقابىل تۇرۇپ، ئىچكى قىيىنچىلىقنى يېڭىپ، جاپالىق تىرىشچانلىق كۆرسىتىپ، يېڭى تاجىسمان ئۆپكە ياللۇغى يۇقۇمىنىڭ ئالدىنى ئېلىش-تىزگىنلەشتە مۇقىم بۇرۇلۇش ھاسىل قىلىپ، زور ھەل قىلغۇچ غەلىبىنى قولغا كەلتۈردى، پۈتۈن يىللىق ئىقتىسادىي، ئىجتىمائىي تەرەققىياتنىڭ ئاساسلىق نىشان-ۋەزىپىلىرى تولۇق ئورۇنلىنىپ، يۇقىرى سۈپەتلىك تەرەققىيات پۇختا ئالغا

سىلجىتىلىپ، ئىجتىمائىي ئومۇمىيەتنىڭ مۇقىملىقى ساقلىنىپ، سوتسىيالىستىك زامانىۋىلاشقان دۆلەتنى ئومۇميۈزلۈك قۇرۇشتا پۇختا قەدەم تاشلاندى.

بۇلتۇر دۆلىتىمىز تەرەققىياتىدا قولغا كەلگەن يېڭى مۇھىم، زور مۇۋەپپەقىيەتلەر كىشىنى ھەسسىلەپ روھلاندۇرىدۇ ۋە رىغبەتلەندۈرىدۇ. ئىچكى ئىشلەپچىقىرىش ئومۇمىي قىممىتى 126 تىرىليون يۈەندىن ئېشىپ، 5.2% كۆپەيدى. ئىقتىسادنىڭ ئېشىش مىقدارى 6 تىرىليون يۈەندىن ئاشتى، بۇ بىر ئوتتۇرا ھال دۆلەتنىڭ بىر يىللىق ئىقتىساد ئومۇمىي مىقدارىغا باراۋەر كېلىدۇ. ئىشقا ئورۇنلىشىش ۋەزىيىتى ئومۇمىي جەھەتتىن ياخشىلىنىپ، شەھەر-بازارلاردا 12 مىليون 440 مىڭ ئادەم يېڭىدىن ئىشقا ئورۇنلاشتى، شەھەر-بازارلاردا ئېنىقلانغان پۈتۈن يىللىق ئىشسىزلىق نىسبىتى ئوتتۇرا ھېساب بىلەن 5.2% بولۇپ، ئالدىنقى يىلدىكىدىن 0.4 پىرسەنت پوئېنت تۆۋەنلىدى. مال باھاسى ئومۇمىي جەھەتتىن مۆتىدىل ئېشىش ھالىتىنى ساقلاپ، ئاھالە ئىستېمال باھاسى 0.2% ئۆرلىدى، يېمەكلىك ۋە ئېنېرگىيە باھاسىنى چىقىرىۋەتكەندىن كېيىنكى يادرولۇق ئاھالە ئىستېمال باھاسى كۆرسەتكۈچى 0.7% ئۆرلىدى. ئاھالە كىرىمى داۋاملىق ئېشىپ، پۈتۈن مەملىكەتتىكى ئاھالىنىڭ ئىلكىدىكى پۈتۈن يىللىق ئوتتۇرىچە كىرىمى 39 مىڭ يۈەندىن ئاشتى، باھا ئامىلىنى چىقىرىۋەتكەندە ئەمەلىي ئېشىشى 6.1% بولۇپ، ئىقتىسادنىڭ ئېشىش سۈرئىتىدىن تېز بولدى. خەلقئارا كىرىم-چىقىم ئاساسىي جەھەتتىن تەڭپۇڭ بولۇپ، يىل ئاخىرىدىكى تاشقى پېرېۋوت زاپىسى 3 تىرىليون 200 مىليارد ئامېرىكا دوللىرىدىن ئېشىپ كەتتى. ئىقتىساد ئومۇمىي جەھەتتىن قايتا يۈكسىلىپ ياخشىلىنىش بىلەن بىر ۋاقىتتا، دۆلىتىمىزنىڭ زامانىۋى

كەسىپ سىستېمىسى قۇرۇلۇشىدا مۇھىم ئىلگىرىلەشلەر قولغا كەلدى، پەن-تېخنىكىدا يېڭىلىق يارىتىشتا يېڭى بۆسۈش ھاسىل قىلىندى، ئىسلاھات-ئېچىۋېتىش چوڭقۇر ئالغا سىلجىتىلدى، بىخەتەر تەرەققىياتنىڭ ئاساسى مۇستەھكەملەندى ۋە پۇختىلاندى، ئېكولوگىيەلىك مۇھىت سۈپىتى مۇقىملىق ئاساسىدا ياخشىلاندى، خەلق تۇرمۇشى كۈچلۈك، ئۈنۈملۈك كاپالەتكە ئىگە بولدى. مۇئەييەنلەشتۈرۈشكە ئەرزىيدىغان بۇ نەتىجىلەر دۆلىتىمىز تەرەققىياتىنىڭ مۇرەككەپ ھالدا بوران-چاپقۇنلارنى بۆسۈپ ئۆتۈپ پارلاق كەلگۈسى يارىتالايدىغانلىقىنى ئېنىق ئۇقتۇرىدۇ.

«يولنىڭ جاپاسىنى مېڭىپ باققان بىلىدۇ.» ئۆتكەن بىر يىلدا قاتمۇقات قىيىنچىلىق ۋە خىرىسلار گىرەلىشىپ، خىزمەتنىڭ مۇرەككەپلىكى ۋە مۈشكۈللۈكى يېقىنقى يىللاردىكىدىن كۆپ ئېشىپ كەتتى، نەتىجىلەرنىڭ قولغا كېلىشى ئاسانغا توختىمىدى. «دوكلات»تا بۇلار ئىخچام ۋە چوڭقۇر شەرھلەندى.

«دوكلات»تا ئۆتكەن بىر يىلدا ئىشلەنگەن ئاساسلىق خىزمەتلەر ئالتە جەھەتتىن خۇلاسىلەندى ۋە ئەسلەپ ئۆتۈلدى.

بىرىنچىدىن، ماكرولۇق تەڭشەش-تىزگىنلەش سالمىقىنى ئاشۇرۇپ، ئىقتىساد يۈرۈشۈشىنىڭ سىجىل ياخشىلىنىشىغا تۈرتكە بولدۇق. كەسكىن خىرىس ۋە يۇقۇمدىن كېيىن ئىقتىسادنى ئەسلىگە كەلتۈرۈشتىن ئىبارەت ئالاھىدىلىكنى كۆزدە تۇتۇپ، ئاساسنى مۇستەھكەملەش-روھنى يېتىلدۈرۈشنى گەۋدىلەندۈرۈپ، يۇقىرى سۈپەتلىك تەرەققىياتقا تۈرتكە بولۇشقا تېخىمۇ كۈچەپ، «باستۇرۇپ سۇغىرىش» ۋە قىسقا مۇددەتلىك كۈچلۈك قوزغىتىش يولىنى تۇتمىدۇق، ئەكسىچە سەۋرچانلىق ۋە ئىرادىنى ساقلاپ، يۇقۇم مەزگىلىدە زىيانغا ئۇچرىغان تىجارەت سۇبيېكتلىرىنىڭ ئارام ئېلىپ

ئۆزىنى ئوڭشىۋېلىشىغا، ھاياتىي كۈچىنى ئەسلىگە كەلتۈرۈۋېلىشىغا مەدەت بەردۇق. بۇنداق قىلىش ھازىرقى تەرەققىياتىمۇ، بۇنىڭدىن كېيىنكى تەرەققىياتىمۇ پايدىلىق. بىرىكمە ئۈنۈمنى جارى قىلدۇرۇپ، ئىچكى ئېھتىياجنى ئاشۇرۇش، قۇرۇلمىنى ئەلالاشتۇرۇش، ئىشەنچنى ئۇرغۇتۇش، خەۋپ-خەتەرنىڭ ئالدىنى ئېلىش ۋە ئۇنى تۈگىتىشنى چۆرىدەپ، بىر تۈركۈم باسقۇچلۇق سىياسەتلەرنى داۋاملىق ئەلالاشتۇرۇپ، بىر تۈركۈم يېڭى سىياسەتلەرنى ۋاقتىدا ئوتتۇرىغا قويۇپ، كۈچلۈك، ئۈنۈملۈك سىياسەت بىرىكمە مۇشتىنى ئاتتۇق. مالىيە، پۇل، ئىشقا ئورۇنلاشتۇرۇش، كەسىپ قاتارلىق سىياسەتلەرنىڭ ماسلاشتۇرۇلۇشى ۋە ماسلىشىشىنى كۈچەيتىپ، يۇقىرى سۈپەتلىك تەرەققىياتنى ئورتاق ئىلگىرى سۈرىدىغان بىرىكمە كۈچنى شەكىللەندۈردۇق. دەل جايىدا تەدبىر كۆرۈشكە ئەھمىيەت بېرىپ، ماكرولۇق تەڭشەش-تىزگىنلەشنىڭ ۋاقتى، سالمىقى، ئۈنۈمنى ئىگىلەپ، تەتۈر دەۋرىيلىك تەڭشەشنى كۈچەيتتۇق. مالىيە سىياسىتىنى يولغا قويۇشنىڭ سالمىقىنى ئاشۇرۇپ، ئۈنۈمىنى ئۆستۈرۈپ، نۇقتىلىق ساھەلەرنىڭ چىقىم كاپالىتىنى كۈچەيتتۇق، جەملىدىن 1 تىرىليون يۈەن زايومنى كۆپەيتىپ تارقىتىپ ئاپەتتىن كېيىنكى ئەسلىگە كەلتۈرۈش، قايتا قۇرۇشقا ۋە ئاپەتتىن مۇداپىئەلىنىش، ئاپەت زىيىنىنى ئازايتىش، ئاپەتتىن قۇتقۇزۇش ئىقتىدارىنى ئۆستۈرۈشكە مەدەت بەردۇق. پۇل سىياسىتىنى دەل جايىدا، كۈچلۈك يولغا قويۇپ، ئامانەت پۇل تەييارلىق فوندى نىسبىتىنى ئىككى قېتىم تۆۋەنلەتتۇق، سىياسەتلىك ئۆسۈم نىسبىتىنى ئىككى قېتىم تۆۋەنلىتىپ تەڭشىدۇق، پۇل مۇئامىلە ساھەسىدىكى «تىرىك پۇل»نىڭ پەن-تېخنىكىدا يېڭىلىق يارىتىش، ئىلغار ياسىمىچىلىق، ئومۇمىي مەنپەئەتدار كىچىك، مىكرو كارخانىلار،

يېشىل تەرەققىيات قاتارلىق ساھەلەرگە ئېقىشىغا يېتەكچىلىك قىلدۇق. دىققەتنى ئومۇمىي ئېھتىياج يېتەرسىز بولۇشتىن ئىبارەت گەۋدىلىك زىددىيەتكە مەركەزلەشتۈرۈپ، ئىچكى ئېھتىياجنى كېڭەيتىش ئىستراتېگىيەسىنى قەتئىي يولغا قويۇپ، ئىچكى ئېھتىياجنىڭ ئىقتىسادنىڭ ئېشىشىغا تۆھپە قوشۇش نىسبىتىنى 111.4%كە يەتكۈزدۇق. تۆۋەن چەك تەپەككۇرىدا چىڭ تۇرۇپ، ئۆي مۈلۈكچىلىك، يەرلىك قەرز قاتارلىق خەۋپ-خەتەر يوشۇرۇن ئامىللىرىنى پائال، مۇقىم بىر تەرەپ قىلىپ، سىستېمىلىق خەۋپ-خەتەر يۈز بەرمەسلىك تۆۋەن چېكىنى چىڭ ساقلىدۇق.

ئىككىنچىدىن، يېڭىلىق يارىتىشقا تايىنىپ كەسىپلەرنىڭ دەرىجىسىنى ئۆستۈرۈشكە يېتەكچىلىك قىلىپ، شەھەر، يېزا، رايونلار تەرەققىياتىنىڭ يېڭى قوزغاتقۇچ كۈچىنى ئاشۇردۇق. دۆلەتنىڭ يېڭىلىق يارىتىش سىستېمىسىنىڭ بىر پۈتۈن ئۈنۈمىنىڭ سىجىل ئۆسۈشكە تۈرتكە بولدۇق، پۈتكۈل جەمئىيەتنىڭ تەتقىق قىلىش-يارىتىش سېلىنمىسى 8.1% ئېشىپ، ئىچكى ئىشلەپچىقىرىش ئومۇمىي قىممىتىدە ئىگىلىگەن نىسبىتى 2.64%كە يەتتى. ئاچقۇچلۇق، يادرولۇق تېخنىكىلاردا ئۆتكەلگە ھۇجۇم قىلىشتا مول نەتىجىلەر قولغا كەلدى، ئاۋىياتسىيە موتورى، يېقىلغۇ گاز تۇربىنىسى، 4-ئەۋلاد يادرو ئېلېكتىر گېنېراتورلار گۇرۇپپىسى قاتارلىق سەرخىل جابدۇقلارنى تەتقىق قىلىپ ياساشتا ئۇچقاندەك تەرەققىيات قولغا كەلدى، سۈنئىي ئەقلىي ئىقتىدار، كۋانت تېخنىكىسى قاتارلىق ئىلغار ساھەدىكى يېڭىلىق يارىتىش نەتىجىلىرى ئۈزلۈكسىز مەيدانغا كەلدى. يېڭىچە سانائەتلەشتۈرۈشنى ئالغا سىلجىتىشنى ئومۇميۈزلۈك ئورۇنلاشتۇردۇق، ئەنئەنىۋى كەسىپلەر تىپ ئۆزگەرتىپ دەرىجە ئۆستۈرۈشنى تېزلەتتى، ئىستراتېگىيەلىك يېڭىدىن گۈللىنىۋاتقان كەسىپلەر جۇش ئۇرۇپ راۋاجلاندى، كەلگۈسى كەسىپلەر تەرتىپلىك

جايلىشىپ، ئىلغار ياسىمىچىلىق ۋە زامانىۋى مۇلازىمەتچىلىك چوڭقۇر يۇغۇرۇلۇپ، بىر تۈركۈم زور كەسىپتە يېڭىلىق يارىتىش نەتىجىلىرى خەلقئارا ئىلغار سەۋىيەگە يەتتى. دۆلىتىمىزدە ئىشلەنگەن چوڭ يولۇچىلار ئايروپىلانى C919 سودا تىجارىتىگە كىرىشتۈرۈلدى، دۆلىتىمىزدە ئىشلەنگەن چوڭ تىپتىكى يولۇچىلار پاراخوتى مۇۋەپپەقىيەتلىك ياساپ چىقىلدى، يېڭى ئېنېرگىيەلىك ئاپتوموبىل ئىشلەپچىقىرىش-سېتىش مىقدارىنىڭ پۈتۈن دۇنيادا ئىگىلىگەن نىسبىتى 60%تىن ئېشىپ كەتتى. سانائەت ئىقتىسادىنىڭ يۈرۈشۈشىنى مۇقىملاشتۇرۇش، ئىلغار ياسىمىچىلىقنى قوللاش تەدبىرلىرىنى ئوتتۇرىغا قويدۇق، كۆلەمدىن يۇقىرى سانائەت قوشۇلما قىممىتى 4.6% ئېشىپ، ئېشىش سۈرئىتى ئۆتكەن يىلدىكىدىن بىر پىرسەنت پوئېنت يۇقىرى بولدى. يېڭىچە شەھەر-بازارلاشتۇرۇش ئىستراتېگىيەسىنى چوڭقۇر يولغا قويۇپ، دائىمىي ئاھالىنىڭ شەھەر-بازارلىشىش نىسبىتىنى 66.2%كە يەتكۈزدۇق. يېڭى بىر نۆۋەتلىك يۈز مىليارد جىڭ ئاشلىق ئىشلەپچىقىرىش ئىقتىدارىنى ئۆستۈرۈش ھەرىكىتىنى يولغا قويۇپ، ئاشلىق ئىشلەپچىقىرىش مىقدارىنى 1 تىرىليون 390 مىليارد جىڭغا يەتكۈزۈپ، تارىختىكى يەنە بىر يېڭى پەللە ياراتتۇق. رايونلارنى ماس تەرەققىي قىلدۇرۇش تۈزۈلمە-مېخانىزمىنى مۇكەممەللەشتۈرۈپ، رايونلار تەرەققىياتىنىڭ ماسلىقى، تەڭپۇڭلۇقىنى ئۈزلۈكسىز كۈچەيتتۇق.

ئۈچىنچىدىن، ئىسلاھاتنى چوڭقۇرلاشتۇرۇپ، ئېچىۋېتىشنى كېڭەيتىپ، تىجارەت-سودا مۇھىتىنى سىجىل ياخشىلىدۇق. يېڭى بىر نۆۋەتلىك ئاپپارات ئىسلاھاتىنى مەركەز قاتلىمىدا ئاساسىي جەھەتتىن تاماملاپ، يەرلىك قاتلامدا تەرتىپلىك قانات يايدۇردۇق. مەملىكەت بويىچە بىرلىككە كەلگەن چوڭ بازار قۇرۇشنى تېزلىتىپ، ئادىل

رىقابەتكە توسالغۇ بولىدىغان بىر تۈركۈم سىياسەت-بەلگىلىمىلەرنى ئېنىقلاپ، قۇرۇلۇش تۈرلىرىگە خېرىدار چاقىرىش-چىقىش قاتارلىق نۇقتىلىق ساھەلەرنى مەخسۇس تۈزەشنى قانات يايدۇردۇق. دۆلەت كارخانىلىرى ئىسلاھاتىنى چوڭقۇرلاشتۇرۇش-يۈكسەلدۈرۈش ھەرىكىتىنى يولغا قويۇپ، دۆلەت ئىگىلىكىنىڭ جايلىشىشىنى ئەلالاشتۇرۇش ۋە قۇرۇلمىسىنى تەڭشەشكە تۈرتكە بولدۇق. پۇقراۋى ئىگىلىكنىڭ تەرەققىي قىلىپ زورىيىشىنى ئىلگىرى سۈرۈش توغرىسىدىكى پىكىرنى ئوتتۇرىغا قويۇپ، مەبلەغ ئىلگىرى سۈرۈش، پۇل مۇئامىلە قوللاش، بازار نازارەت قىلىش-باشقۇرۇش، خەلققە قولاي باج بېجىرىش قاتارلىق جەھەتلەردە قوللاش سالمىقىنى ماس كۈچەيتتۇق. تاشقى سودىنىڭ كۆلىمىنى مۇقىملاشتۇرۇش، قۇرۇلمىسىنى ئەلالاشتۇرۇشقا تۈرتكە بولۇپ، ئېكسپورتنىڭ خەلقئارا بازاردا ئىگىلىگەن نىسبىتىنىڭ مۇقىملىقىنى ساقلاپ، توكلۇق ئاپتوموبىل، لىتىيلىق باتارېيە، يورۇقلۇق ۋولت مەھسۇلاتىدىن ئىبارەت «يېڭى ئۈچ خىل مەھسۇلات»نىڭ ئېكسپورتىنى %30كە يېقىن ئاشۇردۇق. چەت ئەل مەبلىغىنى جەلپ قىلىش سىياسىتىنى مۇكەممەللەشتۈردۇق، يېڭىدىن تەسىس قىلىنغان چەت ئەل سودىگەرلىرى مەبلەغ سالغان كارخانىلار %39.7 كۆپەيدى، ئەمەلىي ئىشلىتىلگەن تاشقى مەبلەغ سوممىسى 1 تىرىليون 100 مىليارد يۈەن بولدى. شاڭخەي قاتارلىق ئەركىن سودا سىناق رايونلىرىدا يۇقىرى ئۆلچەملىك خەلقئارا ئىقتىساد-سودا قائىدىسىگە توغرىلىنىپ تۈزۈملۈك ئېچىۋېتىشنى ئالغا سىلجىتتۇق، شىنجاڭ ئەركىن سودا سىناق رايونى تەسىس قىلىپ، يۇقىرى ئۆلچەملىك ئەركىن سودا رايونى قۇرۇلۇشىنى مۇقىم ئالغا سىلجىتتۇق. 3-نۆۋەتلىك «بىر بەلباغ، بىر يول» خەلقئارا ھەمكارلىق باشلىقلار مۇنبىرىنى مۇۋەپپەقىيەتلىك ئۆتكۈزۈپ، 458 تۈرلۈك ھەمكارلىق نەتىجىسىنى

شەكىللەندۈردۇق.

تۆتىنچىدىن، ئېكولوگىيەلىك مۇھىتنى قوغداش، تۈزەشنى كۈچەيتىپ، تەرەققىيات ئۇسۇلىنى يېشىل تەرەققىيات ئۇسۇلىغا ئۆزگەرتىشنى تېزلەتتۇق. كۆك ئاسمان، سۈزۈك سۇ، پاكىز تۇپراقنى قوغداش جېڭىنى سىجىل ياخشى قىلدۇق، مەملىكەت بويىچە ۋىلايەت دەرىجىلىكتىن يۇقىرى شەھەرلەردىكى مىكرو دانچە ماددىلار ($PM_{2.5}$) نىڭ ئوتتۇرىچە قويۇقلۇقى 30 مىكروگىرام/كۇب مېتىر بولۇپ، «14-بەش يىللىق» پىلاندا بېكىتىلگەن يىللىق نىشاندىن ياخشى بولدى؛ يەر ئۈستى سۈيى سۈپىتىنىڭ ئەلا كەسمە يۈزى ئىگىلىگەن نىسبەت 89.4%كە يېتىپ، 1.5 پىرسەنت پوئېنت ئۆرلىدى. مۇھىم ئېكولوگىيە سىستېمىسىنى قوغداش ۋە ئەسلىگە كەلتۈرۈش زور قۇرۇلۇشىنى يولغا قويۇشنى تېزلەتتۇق، ئورمان بىنا قىلىش، ئوت-چۆپ ئۆستۈرۈش، سورت ياخشىلاشنى تاماملىغان يەر 125 مىليون مو، سۇ-تۇپراق ئېقىپ كېتىشنى تۈزەشنى تاماملىغان كۆلەم 63 مىڭ كىۋادرات كىلومېتىر بولۇپ، مەملىكەت بويىچە سۇ-تۇپراقنىڭ ساقلىنىش نىسبىتى 72.5%كە يەتتى. ئېنېرگىيە قۇرۇلمىسىنى سىجىل تەڭشەپ، ھاسىلىي ئېنېرگىيەلىك توك چىقىرىش گېنېراتورلىرىنىڭ كۆلىمى تارىخىي يوسۇندا ئوت ئېلېكترىدىن ئېشىپ، پۈتۈن يىللىق توك چىقىرىش مىقدارى 3 تىرىليون كىلوۋات/سائەتكە يېقىنلاشتى.

بەشىنچىدىن، خەلق تۇرمۇشىنى كاپالەتلەندۈرۈشنى كۈچەپ چىڭ تۇتۇپ، ئىجتىمائىي ئىشلارنىڭ تەرەققىياتىنى ئالغا سىلجىتتۇق. كارخانىلارنىڭ ئىش ئورنىنى مۇقىملاشتۇرۇشى ۋە ئىش ئورنىنى كۆپەيتىشىگە مەدەت بېرىش سىياسىتىنى ئوتتۇرىغا قويۇپ، ئالىي مەكتەپنى پۈتكۈزگەنلەر قاتارلىق نۇقتىلىق توپلارنىڭ ئىشقا ئورۇنلىشىشىنى ئىلگىرى سۈرۈش مۇلازىمىتىنى كۈچەيتتۇق.

مەجبۇرىيەت مائارىپى، ياشانغاندا ئاساسىي كۈتۈنۈش، ئاساسىي داۋالاش قاتارلىق مالىيە تولۇقلىمىسى بېرىش سالمىقىنى زورايتىپ، قۇتقۇزۇش-كاپالەتلەندۈرۈش ئوبيېكتلىرىنىڭ دائىرىسىنى كېڭەيتتۇق، يىل ئاخىرىدا مەملىكەت بويىچە ياشانغاندا ئاساسىي كۈتۈنۈش، ئىشسىزلىق، ئىشتا يارىلىنىش سۇغۇرتىسىغا قاتناشتۇرۇلغانلار ئايرىم-ئايرىم ھالدا بىر مىليارد 66 مىليون، 2 مىليارد 44 مىليون ۋە 3 مىليارد 2 مىليون كىشىگە يەتتى. «ياشانغانلار ۋە بالىلار» شەخسىي تاپاۋەت بېجى مەخسۇس تۈرىدىن قوشۇمچە چىقىرىۋېتىش ئۆلچىمىنى ئۆستۈرۈپ، 66 مىليوندىن ئارتۇق باج تاپشۇرغۇچىنى نەپكە ئېرىشتۈردۇق. شەھەر-بازارلاردىكى 53700 كونا مەھەللىنى يېڭىلاش بويىچە يېڭىدىن ئىش باشلاپ، 2 مىليون 130 مىڭ يۈرۈش (ئېغىز) كاپالەتلىك ئىجارە ئۆي قۇرۇلۇشىنى باشلاپ ۋە مەبلەغ غەملەپ، مىليونلىغان ئائىلىگە نەپ يەتكۈزدۇق. خەيخې دەرياسى قاتارلىق ۋادىلاردىكى پەۋقۇلئاددە زور كەلكۈن-ھۆلچىلىك ئاپىتىگە ئۈنۈملۈك تاقابىل تۇردۇق، گەنسۇ ئۆلكىسى جىشىشەندىكى يەر تەۋرەش ئاپىتى قاتارلىقلاردا جىددىي قۇتقۇزۇش-ياردەم بېرىش خىزمىتىنى ياخشى ئىشلەپ، ئاپەتتىن كېيىنكى ئەسلىگە كەلتۈرۈش، قايتا قۇرۇشنى پۇختا ئالغا سىلجىتتۇق. ساياھەت بازىرىنىڭ ئومۇميۈزلۈك ئەسلىگە كېلىشىگە تۈرتكە بولدۇق، دۆلەت ئىچىدە ساياھەتكە چىقىش ئادەم قېتىم سانى، ئاھالىنىڭ ساياھەت خىراجىتى ئايرىم-ئايرىم ھالدا %93.3 ۋە %140.3 ئاشتى. چېڭدۇ ئالىي مەكتەپ ئوقۇغۇچىلىرى تەنھەرىكەت مۇسابىقىسى، خاڭجوۋ ئاسىيا تەنھەرىكەت مۇسابىقىسى ۋە ئاسىيا مېيىپلەر تەنھەرىكەت مۇسابىقىسىنى مۇۋەپپەقىيەتلىك ئۆتكۈزدۇق، دۆلىتىمىزنىڭ تەنتەربىيە ئەزىمەتلىرى باتۇرلۇق بىلەن ئەلا نەتىجە ياراتتى.

ئالتىنچىدىن، ھۆكۈمەت قۇرۇلۇشىنى ئومۇمىيۈزلۈك كۈچەيتىپ، ئىدارە قىلىش ئۈنۈمىنى زور كۈچ بىلەن ئۆستۈردۇق. يولداش شى جىنپىڭ يادرولۇقىدىكى پارتىيە مەركىزىي كومىتېتىنىڭ نوپۇزى ۋە مەركەزلىك بىرتۇتاش رەھبەرلىكىنى قەتئىي قوغداپ، پارتىيە مەركىزىي كومىتېتىنىڭ تەدبىر، ئورۇنلاشتۇرمىلىرىنى ئىزچىللاشتۇرىدىغان ياخشى ئىجراچى، ياخشى ھەرىكەتچى، ياخشى ئەمەلىي ئىشلىگۈچىسى بولدۇق. شى جىنپىڭ يېڭى دەۋر جۇڭگوچە سوتسىيالىزم ئىدىيەسىنى ئۆگىنىش، ئىزچىللاشتۇرۇش باش تېما تەربىيەسىنى چوڭقۇر قانات يايدۇردۇق. سىياسىي قۇرۇلۇشنى ئالدىنقى ئورۇنغا قويۇشتا چىڭ تۇرۇپ، ھۆكۈمەتنىڭ ئۆز مەسئۇلىيىتىنى ئادا قىلىش ئىقتىدارىنى ئومۇمىيۈزلۈك ئۆستۈردۇق. پارتىيە ئىستىلى، پاكلىق قۇرۇلۇشى ۋە چىرىكلىككە قارشى تۇرۇش كۈرىشىنى كۈچەيتىپ، مەركەزنىڭ سەككىز تۈرلۈك بەلگىلىمىسىنىڭ روھىنى قاتتىق ئەمەلىيلەشتۈردۇق. شەھەر-يېزا ئاساسىي قاتلاملىرىنى ئىدارە قىلىشتا يېڭىلىق ياراتتۇق ۋە ئۇنى مۇكەممەللەشتۈردۇق. جەمئىيەت ئامانلىقىنى ھەر تەرەپلىمە تۈزەشنى كۈچەيتىپ، تېلېگراف-تور ئالدامچىلىقى قاتارلىق قانۇنغا خىلاپ جىنايى ھەرىكەتلەرگە ئۈنۈملۈك زەربە بېرىپ، تىنچ جۇڭگو قۇرۇلۇشىدا يېڭى ئىلگىرىلەشلەرنى قولغا كەلتۈردۇق.

ئۆتكەن بىر يىلدا دۆلىتىمىز تەرەققىياتىدا قولغا كەلگەن نەتىجىلەر ئاساسلىقى باش شۇجى شى جىنپىڭنىڭ رول تۇتۇپ يول باشلىغانلىقىنىڭ، شى جىنپىڭ يېڭى دەۋر جۇڭگوچە سوتسىيالىزم ئىدىيەسىنىڭ ئىلمىي يېتەكچىلىك قىلغانلىقىنىڭ، يولداش شى جىنپىڭ يادرولۇقىدىكى پارتىيە مەركىزىي كومىتېتىنىڭ كۈچلۈك رەھبەرلىك قىلغانلىقىنىڭ نەتىجىسى، پۈتۈن پارتىيە، پۈتۈن ئارمىيە،

پۈتۈن مەملىكەتتىكى ھەر مىللەت خەلقىنىڭ ئىتتىپاقلىشىپ كۈرەش قىلغانلىقىنىڭ نەتىجىسى. خەۋپ-خەتەر ۋە خىرىسلارغا تاقابىل تۇرۇش ئەمەلىيىتىدە، بىز يېڭى دەۋردە ئىقتىساد خىزمىتىنى ياخشى ئىشلەش توغرىسىدىكى قانۇنىيەتلىك تونۇشىمىزنى يەنىمۇ چوڭقۇرلاشتۇرۇپ، ئېغىر قىيىنچىلىقلارنى يېڭىشتىكى قىممەتلىك تەجرىبىلەرنى توپلىدۇق، مەركەز ئىقتىساد خىزمىتى يىغىنى بۇلارنى خۇلاسىلىدى. بۇ قانۇنىيەتلىك تونۇشلار شى جىنپىڭ ئىقتىساد ئىدىيەسىنى يەنىمۇ بېيىتتى ۋە راۋاجلاندۇردى، بۇ بىزنىڭ تۈرلۈك خىزمەتلەرنى ياخشى ئىشلىشىمىزدىكى مۇھىم تونۇش ۋە مېتودولوگىيە، بۇنىڭدىن كېيىن يۇقىرى سۈپەتلىك تەرەققىياتقا تۈرتكە بولۇش ئەمەلىيىتىدە ئومۇميۈزلۈك ئىزچىللاشتۇرۇشىمىز كېرەك.

نەتىجىلەرنى مۇئەييەنلەشتۈرۈش بىلەن بىرگە، «دوكلات»تا ئىقتىسادىي، ئىجتىمائىي تەرەققىيات دۇچ كەلگەن قىيىنچىلىق ۋە خىرىسلارمۇ ئوبيېكتىپ كۆرسىتىپ ئۆتۈلدى. خەلقئارادىن قارىغاندا، دۇنيا ئىقتىسادىنىڭ ئېشىش قۇۋۋىتى يېتەرلىك ئەمەس، رايون قىزىق نۇقتا مەسىلىلىرى كۆپ يۈز بېرىۋاتىدۇ، كۆپ مىقدارلىق تاۋارلارنىڭ باھا يۈزلىنىشىدە ئېنىقسىزلىق مەۋجۇت، ئىقتىسادتا دۇنياۋىلىشىشقا قارشى تۇرۇش، كەسىپ زەنجىرى، تەمىنات زەنجىرى رايونلىشىش، پارچىلىنىش تېخىمۇ روشەنلىشىۋاتىدۇ، تاشقى مۇھىتنىڭ مۇرەككەپلىكى، كەسكىنلىكى، ئېنىقسىزلىقى كۈچىيىۋاتىدۇ. دۆلەت ئىچىدىن قارىغاندا، ئىقتىسادنىڭ سىجىل قايتا يۈكسىلىش، ياخشىلىنىش ئاساسى تېخى مۇستەھكەم ئەمەس. ئۈنۈملۈك ئېھتىياج يېتەرلىك ئەمەس، ئىجتىمائىي كۈزلىمە بىرقەدەر ئاجىز، ئاھالىلەر ۋە كارخانىلارنىڭ مەبلەغ سېلىش رايى يېتەرلىك كۈچلۈك ئەمەس؛

قىسمەن ساھەلەردە ئىشلەپچىقىرىش ئىقتىدارى ئۇشۇق بولۇۋاتىدۇ، يېڭىدىن گۈللىنىۋاتقان ساھەلەردە تەكرار قۇرۇش ۋە «ئىچكى خورىتىش شەكلى»دىكى رىقابەت مەۋجۇت؛ بەزى جايلارنىڭ ئاساسىي قاتلام مالىيە كۈچى بىرقەدەر جىددىي بولۇۋاتىدۇ؛ قىسمەن ئوتتۇرا، كىچىك كارخانىلار ۋە يەككە سودا-سانائەتچىلەرنىڭ تىجارىتى قىيىن بولماقتا؛ ئىشقا ئورۇنلىشىش ئومۇمىي مىقدارىنىڭ بېسىمى بىلەن قۇرۇلمىلىق زىددىيەت تەڭ مەۋجۇت؛ خەۋپ-خەتەر يوشۇرۇن ئامىللىرىنىڭ ئالدىنى ئېلىش ۋە ئۇنى تۈگىتىش، دۆلەت ئىچىدىكى چوڭ ئايلىنىشنى راۋانلاشتۇرۇش، پەن-تېخنىكىدا يېڭىلىق يارىتىش ئىقتىدارىنى كۈچەيتىش، نۇقتىلىق ساھەلەردىكى ئىسلاھاتنى ئالغا سىلجىتىش، ئېكولوگىيەلىك مۇھىتنى قوغداش، تۇزەش قاتارلىق جەھەتلەردە يەنە سىجىل تىرىشچانلىق كۆرسىتىشكە توغرا كېلىدۇ. ھۆكۈمەت خىزمىتىدىمۇ يېتەرسىزلىك مەۋجۇت. «دوكلات»تا مۇنداق تەكىتلەندى: بىز چوقۇم مەسىلە ۋە خىرىسلارغا بىۋاستە يۈزلىنىپ، خىزمەتلەرنى پۈتۈن ۋۇجۇدىمىز بىلەن ياخشى ئىشلەيمىز، خەلقنىڭ ئۈمىدى ۋە تاپشۇرۇقىنى ھەرگىز يەردە قويمايمىز!

2. 2024-يىللىق ئىقتىسادىي، ئىجتىمائىي تەرەققىياتنىڭ ئومۇمىي تەلپى ۋە سىياسەت يۆنىلىشىنى توغرا ئىگىلەپ، ياخشى تەرەققىيات مۇھىتىنى تىرىشىپ يارىتىش كېرەك

بۇ يىل جۇڭخۇا خەلق جۇمھۇرىيىتى قۇرۇلغانلىقىنىڭ 75

يىللىقى، 14ـبەش يىللىـق يىرىك پىلاندىكى نىشان ـ ۋەزىپىلەرنى ئىشقا ئاشۇرۇشتىكى ئاچقۇچلۇق يىل. ھۆكۈمەت خىزمىتىنى ياخشى ئىشلەش ئۈچۈن، يولداش شى جىنپىڭ يادرولۇقىدىكى پارتىيە مەركىزىي كومىتېتىنىڭ كۈچلۈك رەھبەرلىكىدە، شى جىنپىڭ يېڭى دەۋر جوڭگوچە سوتسىيالىزم ئىدىيەسىنى يېتەكچى قىلىپ، پارتىيە 20ـقۇرۇلتىيى ۋە 20ـنۆۋەتلىك مەركىزىي كومىتېت 2ـئومۇمىي يىغىنىنىڭ روھىنى ئومۇمىيۈزلۈك ئىزچىللاشتۇرۇپ ۋە ئەمەلىيلەشتۇرۇپ، مەركەز ئىقتىساد خىزمىتى يىغىنىنىڭ ئورۇنلاشتۇرمىسى بويىچە، مۇقىملىق ئاساسىدا ئىلگىرىلەش خىزمەت باش رېتىمىدا چىڭ تۇرۇپ، يېڭى تەرەققىيات ئىدىيەسىنى تولۇق، دەل جايىدا، ئومۇمىيۈزلۈك ئىزچىللاشتۇرۇپ، يېڭى تەرەققىيات ئەندىزىسىنى تېز بەرپا قىلىپ، يۇقىرى سۈپەتلىك تەرەققىياتقا كۈچەپ تۈرتكە بولۇپ، ئىسلاھات ـ ئىچكۈيۈپتىشنى ئومۇمىيۈزلۈك چوڭقۇرلاشتۇرۇپ، پەن ـ تېخنىكىدا يۇقىرى سەۋىيەدە ئۆزىگە تايىنىش، ئۆزىنى قۇدرەت تاپتۇرۇشقا تۈرتكە بولۇپ، ماكرولۇق تەڭشەش ـ تىزگىنلەش سالمىقىنى ئاشۇرۇپ، ئىچكى ئېھتىياجنى ئاشۇرۇش بىلەن تەمىنات تەرىپىلىك قۇرۇلمىلىق ئىسلاھاتنى چوڭقۇرلاشتۇرۇشنى بىرتۇتاش پىلانلاپ، يېڭىچە شەھەر ـ بازار لاشتۇرۇش بىلەن يېزا ـ كەنتلەرنى ئومۇمىيۈزلۈك گۈللەندۈرۈشنى بىرتۇتاش پىلانلاپ، يۇقىرى سۈپەتلىك تەرەققىيات بىلەن يۇقىرى سەۋىيەلىك خەۋپسىزلەكنى بىرتۇتاش پىلانلاپ، ئىقتىسادنىڭ ھاياتىي كۈچىنى ھەققىقى ئاشۇرۇپ، خەۋپ ـ خەتەرنىڭ ئالدىنى ئېلىپ ۋە ئۈنى تۆگىتىپ، ئىجتىمائىي كۆزلىمىنى ياخشىلاپ، ئىقتىسادنىڭ قايتا يۇكسىلىپ ياخشىلىنىش ۋەزىيىتىنى مۇستەھكەملەپ ۋە كۈچەيتىپ، ئىقتىسادتا سۈپەتنى ئۈنۈملۈك ئۆستۈرۈش بىلەن مىقدارنى مۇۋاپىق

ئاشۇرۇشقا سىجىل تۈرتكە بولۇپ، خەلقنىڭ بەخت-سائادىتىنى ئاشۇرۇپ، جەمئىيەت مۇقىملىقىنى ساقلاپ، جۇڭگوچە زامانىۋىلاشتۇرۇش ئارقىلىق كۈچلۈك دۆلەت قۇرۇش، مىللەتنى گۈللەندۈرۈش ئۇلۇغ ئىشىنى ئومۇميۈزلۈك ئالغا سىلجىتىشىمىز كېرەك.

ئىچكى-تاشقى ۋەزىيەتكە توغرا تەتقىق قىلىپ ھۆكۈم چىقىرىش — تەرەققىيات نىشانى ۋە ماكرو سىياسەت يۈزلىنىشىنى توغرا بېكىتىش، نۇقتىلىق خىزمەت ۋەزىپىسىنى ئايدىڭلاشتۇرۇشنىڭ ئاساسى. «دوكلات»تا مۇنداق كۆرسىتىلدى: «ئۇنىۋېرسال تەھلىل ۋە تەتقىق قىلىپ شۇنداق ھۆكۈم چىقىرىشقا بولىدۇكى، بۇ يىل دۆلىتىمىزنىڭ تەرەققىياتى يەنىلا ئىستراتېگىيەلىك پۇرسەت بىلەن خەۋپ-خەتەر، خىرىس تەڭ مەۋجۇت بولۇپ تۇرىدىغان مۇھىتقا دۇچ كېلىدۇ، پايدىلىق شارائىت پايدىسىز ئامىلدىن كۈچلۈك بولىدۇ». بۇ شى جىنپىڭ يېڭى دەۋر جۇڭگوچە سوتسىيالىزم ئىدىيەسىنى تەتبىقلاشتا چىڭ تۇرىدىغان دۇنيا قاراش ۋە مېتودولوگىيە بولۇپ، دۆلىتىمىز تەرەققىياتى دۇچ كەلگەن ئاساسىي زىددىيەت بىلەن زىددىيەتنىڭ ئاساسىي تەرىپىنى چوڭقۇر تەھلىل قىلىپ، ئىچكى-تاشقى ۋەزىيەتتىكى «ئۆزگەرمەس» ئامىل بىلەن «ئۆزگىرىش» ئامىلى، باسقۇچلۇق ئامىل بىلەن يۈزلىنىشچان ئامىل، ئېنىقلىق ئامىلى بىلەن ئېنىقسىزلىق ئامىلى، ئاكتىپ ئامىل بىلەن پاسسىپ ئامىل قاتارلىقلارنى بىرتۇتاش ئويلىشىپ چىقىرىلغان ئىلمىي ھۆكۈم. بۈگۈنكى دۇنيادا ئۆزگىرىش بىلەن قالايمىقانچىلىق گىرەلىشىپ، دۇنيادا 100 يىلدىمۇ كۆرۈلۈپ باقمىغان ئۆزگىرىش ھەر تەرەپلىمە، چوڭقۇر قاتلامدا تېز راۋاجلىنىۋاتىدۇ. لېكىن، تىنچلىق بىلەن تەرەققىيات يەنىلا دەۋرنىڭ باش تېمىسى بولۇۋاتىدۇ،

يېڭى بىر نۆۋەتلىك پەن-تېخنىكا ئىنقىلابى ۋە كەسىپ ئۆزگىرىشى تېز راۋاجلىنىپ، يېشىل تەرەققىيات ئىشلەپچىقىرىش ۋە ئىستېمالنىڭ تېزلىكتە تىپ ئۆزگەرتىشىگە تۈرتكە بولۇۋاتىدۇ، دۇنيا ئىقتىسادىنىڭ ئەسلىگە كېلىش يۈزلىنىشى توختاۋسىز داۋاملىشىۋاتىدۇ. بۇ يىل دۆلىتىمىزنىڭ ئىقتىسادىي تەرەققىياتى ھەقىقەتەن نۇرغۇن قىيىنچىلىق ۋە خىرىسقا دۇچ كەلدى، بۇنىڭغا توغرا قاراش ھەمدە كۈچلۈك ۋە ئۈنۈملۈك تەدبىرلەرنى قوللىنىپ ھەل قىلىش شەرت. لېكىن شۇنىمۇ كۆرۈش كېرەككى، بۇ قىيىنچىلىق ۋە خىرىسلار يېقىنقى يىللاردىن بۇيان ئىزچىل مەۋجۇت، بۇلتۇر تىرىشىش ئارقىلىق ئومۇمىي جەھەتتىن يېڭىلدى، يۈزلىنىشمۇ ياخشى بولدى، ئەڭ بولمىدى دېگەندىمۇ يامانلاشمىدى. ئۇزاقتىن بۇيان دۆلىتىمىز ئىقتىسادىنىڭ سىجىل تەرەققىياتىغا تىرەك بولۇپ تۇرۇۋاتقان ئاساسىي ھەرىكەتلەندۈرگۈچ ئامىللار، روشەن ئەۋزەللىكلەر داۋاملىق ساقلاندى، يەنە كېلىپ نۇرغۇن جەھەتلەردە ئۈزلۈكسىز كۈچىيىۋاتىدۇ، تەرەققىياتنىڭ يېڭى قۇۋۋىتى تېزلىكتە زورىيىۋاتىدۇ. ئومۇملاشتۇرۇپ قارىغاندا، بۇ يىل دۆلىتىمىزنىڭ تەرەققىياتىغا پايدىلىق شارائىت كۆپىيىپ، ئىقتىسادنىڭ قايتا يۈكسىلىپ ياخشىلىنىش، ئۇزاققىچە ياخشىلىنىشتەك ئاساسىي يۈزلىنىشى ئۆزگەرگىنى يوق ھەم ئۆزگەرمەيدۇ. «دوكلات»تا مۇنداق تەكىتلەندى: بىز پارتىيە مەركىزىي كومىتېتىنىڭ تەدبىر-ئورۇنلاشتۇرمىلىرىنى ئىزچىللاشتۇرۇپ ۋە ئەمەلىيلەشتۈرۈپ، پايدىلىق پۇرسەتلەرنى چىڭ تۇتۇپ، پايدىلىق شارائىتلاردىن ياخشى پايدىلىنىپ، ھەرقايسى تەرەپلەرنىڭ ئىش قىلىپ نەتىجە يارىتىش ئاكتىپلىقىنى تولۇق قوزغايدىغانلا بولساق، چوقۇم قىيىنچىلىق ۋە خىرىسنى يېڭىپ، ئىقتىسادنىڭ سىجىل ياخشىلىنىپ، ئۇزاققىچە مۇقىم

راۋاجلىنىشىغا تۆرتكە بولالايمىز.

پارتىيە مەركىزىي كومىتېتىنىڭ تەدبىر-ئورۇنلاشتۇرمىلىرى بويىچە، ئىچكى-تاشقى ۋەزىيەت ۋە ھەرقايسى جەھەتتىكى ئامىللارنى ئۇنىۋېرسال كۆزدە تۇتقان، ئېھتىياج بىلەن ئىمكانىيەتكە تەڭ ئېتىبار بەرگەن ئاساستا، «دوكلات»تا بۇ يىللىق ئىقتىسادىي، ئىجتىمائىي تەرەققىياتنىڭ ئاساسلىق كۆزلىمە نىشانى ۋە سىياسەت يۆزلىنىشى ئوتتۇرىغا قويۇلدى.

بۇ يىللىق تەرەققىياتنىڭ ئاساسلىق كۆزلىمە نىشانى: ئىچكى ئىشلەپچىقىرىش ئومۇمىي قىممىتىنى %5 ئەتراپىدا ئاشۇرۇش؛ شەھەر-بازارلاردا يېڭىدىن 12 مىليوندىن ئارتۇق ئادەمنى ئىشقا ئورۇنلاشتۇرۇش، شەھەر-بازارلاردا ئېنىقلانغان ئىشسىزلىق نىسبىتى %5.5 ئەتراپىدا بولۇش؛ ئاھالە ئىستېمال باھاسىنىڭ ئۆرلەش نىسبىتى %3 ئەتراپىدا بولۇش؛ ئاھالىنىڭ كىرىمىنى ئىقتىسادنىڭ ئېشىشى بىلەن ماس قەدەمدە ئاشۇرۇش؛ خەلقئارا كىرىم-چىقىمنىڭ ئاساسىي تەكشۈكلۈكىنى ساقلاش؛ ئاشلىق ھوسۇلىنى 1 تىرىليون 300 مىليارد جىڭدىن ئاشۇرۇش؛ بىرلىك ئىچكى ئىشلەپچىقىرىش ئومۇمىي قىممىتىنىڭ ئېنېرگىيە سەرپىياتىنى %2.5 ئەتراپىدا تۆۋەنلىتىپ، ئېكولوگىيەلىك مۇھىت سۈپىتىنى سجىل ياخشىلاش.

بۇ يىللىق تەرەققىياتنىڭ ئاساسلىق كۆزلىمە نىشانىنى ئۆتكەن يىلقى بىلەن سېلىشتۇرغاندا، ئومۇمىي جەھەتتىن مۇقىم ھالەتنى ساقلىدۇق، شۇنىڭ بىلەن بىر ۋاقىتتا، ئىچكى-تاشقى ۋەزىيەتنىڭ ئۆزگىرىشى ۋە يۇقىرى سۈپەتلىك تەرەققىياتقا تۆرتكە بولۇش ئېھتىياجىغا ئاساسلانغاندا، ئىشقا ئورۇنلاشتۇرۇش، ئاھالە كىرىمى، ئېنېرگىيە سەرپىياتى قاتارلىق كۆرسەتكۈچلەرگىمۇ يېڭى تەلەپلەرنى قويدۇق. ئىچكى ئىشلەپچىقىرىش ئومۇمىي قىممىتىنىڭ ئېشىش

سۈرئىتى، مال باھاسى قاتارلىق كۆرسەتكۈچلەر ئۆتكەن يىلقى بىلەن بىردەك بولسىمۇ، ئەمما يېڭى مەزمۇن ۋە تەلەپلەرمۇ بار.

(1) ئىقتىسادنىڭ ئېشىش سۈرئىتى نىشانى توغرىسىدا. ئىقتىسادنىڭ ئېشىش سۈرئىتى كۆزلىمە نىشانىنى ئۇللۇق، ئۇنىۋېرسال كۆرسەتكۈچ قىلىشقا ھەرقايسى تەرەپلەر ئۇزاقتىن بېرى خېلى دىققەت قىلىپ كېلىۋاتىدۇ. بۇ يىل ئىقتىسادنىڭ ئېشىش كۆزلىمە نىشانىنى 5% ئەتراپىدا قىلىپ بېكىتىشتە، ھازىرقى ۋە كەلگۈسى ئېھتىياجىنى بىرتۇتاش كۆزدە تۇتتۇق. بىرىنچىدىن، ئىشقا ئورۇنلىشىش-كىرىمنى ئاشۇرۇشنى ئىلگىرى سۈرۈش، خەۋپ-خەتەرنىڭ ئالدىنى ئېلىش ۋە ئۇنى تۈگىتىش قاتارلىق ئېھتىياجىنى كۆزدە تۇتتۇق. بەلگىلىك ئىقتىسادىي ئېشىش، ئىشقا ئورۇنلاشتۇرۇپ كىرىمنى ئاشۇرۇش، قۇرۇلمىنى ئەلالاشتۇرۇش، خەۋپ-خەتەرنىڭ ئالدىنى ئېلىش ۋە ئۇنى تۈگىتىش بولمايدىكەن، تىرەك ئاجىز بولۇپ قالىدۇ. ھازىرقى ئىشقا ئورۇنلىشىش بىلەن ئىقتىسادىي ئېشىشنىڭ باغلىنىشچانلىقىغا ئاساسلانغاندا، بۇ يىللىق ئىشقا ئورۇنلاشتۇرۇش نىشانىنى ئەمەلگە ئاشۇرۇش ئۈچۈن، ئىقتىسادنىڭ ئېشىش سۈرئىتىنى 5% ئەتراپىدا ساقلاشقا توغرا كېلىدۇ. ئىككىنچىدىن، زامانىۋىلاشتۇرۇشنى ئاساسىي جەھەتتىن ئىشقا ئاشۇرۇش ئېھتىياجىنى كۆزدە تۇتتۇق. 2035-يىلىغىچە زامانىۋىلاشتۇرۇشنى ئاساسىي جەھەتتىن ئەمەلگە ئاشۇرۇش، ئوتتۇرا ھال تەرەققىي تاپقان دۆلەتلەرنىڭ سەۋىيەسىگە يېتىشكە 12 يىللا ۋاقىت قالدى، تەرەققىيات ۋەزىپىسى ناھايىتى ئېغىر، شۇڭا كەلگۈسى بىر مەزگىلدە ئىقتىسادنىڭ ئېشىش سۈرئىتىنى 5% ئەتراپىدا ساقلاشقا توغرا كېلىدۇ. ئۈچىنچىدىن، كۆزلىمىنى مۇقىملاشتۇرۇش، ئىشەنچنى ئۇرغۇتۇش، كۈچنى مۇجەسسەملەش ئېھتىياجىنى كۆزدە تۇتتۇق. بازار ئىگىلىكى شارائىتىدا، ئىجتىمائىي كۆزلىمە ئۆزىنى

كۈچلەندۈرۈش، ئۆزىنى ۋۇجۇدقا چىقىرىشتىن ئىبارەت ئالاھىدىلىك ۋە ئىچكى مېخانىزمغا ئىگە. ئىقتىسادنى ئاشۇرۇش نىشانىنىڭ كۆزلىمىنى ناھايىتى كۈچلۈك يېتەكلەش رولى بار، بەك يۇقىرى بېكىتىۋېتىلسە، ئىشقا ئاشۇرۇش تەسلىشىپ ئاقماي قالىدۇ، تۆۋەنرەك بېكىتىلىپ قالسا، ئىجتىمائىي كۆزلىمىنىڭ ئاجىزلىشىشىنىمۇ كەلتۈرۈپ چىقىرىدۇ. بۇ يىللىق ئاشۇرۇشنىڭ كۆزلىمە نىشانىنى 5% ئەتراپىدا بېكىتىشتە، يىللىق كۆزلىمە نىشانىنىڭ ئىزچىللىقى ۋە مۇقىملىقىنى ساقلىدۇق، بۇ جەمئىيەتتىكى ھەرقايسى تەرەپلەرنىڭ ئارزۇسى بىلەن ماس كەلدى، شۇڭا بىرقەدەر مۇۋاپىق. شۇنىڭ بىلەن بىر ۋاقىتتا، بۇ نىشانىنى بېكىتىشتە ئىمكانىيەتنىمۇ، جۈملىدىن بۇلتۇردىن بۇيانقى ئىقتىسادنىڭ ئېشىش ۋەزىيىتى، يوشۇرۇن ئىقتىسادىي ئېشىش ۋە تىرەك شارائىتى قاتارلىقلارنى تولۇق كۆزدە تۇتتۇق. بۇلتۇر كۆپ قاتلاملىق قىيىنچىلىق ۋە خىرىس گىرەلىشىپ كەتكەن شارائىتتا، ئىقتىسادنىڭ ئېشىشى 5.2% كە يەتتى، بۇ يىل دۆلىتىمىز تەرەققىياتىنىڭ «پايدىلىق شارائىتى پايدىسىز شارائىتتىن كۈچلۈك»، 5% ئەتراپىدىكى ئېشىشنى ئىشقا ئاشۇرۇش تامامەن مۇمكىن. ئەلۋەتتە، بۇ نىشانىنى ئىشقا ئاشۇرۇش ئاسانغا توختىمايدۇ، سىياسەتلەردە نىشانلىق كۈچەشكە، خىزمەتتە ھەسسىلەپ تىرىشىشقا، ھەرقايسى تەرەپلەر بىر نىيەتتە ھەمكارلىشىشقا توغرا كېلىدۇ.

(2) ئىشقا ئورۇنلاشتۇرۇش نىشانى توغرىسىدا. ئىشقا ئورۇنلىشىش ئەڭ ئاساسىي خەلق تۇرمۇشى. بۇ يىل ئىشقا ئورۇنلىشىش بېسىمى زورىيىدۇ، شەھەر-بازارلاردا ئىشقا ئورۇنلىشىدىغان يېڭىدىن يېتىلگەن ئەمگەك كۈچى تەخمىنەن 17 مىليونغا يېتىدۇ، بۇنىڭ ئىچىدە ئالىي مەكتەپنى پۈتكۈزگەنلەر 11 مىليون 790 مىڭ بولۇپ، تارىختىكى يېڭى پەللىگە يېتىدۇ. بۇ يىل ئىشقا ئورۇنلاشتۇرۇش نىشانىنى «شەھەر-بازارلاردا يېڭىدىن 12 مىليوندىن ئارتۇق ئادەمنى ئىشقا

ئورۇنلاشتۇرۇش» دەپ بېكىتتۇق، بۇنى بولتۇرقى «شەھەر-بازارلاردا يېڭىدىن تەخمىنەن 12 مىليون ئادەمنى ئىشقا ئورۇنلاشتۇرۇش»قا سېلىشتۇرغاندا، تەلەپ تېخىمۇ يۇقىرى. بۇ ئىشقا ئورۇنلاشتۇرۇشنى ئالدىنقى ئورۇنغا قويۇشتىن ئىبارەت سىياسەت يۆنىلىشىنى نامايان قىلىپ بېرىدۇ، شۇنداقلا پارتىيە ۋە ھۆكۈمەتنىڭ ئىشقا مۇقىم ئورۇنلاشتۇرۇش خىزمىتىنى يەنىمۇ كۈچەيتىش سالمىقى ۋە ئىرادىسىنى نامايان قىلىپ بېرىدۇ.

(3) ئاھالىنىڭ كىرىمىنى ئاشۇرۇش نىشانى توغرىسىدا. بۇ نىشان ئاھالىلەرنىڭ تۇرمۇشىنى ياخشىلاش ۋە ئىچكى ئېھتىياجنى كېڭەيتىش بىلەن بىۋاستە مۇناسىۋەتلىك. پارتىيە 18-قۇرۇلتىيىدىن بۇيان، ئىقتىسادنىڭ تەرەققىي قىلىشىغا ئەگىشىپ، ئاھالىلەرنىڭ كىرىمى بىرقەدەر تېز ئېشىش ھالىتىنى ساقلىدى، 2023-يىلى 2012-يىلىغا قارىغاندا %94.4 ئەمەلىي ئاشتى، يىللىق ئوتتۇرىچە ئېشىش سۈرئىتى ئىقتىسادنىڭ ئېشىشىدىن تېز بولدى. لېكىن، ھازىر ئاھالە كىرىمىنىڭ يۇقىرىلار كىرىمى تەقسىماتىدىكى سالمىقى، ئەمگەك ھەققىنىڭ تۇنجى تەقسىماتتىكى سالمىقى يەنىلا بىرقەدەر تۆۋەن بولۇۋاتىدۇ، بۇمۇ ئاھالىلەرنىڭ ئىستېمال ئىقتىدارى ۋە رايىغا تەسىر كۆرسىتىۋاتقان مۇھىم ئامىل. بۇ يىللىق ئاھالە كىرىمىنى ئاشۇرۇش نىشانى بولغان «ئاھالىنىڭ كىرىمىنى ئىقتىسادنىڭ ئېشىشى بىلەن ماس قەدەمدە ئاشۇرۇش»نى ئالدىنقى يىللاردا ئىزچىل دەپ كېلىۋاتقان «ئىقتىسادنىڭ ئېشىشى بىلەن ئاساسەن ماس قەدەمدە ئاشۇرۇش» بىلەن سېلىشتۇرغاندا، «ئاساسەن» دېگەن سۆزنى چىقىرىپ تاشلىدۇق. بۇنىڭدا پارتىيە 20-قۇرۇلتىيىنىڭ دوكلاتىدىكى «تەقسىمات تۈزۈمىنى مۇكەممەللەشتۈرۈش» توغرىسىدىكى ئالاقىدار تەلەپلەر ئىزچىللاشتۇرۇلۇپ، خەلق تۇرمۇشىنى كۈچەپ ياخشىلاشتىن ئىبارەت روشەن يۆنىلىش نامايان قىلىندى، بۇ ھەم

ئىستېمال كۆزلىمىسىنى يېتەكلەش، ئىچكى ئېھتىياجنىڭ يوشۇرۇن كۈچىنى ئۇرغۇتۇشقا پايدىلىق. ئىقتىسادنىڭ سىجىل قايتا يۈكسىلىپ ياخشىلىنىشى ۋە كىرىمنى ئاشۇرۇشنى ئىلگىرى سۈرۈش سىياسەت سالمىقىنىڭ زورىيىشىغا ئەگىشىپ، بۇ يىل ئاھالىلەرنىڭ كىرىمى يەنە داۋاملىق مۇقىم ئاشىدۇ.

(4) مال باھا نىشانى توغرىسىدا. باھا سەۋىيەسى ماكرو ئىقتىسادنىڭ تېرمومېتىرى. خەلقئارا ۋە دۆلەت ئىچىدىكى ئەمەلىيەت شۇنى ئىسپاتلىدىكى، مال باھاسى زىيادە يۇقىرى ياكى زىيادە تۆۋەن بولۇپ كېتىش ياخشى ئىش ئەمەس، بۇ ئىقتىسادنىڭ سىجىل تەرەققىياتى ۋە خەلق تۇرمۇشىنىڭ ياخشىلىنىشىغا تەسىر كۆرسىتىپلا قالماستىن، يەنە خەۋپ-خەتەرنى جۇغلايدۇ ياكى كەلتۈرۈپ چىقىرىدۇ. مال باھاسى زىيادە ئۆسۈش، پۇل پاخاللىقى كېلىپ چىقىشنىڭ زىيىنىنى كۆرۈۋېلىش تەس ئەمەس، كىشىلەرمۇ بۇنى بىۋاستىرەك ھېس قىلالايدۇ، لېكىن مال باھاسى سىجىل تۆۋەنرەك بولسا ئومۇمىي ئېھتىياج تۆۋەنلەيدۇ، قەرز خەۋپ-خەتىرى ئېغىرلىشىدۇ، بۇ ئىقتىسادنى ئاشۇرۇش، ئاھالە كىرىمىنى ئاشۇرۇشقا تېخىمۇ زور زىيان يەتكۈزىدۇ، بۇنى ھەل قىلىش تېخىمۇ قىيىنغا توختايدۇ. بۇلتۇر دۆلىتىمىزنىڭ ئاھالە ئىستېمال باھاسى 0.2% ئېشىۋىدى، بەزىلەر «پۇل قىسلىقى» كۆرۈلدى دەپ قارىدى، بۇ ئەمەلىيەتكە ئۇيغۇن ئەمەس، شۇنداقتىمۇ پۇل قىسلىقى خەۋپ-خەتىرىنىڭ ھەققەتەن ئالدىنى ئېلىشقا توغرا كېلىدۇ. بۇ يىل ئاھالە ئىستېمال باھاسىنىڭ ئۆرلەش نىشانىنى 3% ئەتراپىدا بېكىتىش مۆتىدىل، مۇۋاپىق سەۋىيەگە تەۋە بولۇپ، مال باھاسىنىڭ تۇراقلىشىپ ئەسلىگە كېلىشتەك ئومۇمىي يۈزلىنىشكە ئۇيغۇن، بۇنىڭدىكى مەقسەت مال باھاسىنىڭ مۇقىم ئەسلىگە كېلىشىگە پائال تۈرتكە بولۇشتىن ئىبارەت سىياسەت سىگنالى تارقىتىپ، بازار

كۆزلىمىسىنى يېتەكلەش ھەمدە ماكرولۇق تەڭشەش-تىزگىنلەش سالمىقىنى ئاشۇرۇش ۋە باھا ئىسلاھاتىنى چوڭقۇرلاشتۇرۇشقا بەلگىلىك ئىمكانىيەت قالدۇرۇشتۇر.

(5) ئېنېرگىيە سەرپىياتىنىڭ سىجىللىق نىشانى توغرىسىدا. بۇلتۇر بىرلىك ئىچكى ئىشلەپچىقىرىش ئومۇمىي قىممىتىنىڭ ئېنېرگىيە سەرپىياتىغا قارىتا «داۋاملىق تۆۋەنلىتىش»تىن ئىبارەت بېكىتىلگەن تەلەپ قويۇلغانىدى، ئەمەلىي نەتىجىسى بولسا ئالدىنقى يىلىدىكىگە قارىغاندا 0.5% تۆۋەنلىگەن. بۇ يىل «ئېنېرگىيە سەرپىياتىنى 2.5% ئەتراپىدا تۆۋەنلىتىش»تىن ئىبارەت مىقدارلاشتۇرۇلغان نىشانى ئوتتۇرىغا قويۇشتا، ئىقتىسادىي، ئىجتىمائىي تەرەققىياتتا ئېنېرگىيە ئىشلىتىش ۋە يېشىل، تۆۋەن كاربونلۇق تىپ ئۆزگەرتىش ئېھتىياجىنى ئومۇميۈزلۈك ئويلاشتۇق، يەنە ئېنېرگىيە سەرپىياتى تۆۋەنرەك بولغان مۇلازىمەتچىلىكنى نورمال تەرەققىياتقا قايتۇرۇپ كېلىش ۋە ھاسىلىي ئېنېرگىيەنى ئورنىغا دەسسىتىش ۋە كېڭەيتىش قاتارلىق تىرەك شارائىتلىرىنىمۇ ئويلاشتۇق، بۇ ئاكتىپ ھەم ئىشەنچلىك، تىرىشىش ئارقىلىق ئورۇنلىغىلى بولىدىغان ئىش.

بۇ يىللىق تەرەققىيات نىشانىنى ئەمەلگە ئاشۇرۇشتا، مۇقىملىق ئاساسىدا ئىلگىرىلەش، ئىلگىرىلەش ئارقىلىق مۇقىملىقنى ئىلگىرى سۈرۈش، ئاۋۋال ئورنىتىپ، ئاندىن بىكار قىلىشتا چىڭ تۇرۇشىمىز كېرەك. بۇ پارتىيە مەركىزىي كومىتېتى بېكىتكەن مۇھىم پرىنسىپ بولۇپ، ناھايىتى كۈچلۈك يېتەكچىلىككە ۋە قاراتمىلىققا ئىگە. بىز چوڭقۇر ئۆگىنىپ ۋە ئۆزلەشتۈرۈپ، مۇقىملىق بىلەن ئىلگىرىلەش، ئورنىتىش بىلەن بىكار قىلىشنىڭ مۇناسىۋىتىنى توغرا ئىگىلىشىمىز ۋە بىر تەرەپ قىلىشىمىز كېرەك. مۇقىملىق — ئومۇمىيەت ۋە ئاساس. ھازىرقى ئۆلۈملۈك ئېھتىياج يېتەرسىز، ئىجتىمائىي كۆزلىمە،

بولۇپمۇ يۇقىراۋى كارخانىلارنىڭ كۆزلىمىسى ئاجىزراق بولۇۋاتقان ئەھۋالدا، تۈرلۈك سىياسەت ۋە خىزمەتلەرنىڭ ھەممىسىدە مۇقىملىقنى كۆزدە تۇتۇش كېرەك. ھەرقايسى جايلار، تارماقلار كۆزلىمىنى مۇقىملاشتۇرۇشقا، مۇقىم ئاشۇرۇشقا، ئىشقا ئورۇنلىششىنى مۇقىملاشتۇرۇشقا پايدىلىق سىياسەتلەرنى كۆپرەك چىقىرىشى، قىسىش خاراكتېرلىك، تىزگىنلەش خاراكتېرلىك تەدبىرلەرنى ئوتتۇرىغا قويۇشتا ئېھتىياتچان بولۇشى، يۇقىرى سۈپەتلىك تەرەققىياتقا زىت سىياسەت، بەلگىلىمىلەرنى ئېنىقلاپ چىقىشى ۋە بىكار قىلىشى كېرەك. ئىقتىسادىي تەرەققىيات خۇددى ئېقىمغا قارشى كېمە ھەيدىگەنگە ئوخشايدۇ، ئىلگىرىلىمىسە چېكىنىپ كېتىدىغان گەپ، شۇڭا ئىلگىرىلەشنى يۆنىلىش ۋە ھەرىكەتلەندۈرگۈچ كۈچ قىلىپ، ئىلگىرىلەش ئارقىلىق مۇقىملىقنى ئىلگىرى سۈرۈپ، ئۇسۇلنى ئۆزگەرتىش، قۇرۇلمىنى تەڭشەش، سۈپەتنى ئۆستۈرۈش، ئۈنۈمنى ئاشۇرۇش جەھەتتە پائال ئىلگىرىلەپ، تەرەققىياتنىڭ ئىچكى ھەرىكەتلەندۈرگۈچ كۈچى ۋە ھاياتىي كۈچىنى ئۇرغۇتۇش ۋە كۈچەيتىش كېرەك. نۆۋەتتە، دۆلىتىمىزنىڭ تەرەققىياتى كونا-يېڭى قۇۋۋەت ئالمىشىدىغان ئاچقۇچلۇق مەزگىلدە تۇرۇۋاتىدۇ، شۇڭا ئاۋۋال ئورنىتىپ، ئاندىن بىكار قىلىش شەرت، ئورناتماي تۇرۇپ بىكار قىلىشقا بولمايدۇ، ئۇنداق بولمىغاندا بوش قېلىش، ئۈزۈلۈپ قېلىش ئەھۋالى كۆرۈلۈپ، ئىقتىسادىي، ئىجتىمائىي تەرەققىياتنىڭ ئومۇمىيىتىگە تەسىر كۆرسىتىدۇ. ئورنىتىشقا تېگىشلىكلىرىنى ئاكتىپ، تەشەببۇسكارلىق بىلەن ئورنىتىپ، بىكار قىلىشقا تېگىشلىكلىرىنى ئورنىتىش ئاساسىدا قەتئىي بىكار قىلىپ، مۇقىملىق ئاساسىدا ياخشىلىنىش ئاساسىنى مۇستەھكەملەش كېرەك. باش شۇجى شى جىنپىڭ چوڭقۇر مەنىلىك قىلىپ مۇنداق كۆرسەتتى: يېڭى ۋەزىيەتتىكى تەرەققىياتتا يېڭى ئاياغ كىيىپ كونا يولدا

مېڭىشقا، قۇرۇق داغدۇغا پەيدا قىلىدىغان يېرىك تەرەققىيات يولىدا مېڭىشقا بولمايدۇ. دۆلىتىمىزنىڭ ئۇزاقتىن بۇيانقى ئاساسلىقى سىلىنما، ئېكسپورتقا تايىنىپ ئىقتىسادنى ئاشۇرۇش ئۇسۇلىنى داۋاملاشتۇرۇش تەسكە توختايدۇ، يېڭى تەرەققىيات ئەندىزىسىنى بەرپا قىلىش تەلىپى بويىچە، ئىچكى ئېھتىياجنى كېڭەيتىش ۋە تەمىنات تەرەپلىك قۇرۇلمىلىق ئىسلاھاتنى چوڭقۇرلاشتۇرۇشنى بىرتۇتاش پىلانلاپ، ئاساسلىقى ئىستېمال، پەن-تېخنىكىدا يېڭىلىق يارىتىش ئارقىلىق ئىقتىسادنىڭ ئېشىشىغا تۈرتكە بولۇشتىن ئىبارەت يېڭى ئۇسۇلغا تايىنىپ، «سېلىنمىلىق جەمئىيەت»، «ئىشلەپچىقىرىش جەمئىيىتى»دىن «ئىستېمال جەمئىيىتى»گە ئۆزگىرىشكە تەدرىجىي تۈرتكە بولۇش كېرەك. ماكرو سىياسەت يۆزلىنىشىنىمۇ مۇناسىپ ئۆزگەرتىپ، ئىستېمالنى قوزغىتىش ئارقىلىق ئىچكى ئېھتىياجنى كېڭەيتىشكە تۈرتكە بولۇش، يېڭى قۇۋۋەتنى يېتىلدۈرۈش ۋە زورايتىش ئارقىلىق قۇرۇلمىنى تەڭشەشنى ئىلگىرى سۈرۈش، ئېغىر خەۋپ-خەتەرنىڭ ئالدىنى ئېلىش ۋە ئۇنى تۈگىتىش ئارقىلىق تۆۋەن چەكنى چىڭ ساقلاش كېرەك. بۇ يىل ماكرو سىياسەتنى تەتۈر دەۋرىيلىك تەڭشەش ۋە ھالقىما دەۋرىيلىك تەڭشەشنى كۈچەيتىپ، ئاكتىپ مالىيە سىياسىتى ۋە پۇختا پۇل سىياسىتىنى داۋاملىق يولغا قويۇپ، سىياسەت قورالىدا يېڭىلىق يارىتىشنى، ئۇنىڭ ماسلاشتۇرۇش-ماسلىشىشىنى كۈچەيتىش كېرەك.

ئاكتىپ مالىيە سىياسىتىدە سالماقنى مۇۋاپىق ئاشۇرۇش، سۈپەتنى ئۆستۈرۈش، ئۈنۈمنى ئۆستۈرۈش كېرەك. ئاكتىپ مالىيە سىياسىتىدە ئوخشاش بولمىغان يىللاردىكى ئەھۋالغا ئاساسەن، سىياسەت سالمىقىنى ئۈنۈملۈك سالماقلاشتۇرۇپ، سىياسەت قورالىنى مۇۋاپىق ماسلاشتۇرۇپ ئەڭ ياخشى ئۈنۈم ھاسىل قىلىش كېرەك. بۇ يىل تەرەققىيات ئېھتىياجى ۋە مالىيەنىڭ ئىمكانىيەتلىك سىجىللىقىنى

ھەر تەرەپلىمە نەزەرگە ئېلىپ، مالىيە سىياسىتى بوشلۇقىدىن ياخشى پايدىلىنىپ، ئاكتىپ مالىيە سىياسىتى توغرىسىدا ئەمەلىيەتكە ئۇيغۇن ئورۇنلاشتۇرما چىقاردۇق.

مالىيە سىياسىتىدە «سالماقنى مۇۋاپىق ئاشۇرۇش» ئاساسلىقى تۆۋەندىكى ئىككى جەھەتتە گەۋدىلىنىدۇ. بىر جەھەتتىن، مالىيە چىقىمىنىڭ سالمىقى ئومۇمىي جەھەتتىن ئاشتى. بۇلتۇر يىل بېشىدىكى خامچوتتا قىزىل رەقەم نىسبىتىنى 3% بويىچە ئورۇنلاشتۇرغاندۇق، 4-پەسلىدە كۆپەيتىپ تارقىتىلغان 1 تىرىليون دۆلەت زايومى قىزىل رەقەمگە كىرگۈزۈلگەچكە، قىزىل رەقەم نىسبىتىنى 3.8% ئۆپچۆرىسىگە تەڭشىدۇق. بۇ يىللىق قىزىل رەقەم نىسبىتىنى 3% بويىچە ئورۇنلاشتۇرماقچى بولدۇق، ئىچكى ئىشلەپچىقىرىش قىممىتى ئاشقاچقا، قىزىل رەقەمنىڭ كۆلىمىمۇ شۇنىڭغا مۇناسىپ ھالدا كېڭىيىپ 4 تىرىليون 60 مىليون يۈەنگە يېتىپ، بۇلتۇر يىل بېشىدىكى خامچوتتىن 180 مىليارد يۈەن كۆپەيدى. مۆلچەرلىنىشچە، بۇ يىل مالىيە كىرىمى داۋاملىق ئەسلىگە كېلىپ ئاشىدۇ، يۆتكەپ كېلىنگەن مەبلەغ قاتارلىقلار قوشۇلۇپ، ئادەتتىكى ئاممىۋى خامچوت چىقىمىنىڭ كۆلىمى 28 تىرىليون 500 مىليارد يۈەنگە يېتىپ، ئالدىنقى يىلدىكىدىن 1 تىرىليون 100 مىليارد يۈەن كۆپىيىدۇ. يەنە بىر جەھەتتىن، ھۆكۈمەت زايومىنىڭ كۆلىمى روشەن كېڭەيدى. بۇ يىل يەرلىك ھۆكۈمەت مەخسۇس زايومىدىن 3 تىرىليون 900 مىليارد يۈەن ئورۇنلاشتۇرۇلۇپ، ئالدىنقى يىلدىكىدىن 100 مىليارد يۈەن كۆپەيتىلىدۇ، پەۋقۇلئاددە ئۇزاق مۇددەتلىك ئالاھىدە زايومدىن 1 تىرىليون يۈەن تارقىتىلىدۇ، يەنە بۇلتۇر 4-پەسلىدە كۆپەيتىپ تارقىتىلغان 1 تىرىليون يۈەن دۆلەت زايومىنىڭ كۆپ قىسمى بۇ يىل ئىشلىتىلىدۇ. كۆرسىتىپ

ئۆتۈشكە تېگىشلىكى شۇكى، پەۋقۇلئاددە ئۇزاق مۇددەتلىك ئالاھىدە زايوم تارقىتىش كەلگۈسىنى كۆزدە تۇتۇپ چىقىرىلغان زور ئىستراتېگىيەلىك تەدبىر. دۆلىتىمىزنىڭ پەن-تېخنىكىدا يېڭىلىق يارىتىش، يېڭىچە سانائەتلەشتۈرۈش، يېزا-كەنتلەرنى گۈللەندۈرۈش، رايونلارنى ماس تەرەققىي قىلدۇرۇش، يېڭىچە شەھەر-بازارلاشتۇرۇش قاتارلىق زور ئىستراتېگىيەلىرىنى يولغا قويۇش داۋامىدا يەنە نۇرغۇن ئاجىز ھالقىلار بار، ئاشلىق، ئېنېرگىيە، كەسىپ زەنجىرى ۋە تەمىنات زەنجىرى قاتارلىق ساھەلەردىكى بىخەتەرلىك ئىقتىدارى قۇرۇلۇشى جەھەتتىمۇ چەكلەپ تۇرۇۋاتقان كەمتۈكلۈكلەر ئاز ئەمەس. بۇ ساھەلەردىكى گەۋدىلىك مەسىلىلەرنىڭ ھەممىسى كۈچلۈك دۆلەت قۇرۇش، مىللەتنى گۈللەندۈرۈش داۋامىدا چوقۇم ھەل قىلىدىغان ئىش، لېكىن بۇلارنىڭ ئىچىدىكى نۇرغۇنلىغان زور تۈرلەرنىڭ سىلىنما دەۋرىيلىكى ئۇزۇن، پايدىسى تۆۋەن بولۇپ، ھازىرقى مەبلەغ يوللىرى ئارقىلىق ئېھتىياجنى تولۇق قاندۇرۇش تەس. مەبلەغ تەمىناتى مەسىلىسىنى سىستېمىلىق ھەل قىلىش ئۈچۈن، بۇ يىلدىن باشلاپ ئۇدا بىرنەچچە يىل پەۋقۇلئاددە ئۇزاق مۇددەتلىك ئالاھىدە زايوم تارقىتىلماقچى، بۇ قىزىل رەقەمگە كىرگۈزۈلمەي، دۆلەتنىڭ زور ئىستراتېگىيەسىنى يولغا قويۇش ۋە نۇقتىلىق ساھەلەرنىڭ بىخەتەرلىك ئىقتىدارى قۇرۇلۇشىغا مەخسۇس ئىشلىتىلىدۇ، بۇ يىل ئالدى بىلەن 1 تىرىليون يۈەن تارقىتىلىدۇ. بۇنداق ئورۇنلاشتۇرۇشتا ھازىر ۋە كەلگۈسى كۆزدە تۇتۇلغان بولۇپ، ھەرقايسى تەرەپلەرنىڭ دۆلىتىمىزنىڭ تەرەققىياتىغا بولغان كۆزلىمىسى ۋە ئىشەنچىنى كۈچەيتىشكىمۇ، ھۆكۈمەتنىڭ قەرز نىسبىتىنى تەڭشىلەش، مالىيەنىڭ ئىمكانىيەتلىك سىجىللىقىنى ئاشۇرۇشقىمۇ پايدىلىق.

مالىيە سىياسىتىدە «سۈپەتنى ئۆستۈرۈش، ئۈنۈمنى ئۆستۈرۈش»تە ئاساسلىقى چىقىم قۇرۇلمىسى زور كۈچ بىلەن ئەلالاشتۇرۇلۇپ، نۇقتىلىق چىقىمغا كاپالەتلىك قىلىنىپ، ئادەتتىكى چىقىملار ئازايتىلىپ، نەتىجە-ئۈنۈم باشقۇرۇشى كۈچەيتىلىپ، مالىيە مەبلىغىنىڭ ئۈنۈمى ۋە سىياسەتنىڭ ئۈنۈمى ئۆستۈرۈلدى. بۇ يىل مالىيە كاپالىتىنىڭ مۇھىم نۇقتىسى مۇنداق ئىككى جەھەتنى ئۆز ئىچىگە ئالدى. بىر جەھەتتىن، دۆلەتنىڭ زور ئىستراتېگىيەلىك ۋەزىپىسىنىڭ مالىيە كاپالىتى كۈچەيتىلدى. ئاساسلىقى زامانىۋى كەسىپ سىستېمىسى قۇرۇلۇشى، دۆلەتنى پەن-مائارىپ ئارقىلىق گۈللەندۈرۈش، ئىچكى ئېھتىياجنى كېڭەيتىش، يېزا-كەنتلەرنى گۈللەندۈرۈش، رايونلارنى ماس تەرەققىي قىلدۇرۇش، يېڭىچە شەھەر-بازارلاشتۇرۇش، ئېكولوگىيە مەدەنىيلىكى قۇرۇلۇشىنى كۈچەيتىش قاتارلىق زور ئىستراتېگىيەلەرنى تېز يولغا قويۇشقا مەدەت بېرىلدى. يەنە بىر جەھەتتىن، ئاساسىي خەلق تۇرمۇشى كاپالىتى كۈچەيتىلدى. چامىنىڭ يېتىشىچە ئىشلەش، مادارىغا قاراپ ئىش كۆرۈشتە چىڭ تۇرۇپ، ئۇللۇق، ئومۇمىي مەنپەئەتدارلىق، تولۇق كاپالەتلىك خەلق تۇرمۇشى كاپالىتى قۇرۇلۇشى كۈچەيتىلىپ، ئىشقا ئورۇنلىشىش، داۋالىنىش، ئىجتىمائىي كاپالەت قاتارلىق خەلق تۇرمۇشى ساھەسىنى مالىيەدىن قوللاش سالمىقى ئاشۇرۇلۇپ، ئاساسىي ئاممىۋى مۇلازىمەتنىڭ سەۋىيەسى ۋە قولايلىقلىقى، تەڭپۇڭلۇقى يۇقىرى كۆتۈرۈلدى. ھازىر ھەر دەرىجىلىك مالىيە كۈچى بىرقەدەر جىددىي بولۇۋاتىدۇ، بولۇپمۇ شەھەر-ناھىيەلەرنىڭ ئاساسىي قاتلىمىدا ئەڭ جىددىي بولۇۋاتىدۇ. بۇ يىل مەركەز يەرلىككە 10 تىرىليون 200 مىليارد يۈەن يۆتكىمە چىقىم ئورۇنلاشتۇرىدۇ، سېلىشتۇرغىلى بولمايدىغان ئامىللارنى

چىقىرىۋەتكەندە ئوخشاش ئۆلچەمدە 4.1% ئاشىدۇ. بۇنىڭ ئىچىدە 2 تىرىلىيون 600 مىلىيارد يۈەن تەگىپۇڭ يۆتكىمە چىقىم ئورۇنلاشتۇرۇپ، 8.8% ئاشۇرۇپ، قىيىنچىلىقى بار رايونلار ۋە ئانچە تەرەققىي تاپمىغان رايونلارغا مۇۋاپىق مايىللاشتۇرىدۇ. ئۆلكە دەرىجىلىك ھۆكۈمەتلەر بىرتۇتاش پىلانلاشنى كۈچەيتىپ، مالىيە كۈچىنىڭ تۆۋەنگە مايىللىشىشىغا تۈرتكە بولۇپ، ئاساسىي قاتلامنىڭ ئاساسىي خەلق تۇرمۇشىغا كاپالەتلىك قىلىش، مائاشقا كاپالەتلىك قىلىش، يۈرۈشۈشكە كاپالەتلىك قىلىش ئىقتىدارىنى كۈچەيتىپ، «ئۈچتە كاپالەتلەندۈرۈش» تۆۋەن چېكىگە پۇختا كاپالەتلىك قىلىشى كېرەك. 2013-يىلىدىن بۇيان، دۆلىتىمىز كەڭ كۆلەملىك باج كېمەيتىش-ھەق تۆۋەنلىتىشنى يولغا قويدى، نۆۋەتتە ماكرو باج سېلىقى دۇنيا بويىچە ئوتتۇرا ھال ۋە ئۇنىڭدىن تۆۋەنرەك سەۋىيەدە تۇرۇۋاتىدۇ. يۇقىرى سۈپەتلىك تەرەققىياتنى قوللاش ئېھتىياجى، مالىيەنىڭ بەرداشلىق بېرىش كۈچى ۋە باج تۈزۈمىنى ئەلالاشتۇرۇش قاتارلىق جەھەتلەردىكى ئامىللارنى بىرتۇتاش كۆزدە تۇتۇلۇپ، بۇنىڭدىن كېيىن ماكرو باج سېلىقىنىڭ ئومۇمىي جەھەتتىن مۇقىملىقىنى ساقلاش ئاساسىدا قۇرۇلمىلىق باج كېمەيتىش-ھەق تۆۋەنلىتىش سىياستى يولغا قويۇلۇپ، سىياسەتنىڭ دەللىكى، قاراتمىلىقى، ئۈنۈملۈكلۈكى ئاشۇرۇلىدۇ. بۇلتۇر داۋاملاشتۇرۇلغان ۋە ئەلالاشتۇرۇلغان باج-ھەقتە ئېتىبار بېرىش سىياستىنى ياخشى ئەمەلىيلەشتۈرۈش ئاساسىدا، بۇ يىل قۇرۇلمىلىق باج كېمەيتىش-ھەق تۆۋەنلىتىش سىياستى قاراتمىلىق تەتقىق قىلىپ ئوتتۇرىغا قويۇلۇپ، پەن-تېخنىكىدا يېڭىلىق يارىتىش ۋە ياسىمىچىلىقنىڭ تەرەققىياتىغا نۇقتىلىق مەدەت بېرىلىدۇ. «دوكلات»تا مۇنداق تەكىتلەندى: ھەر دەرىجىلىك ھۆكۈمەتلەر غورىگىل تۇرمۇش

كەچۈرۈشكە ئادەتلىنىپ، ئىنچىكە ھېسابات قىلىپ، مالىيە مەبلىغىنى ھەقىقىي تۈردە دەل جايىغا ئىشلىتىپ، ئەمەلىي ئۈنۈم ھاسىل قىلىشى كېرەك.

پۇختا پۇل سىياسىتى جانلىق، مۇۋاپىق، توغرا، ئۈنۈملۈك بولۇشى كېرەك. ئىقتىسادنىڭ يۈرۈشۈشىنى مۇقىملاشتۇرۇش، يۇقىرى سۈپەتلىك تەرەققىياتقا تۈرتكە بولۇش ئۈچۈن، ياخشى پۇل ۋە پۇل مۇئامىلە مۇھىتى يارىتىش شەرت. بۇ يىللىق «دوكلات»تا پۇختا پۇل سىياسىتىنىڭ يۈزلىنىشىدە ئۆزگىرىش بولمىدى، ئومۇمىي مىقدار، قۇرۇلما، باھا قاتارلىق جەھەتلەردە يېڭى تەلەپلەر ئوتتۇرىغا قويۇلدى. بىرىنچىدىن، پۇل سىياسىتى ئارقىلىق ئومۇمىي مىقدارنى تەڭشەشنى كۈچەيتىش كېرەك. بۇ يىللىق «دوكلات»تا «ئوبوروتنىڭ مۇۋاپىق، يېتەرلىك بولۇشىنى ساقلاپ، ئىجتىمائىي مەبلەغ يۈرۈشتۈرۈش كۆلىمى، پۇل تەمىنات مىقدارىنى ئىقتىسادنىڭ ئېشىشى ۋە باھا سەۋىيەسىنىڭ كۆزلىمە نىشانىغا ماسلاشتۇرۇش كېرەك» دەپ ئوتتۇرىغا قويۇلدى. يېقىنقى يىللاردىكىگە سېلىشتۇرغاندا، ئىككى نۇقتىدا يېڭى ئۆزگىرىش بولدى، يەنى «ئىجتىمائىي مەبلەغ يۈرۈشتۈرۈش كۆلىمى» «پۇل تەمىنات مىقدارى»نىڭ ئالدىغا قويۇلدى، «ئىقتىسادنىڭ نامىي ئېشىش سۈرئىتى بىلەن ئاساسەن ماسلاشتۇرۇش» «ئىقتىسادنىڭ ئېشىشى ۋە باھا سەۋىيەسىنىڭ كۆزلىمە نىشانىغا ماسلاشتۇرۇش»قا ئۆزگەرتىلدى. ئالدىنقىسىدا ئاساسلىقى مەبلەغ يۈرۈشتۈرۈش كۆلىمىنى پۇل تەمىنات مىقدارىغا سېلىشتۇرغاندا، ئۇنىڭ ئۆز ئىچىگە ئالىدىغان دائىرىسى تېخىمۇ كەڭ بولۇپ، پۇل مۇئامىلە ئاپپاراتلىرى تارقاتقان قەرزدىن باشقا، يەنە پۇل مۇئامىلە ئاپپاراتلىرىنىڭ جەدۋەل سىرتىدىكى كەسپى ۋە پۇل مۇئامىلە بازىرىدا زايوم، پاي چېكى ئارقىلىق مەبلەغ يۈرۈشتۈرۈشى قاتارلىقلارنى ئۆز ئىچىگە

ئالدىنقى، ئۇنىڭ ئىقتىسادىي پائالىيەتتىكى ئومۇمىي مەبلەغ يۈرۈشتۈرۈش ئەھۋالىنى تېخىمۇ تولۇق ئەكس ئەتتۈرۈپ بېرەلەيدىغانلىقى كۆزدە تۇتۇلغان. كېيىنكىسىدە ئاساسلىقى ئىقتىسادنىڭ ئېشىشى بىلەن مۇۋاپىق مال باھا سەۋىيەسىنى ساقلاش نىشانىنى ئىشقا ئاشۇرۇشنى تېخىمۇ ياخشى بىرتۇتاش پىلانلاش كۆزدە تۇتۇلغان. ئىككىنچىدىن، پۇل سىياستى ئارقىلىق قوزغىتىشنى تەڭشەشنى كۈچەيتىش كېرەك. «دوكلات»تا زور ئىستراتېگىيە، نۇقتىلىق ساھە ۋە ئاجىز ھالقىلارنى قوللاش سالمىقىنى ئاشۇرۇش كېرەك، دەپ تەكىتلەندى. تەكرار قەرز بېرىش، تەكرار دىسكونت قىلىش، كۆزنەك يېتەكلەش قاتارلىق سىياسەت ۋاستىلىرى ۋە باسقۇچلۇق، ئۇزاق مۇددەتلىك قۇرۇلمىلىق پۇل سىياستى قوراللىرىدىن ياخشى پايدىلىنىپ، مەبلەغنىڭ ئېقىش يۆنىلىشىنى مۇۋاپىق يېتەكلەپ، دۆلەتنىڭ زور ئىستراتېگىيەلىرىنىڭ يولغا قويۇلۇشى ۋە نۇقتىلىق ساھەلەرنىڭ تەرەققىياتىنى قوللاش كېرەك. نۆۋەتتە ئوتتۇرا، كىچىك، مىكرو كارخانىلار مەبلەغ يۈرۈشتۈرۈشتە قىيىنلىشىش مەسىلىسى ھېلىھەم مەۋجۇت، مەبلەغ يۈرۈشتۈرۈش ئىناۋىتىنى ئۆستۈرۈش، خەۋپ-خەتەرنى ئۈستىگە ئېلىش، ئۇچۇردىن ئورتاق بەھرىلىنىش قاتارلىق يانداش تەدبىرلەرنى ئەلالاشتۇرۇپ، ئوتتۇرا، كىچىك، مىكرو كارخانىلارنىڭ مەبلەغ يۈرۈشتۈرۈش ئېھتىياجىنى تېخىمۇ ياخشى قاندۇرۇش كېرەك. ئۈچىنچىدىن، ئۇنىۋېرسال ئىجتىمائىي مەبلەغ يۈرۈشتۈرۈش تەننەرخىنىڭ مۇقىملىق ئاساسىدا تۆۋەنلىشىنى ئىلگىرى سۈرۈش كېرەك. يېقىنقى بىرنەچچە يىلدا ئەمەلىي قەرز ئۆسۈم نىسبىتى ئۈزلۈكسىز تۆۋەنلىدى، لېكىن ھازىر ئۇنىۋېرسال ئىجتىمائىي مەبلەغ يۈرۈشتۈرۈش تەننەرخىنى يەنە تۆۋەنلىتىش ئىمكانىيىتى بار. كۆپ خىل يوللار ئارقىلىق بانكىلارنىڭ تۆۋەن تەننەرخلىق مەبلىغىنى

كۈچەيتىپ، ئۆسۈم نىسبىتىنى شەكىللەندۈرۈش ۋە يەتكۈزۈش مېخانىزمىنى مۇكەممەللەشتۈرۈپ، ئالاقىدار ھەق ئېلىش ھەرىكەتلىرىنى داۋاملىق قېلىپلاشتۇرۇپ، زۆرۈر بولمىغان ھەق ئېلىش تۈرلىرىنى ئازايتىپ، كارخانىلارنىڭ داۋاملىق قەرز ئېلىش، كۆرۈكتىن ئۆتۈش، مەبلەغ يۈرۈشتۈرۈش كېپىللىكى قاتارلىق جەھەتلەردىكى ھەقلىرىنى تۆۋەنلىتىش ياكى كېمەيتىش كېرەك.

تۆتىنچىدىن، پۇل سىياسىتىنىڭ يەتكۈزۈش مېخانىزمىنى راۋانلاشتۇرۇش كېرەك. نۆۋەتتە كارخانىلارنىڭ مەبلەغ يۈرۈشتۈرۈش ئېھتىياجى بىلەن پۇل مۇئامىلە ئاپپاراتلىرىنىڭ مەبلەغ تەمىناتى ئوتتۇرىسىدا سىممېترىكسىزلىق مەۋجۇت، بۇ پۇل سىياسىتىنىڭ يەتكۈزۈش جەھەتتە بەزىبىر توسالغۇلارغا ئۇچراۋاتقانلىقىنى ئەكس ئەتكۈزۈپ بېرىدۇ. بىر جەھەتتىن، بىر قىسىم كارخانىلار، بولۇپمۇ ئوتتۇرا، كىچىك، مىكرو پۇقراۋى كارخانىلارنىڭ مەبلەغ يۈرۈشتۈرۈشى قىيىن بولۇش، قىممەت بولۇش مەسىلىسى ھېلىھەم مەۋجۇت. يەنە بىر تەرەپتىن، بىر قىسىم مەبلەغ تىنىپ قېلىش ۋە قۇرۇق ئايلىنىش مەسىلىسى مەۋجۇت. مەسىلەن، بەزى كارخانىلار چوڭ بانكىلاردىن تۆۋەن ئۆسۈملۈك قەرز ئېلىپ، ئۇنى يەنە ئۆسۈمى تېخىمۇ يۇقىرى كىچىك بانكىلارغا ئامانەت قويۇپ ئۆسۈم يەۋاتىدۇ، كىچىك بانكىلار بولسا ئامانەت مەبلىغىنى ئىشلىتىپ 2-دەرىجىلىك بازاردىن زايوم سېتىۋېلىۋاتىدۇ، شۇنىڭ بىلەن بۇ مەبلەغلەر ئەمەلىي گەۋدە كارخانىلىرىنىڭ ئىشلەپچىقىرىش مەبلىغىگە ئايلىنالمايۋاتىدۇ. مەبلەغنىڭ ئەمەلىي ئىقتىسادقا كىرىشىدىكى «ئاخىرقى بىر كىلومېتىر»نى كۈچەپ راۋانلاشتۇرۇپ، ئىناۋەتلىك قەرز بېرىشتىكى كۆزنەك يېتەكچىلىكى ۋە نازارەت قىلىش-باشقۇرۇش يېتەكچىلىكىنى كۈچەيتىپ، ئىناۋەتلىك قەرز بېرىشنىڭ ئەمەلىي ئىقتىسادنىڭ ئەمەلىي ئېھتىياجىغا ماسلىشىشىنى ئىلگىرى سۈرۈش

كېرەك. بەشىنچىدىن، كاپىتال بازىرىنىڭ ئىچكى مۇقىملىقىنى كۈچەيتىش كېرەك. بىۋاسىتە مەبلەغ يۈرۈشتۈرۈش ئىجتىمائىي مەبلەغ يۈرۈشتۈرۈش كۆلىمىنىڭ مۇھىم تەركىبىي قىسمى، كاپىتال بازىرىنىڭ مۇقىم، ساغلام تەرەققىياتى بىرىگە تەگسە ھەممىگە تەسىر كۆرسىتىدىغان مۇھىم رولغا ئىگە. كاپىتال بازىرىنىڭ مۇقىم يۈرۈشۈشىگە تەسىر كۆرسىتىدىغان گەۋدىلىك مەسىلىلەرگە قارىتا، كاپىتال بازىرى ئىسلاھاتىنى چوڭقۇرلاشتۇرۇپ، كاپىتال بازىرىنىڭ ئاساسىي تۈزۈمىنى تاكامۇللاشتۇرۇپ، پېيىنى بازارغا سالغان شىركەتلەرنىڭ سۈپىتى ۋە مەبلەغ سېلىش قىممىتىنى كۈچەيتىپ ئۆستۈرۈپ، ئوتتۇرا، ئۇزاق مەزگىللىك مەبلەغنىڭ بازارغا كىرىشىگە پايدىلىق سىياسەت مۇھىتىنى تاكامۇللاشتۇرۇش كېرەك. كاپىتال بازىرىنى نازارەت قىلىش-باشقۇرۇشنى كۈچەيتىپ، مەبلەغ سالغۇچىلار، بولۇپمۇ ئوتتۇرا، كىچىك مەبلەغ سالغۇچىلارنىڭ قانۇنلۇق ھوقۇق-مەنپەئەتىنى قوغداپ، كاپىتال بازىرىنىڭ ئېكولوگىيەسىنى سىجىل ئەلالاشتۇرۇش كېرەك. ئالتىنچىدىن، پۇل مۇئامىلىگە دائىر بەش چوڭ ئىشنى ياخشى قىلىش كېرەك. بۇ باش شۇجى شى جىنپىڭ مەركەز پۇل مۇئامىلە خىزمىتى يىغىنىدا ئوتتۇرىغا قويغان ئېنىق تەلەپ. پەن-تېخنىكا پۇل مۇئامىلىسى، يېشىل پۇل مۇئامىلە، ئومۇمىي مەنپەئەتدارلىق پۇل مۇئامىلىسى، ياشانغاندا كۈتۈنۈش پۇل مۇئامىلىسى، رەقەملىك پۇل مۇئامىلىنى زور كۈچ بىلەن راۋاجلاندۇرۇپ، رىغبەتلەندۈرۈش مېخانىزمى، ئۆلچەم سىستېمىسى، يانداش سىياسەت، خەۋپ-خەتەرنى باشقۇرۇش-تىزگىنلەش قاتارلىق ئالاقىدار ئۈل تۈزۈملەرنى تېز مۇكەممەللەشتۈرۈش كېرەك.

ماكرو سىياسەت يۆنىلىشىنىڭ بىردەكلىكىنى كۈچەيتىش كېرەك. بۇ سىياسەتنىڭ بىر پۈتۈن ئۈنۈمىنى ئۆستۈرۈش، بۇ

يىللىق، ھەتتا بۇنىڭدىن كېيىنكى تەرەققىياتنىڭ نىشان-ۋەزىپىسىنى ئىشقا ئاشۇرۇشنىڭ ئوبيېكتىپ ئېھتىياجى، شۇنداقلا ھازىر ئىجتىمائىي كۆزلىمىگە، بولۇپمۇ تىجارەت سۇبيېكتلىرىنىڭ كۆزلىمىسىگە تەسىر كۆرسىتىۋاتقان گەۋدىلىك مەسىلە. مالىيە، پۇل سىياسىتى ھەممە ئېتىراپ قىلغان ماكرو سىياسەت، ئىشقا ئورۇنلىشىش، كەسىپ، رايون، پەن-تېخنىكا، مۇھىت قوغداش قاتارلىق سىياسەتلەر ئىقتىسادىي تەرەققىياتقا ئومۇملۇق خاراكتېرلىك تەسىر كۆرسىتىدىغان بولغاچقا، بۇلارمۇ ماكرو سىياسەت دائىرىسىگە كىرىدۇ. تۈرلۈك سىياسەتلەرنىڭ ئۆزىگە يارىشا بەلگىلىك سىياسەت نىشانى بولىدۇ، «دوكلات»تا «يۆنىلىش بىردەك بولۇش» تەلەپ قىلىندى، بۇنىڭدىن مەقسەت بۇ يىللىق تەرەققىيات نىشانىنى ئىشقا ئاشۇرۇشنى چۆرىدەپ تۈزۈپ ۋە يولغا قويۇپ، پەيت، چەك، ئۈنۈمنى ئىگىلەپ، بىرتۇتاش جىپسىلاشتۇرۇش، ماس ھەمتۈرتكە بولۇشنى كۈچەيتىپ، سىياسەتنىڭ بىرىكمە ئۈنۈمنى زورايتىشتۇر. شۇنىڭ بىلەن بىر ۋاقىتتا، ئىقتىسادىي سىياسەتتىن باشقا بىرمۇنچە سىياسەتلەر ئىجتىمائىي كۆزلىمە، ئىقتىسادنىڭ يۈرۈشۈشىگە بىۋاسىتە ياكى ۋاسىتىلىك تەسىر كۆرسىتىدىغان بولغاچقا، مەركەز ئىقتىساد خىزمىتى يىغىنى ۋە «دوكلات»تا ئۇنى ماكرو سىياسەت يۆنىلىشىنىڭ بىردەكلىكىنى باھالاش دائىرىسىگە كىرگۈزۈش تەلەپ قىلىندى. بۇ شۇنىڭدىن دېرەك بېرىدۇكى، ئىقتىسادىي سىياسەت بولسۇن ياكى ئىقتىسادىي سىياسەتتىن باشقا سىياسەت بولسۇن، ئىقتىسادىي تەرەققىياتقا قارىتا روشەن قورۇش، بېسىش خاراكتېرلىك تەسىرى بولىدىكەن، ئۇنى كېچىكتۈرۈپ چىقىرىش ياكى چىقارماسلىق، جىددىي چىقىرىشقا تېگىشلىك بولغاندىمۇ، مۇناسىپ تەدبىر قوللىنىپ، ئۇنىڭ ئىقتىسادىي تەرەققىياتقا كۆرسىتىدىغان پاسسىپ تەسىرىنى ئىمكانقەدەر ئازايتىش كېرەك. سىياسەتنى بىرتۇتاش

پىلانلاش مېخانىزمىنى ئورنىتىپ ۋە تاكامۇللاشتۇرۇپ، باھالاش، ئۆتكەلنى تۇتۇش، ماسلاشتۇرۇش رولىنى ياخشى جارى قىلدۇرۇپ، ئۆزئارا توسالغۇ بولۇش، ئۈنۈم يېيىشىپ كېتىش ياكى بىرىكتۈرۈۋېتىپ خاتالىشىش قاتارلىق مەسىلىلەرنىڭ ئالدىنى ئېلىپ، ئوخشاش يۆنىلىشلىك كۈچەش، بىرىكمە كۈچ شەكىللەندۈرۈشكە ھەقىقىي كاپالەتلىك قىلىش كېرەك. ھەرقايسى تارماقلار تەرەققىيات ئومۇمىيىتى قارىشىنى كۈچەيتىپ، ئىقتىسادىي قۇرۇلۇشتىن ئىبارەت مەركىزىي خىزمەت ۋە يۇقىرى سۈپەتلىك تەرەققىياتتىن ئىبارەت مۇھىم ۋەزىپىنى چۆرىدەپ، ئۆز تارمىقى چىقارماقچى بولغان سىياسەت-تەدبىرلەرنىڭ ماكرو سىياسەت بىلەن بىردەكلىكىنى باھالاپ چىقىشى كېرەك. مۇشۇ ئاساستا، دۆلەت تەرەققىيات-ئىسلاھات كومىتېتى باشچىلىق قىلىدىغان سىياسەت ھۆججەتلىرىنى باھالاش مېخانىزمى قايتا باھالاپ چىقىشى كېرەك. سىياسەتنىڭ ئېقىش-ئاقماسلىقى، ياخشى بولۇش-بولماسلىقى، كارغا كېلىش-كەلمەسلىكىدە جەمئىيەتنىڭ ئىنكاسى ۋە ئەمەلىي ئۈنۈمگە قاراش كېرەك، بۇنىڭدا كارخانىلار ۋە ئامما بىۋاسىتە ھېس قىلغۇچىلار بولغاچقا، پىكىر قىلىشقا ئەڭ ھوقۇقلۇق. جايلار ۋە تارماقلار سىياسەت تەتقىق قىلىش ۋە تۈزۈش داۋامىدا ئاشكارا تەدبىر سورىشى، كۆپىنىڭ پىكرىنى ئېلىشى، بىر تەرەپلىمىلىك، سۇبيېكتىپ ئىختىيارىيلىقنى ئەڭ زور چەكتە ئازايتىشى كېرەك. كارخانىلارغا چېتىشلىق سىياسەتلەرنى تەتقىق قىلغان ۋە تۈزگەندە، بازار بىلەن پىكىر ئالماشتۇرۇشقا ئەھمىيەت بېرىپ، كارخانىلار كۆڭۈل بۆلۈۋاتقان ئىشلارغا ئىنكاس قايتۇرۇپ، گەۋدىلىك مەسىلىلەرنى ھەل قىلىشى كېرەك. سىياسەت چىقارغاندا تەشۋىقات-چۈشەندۈرۈشنى دەل جايىدا ياخشى قىلىپ، خاتا ئوقۇۋېلىش ۋە خاتا چۈشىنىۋېلىشنىڭ ئالدىنى ئېلىش كېرەك. سىياسەت ئىجرا قىلىش ئەھۋالىنى ئىز قوغلاپ باھالاشنى

كۆچەيتىپ، كارخانىلار ۋە ئاممىنىڭ رازىمەنلىك دەرىجىسىنى مۇھىم ئۆلچەم قىلىپ، ۋاقتىدا تەكشەش ۋە مۇكەممەللەشتۈرۈش كېرەك. نامۇۋاپىقلىقى ئەمەلىيەت تەرىپىدىن ئىسپاتلانغان سىياسەتلەرنى ۋاقتىدا توختىتىش، سىياسەتنى ئىجرا قىلىش داۋامىدا ساقلانغان ئېغىشلارنى ۋاقتىدا تۈزىتىش كېرەك. قىسقىسى، پارتىيە مەركىزىي كومىتېتىنىڭ ماكرو سىياسەت يۆنىلىشىنىڭ بىردەكلىكىنى كۆچەيتىش توغرىسىدىكى تەلىپىنى سىياسەت تەتقىق قىلىش، تۈزۈش، يولغا قويۇشنىڭ پۈتكۈل جەريانىدا ئىزچىللاشتۇرۇپ، قايسى تەرەپ، قايسى ھالقىدا مەسىلە چىقسا ۋاقتىدا ھەل قىلىپ، مۇقىم، ئاشكارا، كۆزلىمىلىك سىياسەت مۇھىتىنى تىرىشىپ يارىتىش كېرەك.

«دوكلات»تا زاپاس سىياسەتنى تەتقىق قىلىش ئوتتۇرىغا قويۇلدى. نۆۋەتتىكى ئىچكى-تاشقى ۋەزىيەت ۋە ئىقتىسادنىڭ يۈرۈشۈش ئەھۋالى توغرىسىدىكى تەھلىل ۋە ھۆكۈم ئاساسىدا، «دوكلات»تا ماكرو سىياسەت تەدبىرلىرى ئوتتۇرىغا قويۇلدى. ئەگەر كەلگۈسىدە خەلقئارا مۇھىتتا كۆزلىمىدىن ھالقىغان ئۆزگىرىش يۈز بېرىپ، دۆلىتىمىز ئىقتىسادى كۆزلىمىدىن ھالقىغان زەربىگە ئۇچرىسا ياكى ئىقتىسادنىڭ يۈرۈشۈشىدە چوڭ مەسىلە كۆرۈلسە، يېڭى سىياسەت-تەدبىرلەرنى ۋاقتىدا قوللىنىش كېرەك. دۆلىتىمىز ھۆكۈمىتىنىڭ قانۇندا بەلگىلەنگەن قەرز نىسبىتى 60%كە يەتمەيدۇ، ئاساسلىق بازار ئىگىلىكى دۆلەتلىرى ۋە بازىرى يېڭىدىن گۈللىنىۋاتقان دۆلەتلەرنىڭكىدىن تۆۋەن، پۇل مۇئامىلىسى ئومۇمىي جەھەتتىن مۇقىم ۋە ساغلام، ماكرو سىياسەتتە يەنىلا بىرقەدەر زور ئىمكانىيىتى بار. تۆۋەن چەك تەپەككۇرى ۋە يۇقىرى چەك تەپەككۇرىنى كۆچەيتىپ، زاپاس سىياسەتلەرنى ئالدىن تەتقىق

قىلىش، قورال ساندۇقىنى بېيىتىشنى كۈچەيتىپ، ئېھتىياج چۈشكەن ھامان ۋاقتىدا چىقىرالايدىغان، رولىنى ئۈنۈملۈك جارى قىلدۇرالايدىغان بولۇشقا ھەقىقىي كاپالەتلىك قىلىش كېرەك. كۆرسىتىپ ئۆتۈشكە تېگىشلىكى شۇكى، خەلقئارا مۇھىتتىكى ئۆزگىرىش ئامىلى ۋە دۆلەت ئىچىدىكى دەۋرىي، قۇرۇلمىلىق، تۈزۈلمىلىك ئامىللار، شۇنداقلا تۇيۇقسىزلىق ئامىللىرى قاتارلىقلارنىڭ تەسىرىدە ئىقتىسادنىڭ ئېشىش سۈرئىتىدە ئاي، پەسىل ئارىلىقلىرىدا بەلگىلىك داۋالغۇشنىڭ كۆرۈلۈشى نورمال ئەھۋال. ئىقتىساد يۈرۈشۈشىنىڭ ئومۇمىي ئەھۋالى ۋە يۈزلىنىشى ياخشىلىنىشقا قاراپ ماڭسىلا، ئىرادىنى ساقلاپ، بېكىتىلگەن سىياسەتنى ئىزچىللاشتۇرۇش ۋە ئەمەلىيلەشتۈرۈشكە كۈچەش كېرەك. ماكرولۇق تەڭشەش-تىزگىنلەشنىڭ ئالدىن كۆرەرلىكى، قاراتمىلىقى ۋە ئۈنۈمدارلىقىنى كۈچەيتىپ، ئىقتىسادنىڭ ئېشىشىدا چوڭ داۋالغۇش يۈز بېرىشىنىڭ ئالدىنى ئېلىپ، ئىقتىسادنىڭ قايتا يۈكسىلىپ ياخشىلىنىش ھالىتىنى تىرىشىپ مۇستەھكەملەپ ۋە كۈچەيتىپ، يۇقىرى سۈپەتلىك تەرەققىياتتا ئۈزلۈكسىز يېڭى نەتىجە ۋە ئۈنۈم ھاسىل قىلىشقا تۈرتكە بولۇش كېرەك.

3. مۇھىم نۇقتىنى گەۋدىلەندۈرۈپ، مۇھىم ھالقىنى ئىگىلەپ، ھۆكۈمەتنىڭ نۇقتىلىق خىزمەتلىرىنى پۇختا ياخشى ئىشلەش كېرەك

بۇ يىل ھۆكۈمەت خىزمىتىدە ۋەزىپە ئېغىر، تەلەپ يۇقىرى، خىرىس كۆپ، جەزمەن پارتىيە مەركىزىي كومىتېتىنىڭ تەدبىر-ئورۇنلاشتۇرمىسى بويىچە، ئاساسىي زىددىيەتنى چىڭ

تۇتۇپ، بوغما ھالەت چەكلىمىسىنى كۈچەپ بۇزۇپ تاشلاپ، خىزمەتلەرنى كۈچلۈك، تەرتىپلىك ئالغا سىلجىتىش كېرەك. «دوكلات»تا ئون جەھەتتىكى مۇھىم ۋەزىپە ۋە سىياسەت-تەدبىر ئوتتۇرىغا قويۇلدى.

(1) زامانىۋى كەسىپ سىستېمىسى قۇرۇلۇشىنى زور كۈچ بىلەن ئالغا سىلجىتىپ، يېڭى ماھىيەتلىك ئىشلەپچىقىرىش كۈچلىرىنى تېز راۋاجلاندۇرۇش كېرەك. زامانىۋى كەسىپ سىستېمىسى زامانىۋىلاشقان دۆلەتنىڭ ماددىي تېخنىكا ئاساسى. ئەمەلىي ئىقتىسادنى تىرەك قىلغان زامانىۋى كەسىپ سىستېمىسى بەرپا قىلىشنى تېزلىتىش دۆلىتىمىزنىڭ كەلگۈسى تەرەققىياتى ۋە خەلقئارا رىقابەتتە ئىستراتېگىيەلىك تەشەببۇسكارلىقنى قولغا كەلتۈرۈشكە مۇناسىۋەتلىك. يېڭى ماھىيەتلىك ئىشلەپچىقىرىش كۈچلىرىنى راۋاجلاندۇرۇش يۇقىرى سۈپەتلىك تەرەققىياتقا تۈرتكە بولۇشنىڭ ئىچكى تەلىپى ۋە مۇھىم كۈچەش نۇقتىسى. باش شۇجى شى جىنپىڭ بۇلتۇر 9-ئايدىن بۇيان يېڭى ماھىيەتلىك ئىشلەپچىقىرىش كۈچلىرىنى تەرەققىي قىلدۇرۇش توغرىسىدا بىر قاتار مۇھىم بايانلارنى ئوتتۇرىغا قويۇپ، يېڭى ماھىيەتلىك ئىشلەپچىقىرىش كۈچلىرىگە دائىر ئاساسىي نەزەرىيە مەسىلىسىنى چوڭقۇر شەرھلەپ، شارائىتقا قاراپ ئىش كۆرۈپ، يېڭى ماھىيەتلىك ئىشلەپچىقىرىش كۈچلىرىنى تەرەققىي قىلدۇرۇشنى تەكىتلىدى. «دوكلات»تا باش شۇجى شى جىنپىڭنىڭ مۇھىم يوليورۇقىنىڭ روھى چوڭقۇر ئىزچىللاشتۇرۇلۇپ ۋە ئەمەلىيلەشتۈرۈلۈپ، يېڭىلىق يارىتىشنىڭ يېتەكچىلىك رولىنى تولۇق جارى قىلدۇرۇپ، پەن-تېخنىكىدا يېڭىلىق يارىتىش ئارقىلىق كەسىپتە يېڭىلىق يارىتىشقا تۈرتكە بولۇپ، يېڭىچە سانائەتلەشتۈرۈشنى تېز ئالغا سىلجىتىپ، تولۇق،

زۆرۈر ئامىللىق ئىسلاھ-پىچىقىرىش ئۈنۈمىنى ئاشۇرۇپ، تەرەققىياتنىڭ يېڭى قۇۋۋىتى، يېڭى ئەۋزەللىكىنى ئۈزلۈكسىز يارىتىپ، ئىجتىمائىي ئىسلاھ-پىچىقىرىش كۈچلىرىنىڭ يېڭى يۈكسىلىشىنى ئىلگىرى سۈرۈش تەلەپ قىلىندى.

كەسىپ زەنجىرى، تەمىنات زەنجىرىنى ئەللاشتۇرۇش-دەرىجىسىنى ئۆستۈرۈشكە تۈرتكە بولۇش كېرەك. ئۇزاق مۇددەت تىرىشىش ئارقىلىق، دۆلىتىمىز يۈرۈشلەشكەن مۇكەممەل كەسىپ سىستېمىسىنى قۇرۇپ چىقتى، بۇ، زامانىۋىلاشقان كەسىپ سىستېمىسى بەرپا قىلىشنىڭ ئاساسى. يېڭىلىق يارىتىشقا تايىنىپ قۇرۇلمىنى ئەللاشتۇرۇش، كەسىپ دەرىجىسىنى ئۆستۈرۈشكە تۈرتكە بولۇپ، دۇنياۋى قىممەت زەنجىرىنىڭ ئوتتۇرا، يۇقىرى پەللىسىگە قەدەم قويۇشنى تېزلىتىش كېرەك. بىرىنچىدىن، سانائەت ئىقتىسادىنىڭ مۇقىم يۈرۈشىنى ساقلاش كېرەك. ھازىر سانائەت ئىقتىسادى مۇقىم ئەسلىگە كېلىۋاتىدۇ، لېكىن يەنىلا ئۈنۈملۈك ئېھتىياج يېتەرلىك بولماسلىق، بازار كۆزلىمىسى ئاجىز بولۇش قاتارلىق قىيىنچىلىقلارغا دۇچ كەلمەكتە. ئىستېمالنى ئىلگىرى سۈرۈش، تاشقى سودىنى مۇقىملاشتۇرۇش قاتارلىق كۆپ تەرەپتىن تەڭ تۇتۇش قىلىپ، نۇقتىلىق كەسىپلەر ۋە سانائەت چوڭ ئۆلكىلىرىنىڭ تۈرتكىلىك رولىنى تولۇق جارى قىلدۇرۇپ، سانائەت ئىقتىسادىنىڭ قايتا يۈكسىلىش، ياخشىلىنىش ۋەزىيىتىنى مۇستەھكەملەش كېرەك. ئىككىنچىدىن، ياسىمىچىلىقنىڭ يۇقىرى سەۋىيەلىك تەرەققىياتىغا تۈرتكە بولۇش كېرەك. دۆلىتىمىز ياسىمىچىلىقىدا «كۆلىمى زور ئەمما كۈچلۈك بولماسلىق، تولۇق ئەمما ئەلا بولماسلىق» مەسىلىسى يەنىلا گەۋدىلىك، ياسىمىچىلىقنىڭ نۇقتىلىق كەسىپ زەنجىرىنى يۇقىرى سەۋىيەتتە تەرەققىي قىلدۇرۇش

ھەرىكىتىنى چوڭقۇر يولغا قويۇپ، كەمتۈكلۈكنى تولۇقلاشقا، ئارتۇقچىلىقنى جارى قىلدۇرۇشقا ۋە يېڭى ئارتۇقچىلىق بەرپا قىلىشقا كۈچەش كېرەك. ئىلغار ياسىمچىلىق زامانىۋى كەسىپ سىستېمىسىنىڭ تايانچ كۈچى، دۆلىتىمىز دۆلەت دەرىجىلىك ئىلغار ياسىمچىلىق توپىدىن 45نى قۇرۇپ چىقتى، كەسىپ ۋە رايون ئورۇنلاشتۇرۇشىنى ئەلالاشتۇرۇپ، كەسىپلەرنىڭ دۇنيا دەرىجىلىك كەسىپلەر توپىغا قاراپ يۈكسىلىشىگە تۈرتكە بولۇش كېرەك. ئەنئەنىۋى كەسىپلەرنىڭ دۆلىتىمىز ياسىمچىلىقىدا ئىگىلىگەن نىسبىتى 80%تىن ئاشىدۇ، ئۆزگەرتىپ دەرىجىسىنى ئۆستۈرۈش ئارقىلىق يەنە يېڭى ماھىيەتلىك ئىشلەپچىقىرىش كۈچىنى شەكىللەندۈرگىلى بولىدۇ. ياسىمچىلىقتا تېخنىكا ئۆزگەرتىش، دەرىجىنى ئۆستۈرۈش قۇرۇلۇشىنى چوڭقۇر يولغا قويۇپ، ئۈسكۈنىلەرنى كەڭ كۆلەمدە يېڭىلاشنى پائال يولغا قويۇپ، تېپىنى سەرخىل، ئاقىل، يېشىل تىپقا ئۆزگەرتىشكە تۈرتكە بولۇش كېرەك. ئۈچىنچىدىن، ياسىمچىلىق تەرەققىياتىغا تىرەك بولۇش، يېتەكچىلىك قىلىشنى يەنىمۇ كۈچەيتىش كېرەك. دۆلىتىمىزدە ئىشلەپچىقىرىش خاراكتېرلىك مۇلازىمەت كەسپىنىڭ تەرەققىياتى نىسبەتەن ئارقىدا قالغان بولۇپ، ئىقتىساد ئومۇمىي مىقدارىنىڭ ئاران 18% ئەتراپىنى ئىگىلەيدۇ، ھالبۇكى تەرەققىي تاپقان دۆلەتلەرنىڭ كۆپىنچىسىدە 40% — 50%نى ئىگىلەيدۇ. تەتقىق قىلىپ ئېچىش-لايىھەلەش، تەكشۈرۈش-ئۆلچەش، ئاقىل ئەشيا ئوبوروتى قاتارلىق زامانىۋى ئىشلەپچىقىرىش خاراكتېرىدىكى مۇلازىمەتچىلىكنى تېز تەرەققىي قىلدۇرۇپ، ئىلغار ياسىمچىلىق بىلەن زامانىۋى مۇلازىمەتچىلىكنىڭ يۇغۇرۇلۇشىنى چوڭقۇرلاشتۇرۇش كېرەك. چوڭ، ئوتتۇرا، كىچىك كارخانىلار يۇغۇرۇلۇپ يېڭىلىق يارىتىشتا «قول تۇتۇشۇپ ھەرىكەت

قىلىش» پىلانىنى يولغا قويۇپ، ئوتتۇرا، كىچىك كارخانىلارنىڭ كەسپىي، تۈجۈپىلىك، ئۆزگىچە، يېڭىچە تەرەققىياتىنى ئىلگىرى سۈرۈش كېرەك. ئۆلچەم يېتەكچىلىكى ۋە سۈپەت تىرىكىنى كۈچەيتىپ، ئۆلچەمنى خەلقئارا ئىلغار سەۋىيە بىلەن ئۇدۇللاشتۇرۇشقا تۈرتكە بولۇپ، ئومۇميۈزلۈك سۈپەت باشقۇرۇشنى كۈچەيتىپ، خەلقئارا تەسىر كۈچىگە ئىگە تېخىمۇ كۆپ «جۇڭگو ياسىمچىلىقى» ماركىسىنى يارىتىش كېرەك.

يېڭى گۈللىنىۋاتقان كەسىپلەر ۋە كەلگۈسى كەسىپلەرنى پائال يېتىلدۈرۈش كېرەك. بۇ، يېڭى ماھىيەتلىك ئىشلەپچىقىرىش كۈچلىرىنى تېز تەرەققىي قىلدۇرۇشنىڭ ئىچكى تەلىپى بولۇپ، دۆلەتنىڭ تەرەققىيات ئىستراتېگىيەسى ئومۇملۇقىغا مۇناسىۋەتلىك. «دوكلات»تا بۇنىڭغا قارىتا ئورۇنلاشتۇرما قىلىندى. بىرىنچىدىن، يېڭى گۈللىنىۋاتقان كەسىپلەرنى تۈرگە، كەسىپكە ئايرىپ، دەل جايىدا تەدبىر قوللىنىپ يېتىلدۈرۈش، زورايتىش كېرەك. دۆلىتىمىزدىكى ئىستراتېگىيەلىك يېڭى گۈللىنىۋاتقان كەسىپلەرنىڭ ئىچكى ئىشلەپچىقىرىش ئومۇمىي قىممىتىدە ئىگىلىگەن نىسبىتى 13%تىن ئېشىپ كەتتى، ئۇنىڭ تەرەققىيات يوشۇرۇن كۈچى غايەت زور بولدى. كەسىپتە يېڭىلىق يارىتىش قۇرۇلۇشىنى يولغا قويۇپ، كەسىپ ئېكولوگىيەسىنى مۇكەممەللەشتۈرۈپ، قوللىنىش مۇھىتىنى كېڭەيتىپ، يۇغۇرما، توپلاشما تەرەققىياتنى ئىلگىرى سۈرۈش كېرەك. تورغا ئۇلانغان يېڭى ئېنېرگىيەلىك ئاقىل ئاپتوموبىل قاتارلىق كەسىپلەر دۇنيادا ئالدىنقى ئورۇندا تۇرىدۇ، بۇ كەسىپلەرنى تىرىشىپ كۈچەيتىپ، ئەلالاشتۇرۇپ، ئۇلارنىڭ يادرولۇق رىقابەت كۈچىنى ئۈزلۈكسىز ئۆستۈرۈش كېرەك. ئالدىنقى قاتاردىكى يېڭى گۈللىنىۋاتقان ھىدروگېن ئېنېرگىيەسى، يېڭى ماتېرىيال، ئىجادىي

دورا قاتارلىق ساھەلەردە يېڭىلىق يارىتىش جانلاندى، قوللاش سىياسىتىنى مۇكەممەللەشتۈرۈپ، ئۇلارنىڭ تېز ئۆسۈپ يېتىلىشى، زورىيىشىنى ئىلگىرى سۈرۈش كېرەك. بىيو ياسىمىچىلىق، تىجارەتلىك ئالەم قاتنىشى، تۆۋەن بوشلۇق ئىقتىسادى قاتارلىق كەسىپلەرنىڭ يوشۇرۇن بازار كۆلىمى چوڭ، ئۇلارنىڭ يېڭى ئاشۇرۇش موتورىغا ئايلىنىشىنى تېزلىتىش كېرەك. ئىككىنچىدىن، كەلگۈسى كەسىپلەرنى ئالدىن پىلانلاش، تېزدىن ئورۇنلاشتۇرۇش كېرەك. كەلگۈسى كەسىپلەردە سىجىل يېڭىلىق يارىتىلدى، تەرەققىيات ئىستىقبالى پارلاق، بۇ كەسىپلەر دۇنيادىكى ئاساسلىق دۆلەتلەر ئىستراتېگىيە جەھەتتە جەزمەن تالىشىدىغان ساھەگە ئايلاندى. دۆلەتنىڭ ئىستراتېگىيەلىك ئېھتىياجىغا يۈزلىنىپ، كەلگۈسى كەسىپ تەرەققىياتىغا دائىر يىرىك پىلاننى تۈزۈپ، ئالدىن ئورۇنلاشتۇرۇش، يېڭىلىق يارىتىش ئارقىلىق تۇرتكە بولۇش، قوللىنىش ئارقىلىق يېتەكلەش، پەلەمپەيسىمان يېتىشتۈرۈشنى كۈچەيتىپ، كىۋانت تېخنىكىسى، ھاياتلىق ئىلمى قاتارلىق يېڭى مۇسابىقە يوللىرىنى پائال ئېچىپ، بىر تۈركۈم كەلگۈسى كەسىپلەر باشلامچى رايونىنى بەرپا قىلىش كېرەك. ئۈچىنچىدىن، يېڭى گۈللىنىۋاتقان كەسىپلەر ۋە كەلگۈسى كەسىپلەرنىڭ تەرەققىيات مۇھىتىنى ئەلالاشتۇرۇش كېرەك. كەسىپلەرنىڭ ئىجادىي تەرەققىياتى ئۇزاق مۇددەتلىك مۇقىم مەبلەغ سېلىنمىسىدىن ئايرىلالمايدۇ. ئىگىلىك تىكلەش سېلىنمىسى، پاي ھوقۇقى سېلىنمىسىنى راۋاجلاندۇرۇشقا ئىلھام بېرىپ، تېخىمۇ كۆپ كاپىتالنى دەسلەپكى تۈر، كىچىك كارخانىلار، يۇقىرى تېخنىكىلىق كارخانىلارغا سېلىشقا يېتەكلەش كېرەك. ھازىر كەسىپ سېلىنمىسى فوندىنىڭ مىقدارى ناھايىتى كۆپ بولۇپ، مەبلەغ سېلىش بىر خىللىشىش، ئىشلىتىش

ئۇنۇمى يۇقىرى بولماسلىق قاتارلىق مەسىلىلەر مۇئەييەن دەرىجىدە مەۋجۇت، ئۇنىڭ فۇنكسىيەلىك ئورۇن بېكىتمىسىنى يەنىمۇ ئايدىڭلاشتۇرۇپ، يېتەكلەش، قوزغىتىش رولىنى تېخىمۇ ياخشى جارى قىلدۇرۇش كېرەك. نۆۋەتتە نۇرغۇن جايلارنىڭ يېڭى گۈللىنىۋاتقان كەسىپلەر ۋە كەلگۈسى كەسىپلەرنى تەرەققىي قىلدۇرۇش ئاكتىپلىقى ناھايىتى يۇقىرى، نۇقتىلىق كەسىپلەرنى بىرتۇتاش ئورۇنلاشتۇرۇش ۋە مەبلەغ سېلىشقا يېتەكلەشنى كۈچەيتىپ، جايلارنى بايلىق ئەۋزەللىكى، كەسىپ ئاساسى، پەن تەتقىقات شارائىتى قاتارلىقلارغا ئاساسەن پەرقلىق تەرەققىي قىلىشقا يېتەكلەپ، ھەمىشە بىلەنلا ئىش باشلاش ۋە تۆۋەن سەۋىيەدە تەكرار قۇرۇلۇش قىلىشنىڭ ئالدىنى ئېلىش كېرەك.

رەقەملىك ئىقتىسادنىڭ ئىجادىي تەرەققىياتىنى چوڭقۇر ئالغا سىلجىتىش كېرەك. دۆلىتىمىز رەقەملىك ئىقتىسادىنىڭ كۆلىمى ئۇدا كۆپ يىل دۇنيا بويىچە 2-ئورۇندا تۇردى، لېكىن ئاچقۇچلۇق، يادرولۇق تېخنىكا، كەسىپ ئاساسىي ئىقتىدارى قاتارلىق جەھەتلەردە كەمتۈكلۈكلەر مەۋجۇت. رەقەملىك ئىقتىسادنىڭ يۇقىرى سۈپەتلىك تەرەققىياتىغا مەدەت بېرىدىغان سىياسەتلەرنى تۈزۈپ، رەقەم تېخنىكىسى بىلەن ئەمەلىي ئىقتىسادنىڭ چوڭقۇر يۇغۇرۇلۇشىنى ئىلگىرى سۈرۈپ، دۆلىتىمىز رەقەملىك ئىقتىسادىنىڭ ئەۋزەللىكىنى مۇستەھكەملەش ۋە كۈچەيتىش كېرەك. بىرىنچىدىن، رەقەمنى كەسىپلەشتۈرۈشنى پائال ئالغا سىلجىتىش كېرەك. رەقەمنى كەسىپلەشتۈرۈش رەقەملىك ئىقتىسادنى تەرەققىي قىلدۇرۇشتىكى ھەرىكەتلەندۈرگۈچ كۈچ ۋە تىرەك. چوڭ سانلىق مەلۇمات، سۈنئىي ئەقىل قاتارلىقلارنى تەتقىق قىلىپ يارىتىش ۋە قوللىنىشنى چوڭقۇرلاشتۇرۇپ، ھېسابلاش ئىقتىدارى، ھېسابلاش ئۇسۇلى

قاتارلىق تۆۋەن قاتلام تېخنىكىلىرىدا بۆسۈش ھاسىل قىلىشنى تېزلىتىپ، ئۆز ئالدىغا كونترول قىلغىلى بولىدىغان كەسىپ ئېكولوگىيەسىنى بەرپا قىلىش كېرەك. دۆلىتىمىزنىڭ قوللىنىش مۇھىتى مول بولۇش قاتارلىق ئەۋزەللىكلىرىنى جارى قىلدۇرۇپ، «سۈنئىي ئەقىل +»ھەرىكىتىنى قانات يايدۇرۇپ، تۈرلۈك كەسىپلەرنى قۇۋۋەتكە ئىگە قىلىش كېرەك. رەقەملىك ئىقتىسادنىڭ كۆلەم ئۈنۈمى كۆرۈنەرلىك بولدى، ئەلا سۈپەتلىك زۆرۈر ئامىل بايلىقىنى يۇقىرى ئۈنۈملۈك توپلىنىشقا يېتەكلەپ، خەلقئارا رىقابەت كۈچىگە ئىگە رەقەملىك كەسىپ توپىنى بەرپا قىلىش كېرەك. ئىككىنچىدىن، كەسىپلەرنى رەقەملەشتۈرۈشنى زور كۈچ بىلەن ئالغا سىلجىتىش كېرەك. كەسىپلەرنى رەقەملەشتۈرۈش رەقەملىك ئىقتىسادنى تەرەققىي قىلدۇرۇشتىكى ئاساسلىق جەڭ مەيدانى. ياسىمىچىلىقنىڭ تىپىنى رەقەملىك تىپقا ئۆزگەرتىش ھەرىكىتىنى يولغا قويۇپ، كەسىپلەر بويىچە تىپ ئۆزگەرتىش يول خەرىتىسىنى تۈزۈپ، سانائەت ئالاقە تورىنى كۆلەملەشتۈرۈپ قوللىنىشنى تېزلىتىپ، «ئاقىللاشتۇرۇش، رەقەملەشتۈرۈش، تورلاشتۇرۇش»قا تۈرتكە بولۇش كېرەك. سودا، ئەشيا ئوبوروتى، پۇل مۇئامىلە قاتارلىق مۇلازىمەتچىلىكنى رەقەملەشتۈرۈشنى زور كۈچ بىلەن ئالغا سىلجىتىپ، ئاقىل شەھەر، رەقەملىك يېزا-كەنت قۇرۇشنى تېزلىتىش كېرەك. ئۈچىنچىدىن، كارخانىلارنىڭ تىپىنى رەقەملىك تىپقا ئۆزگەرتىشنى تېز ئالغا سىلجىتىش كېرەك. كارخانا تىپىنى رەقەملىك تىپقا ئۆزگەرتىشتىكى ئاساسىي گەۋدە، بۇنىڭ ئىچىدە مىقدارى كۆپ، دائىرىسى كەڭ ئوتتۇرا، كىچىك كارخانىلار مۇھىم نۇقتا ۋە قىيىن نۇقتا. ئوتتۇرا، كىچىك كارخانىلارنى رەقەملەشتۈرۈش قۇۋۋەتكە ئىگە قىلىش مەخسۇس ھەرىكىتىنى چوڭقۇر قانات

يايدۇرۇپ، كارخانىلاردىكى «تىپ ئۆزگەرتىشنى خالىماسلىق، تىپ ئۆزگەرتىشكە جۈرئەت قىلالماسلىق، تىپ ئۆزگەرتىشنى بىلمەسلىك» قاتارلىق مەسىلىلەرنى ھەقىقىي ھەل قىلىش كېرەك. يېقىنقى يىللاردىن بۇيان، دۆلىتىمىزدىكى سۇپا كارخانىلىرى تېز سۈرئەتتە تەرەققىي قىلىپ زورىيىپ، رەقەملىك ئىقتىسادنىڭ تەرەققىياتىغا تۈرتكە بولۇشتا مۇھىم رولىنى جارى قىلدۇردى. دائىملاشقان نازارەت قىلىش-باشقۇرۇش سەۋىيەسىنى ئۆستۈرۈپ، سۇپا كارخانىلىرىنىڭ يېتەكلىك يارىتىشنى ئىلگىرى سۈرۈشى، ئىش ئورنىنى كۆپەيتىشى، خەلقئارا رىقابەتتە كاراmetىنى كۆرسىتىشىگە مەدەت بېرىش كېرەك. ئۈتىنچىدىن، رەقەملىك ئىقتىسادنىڭ تەرەققىيات ئاساسىنى مۇستەھكەملەش كېرەك. سانلىق مەلۇمات رەقەملىك ئىقتىسادنىڭ ئاساسىي زۆرۈر ئامىلى. سانلىق مەلۇمات مۈلۈك ھوقۇقى، ئوبوروت سودىسى، پايدا تەقسىماتى، بىخەتەرلىك بويىچە ئىدارە قىلىش قاتارلىق ئۇل تۈزۈملەرنى تاكامۇللاشتۇرۇپ، سانلىق مەلۇماتلارنى ئېچىۋېتىش، ئورتاق بەھرىلىنىش ۋە ئېچىپ پايدىلىنىشقا تۈرتكە بولۇش كېرەك. 5G قاتارلىق رەقەملىك ئۇل ئەسلىھەلەرنى داۋاملىق مۇۋاپىق دەرىجىدە ئالدىن قۇرۇپ، «شەرقنىڭ سانلىق مەلۇماتىنى غەربتە ھېسابلاش» قۇرۇلۇشىنى يولغا قويۇشنى چوڭقۇرلاشتۇرۇپ، مەملىكەت بويىچە بىر گەۋدىلەشكەن ھېسابلاش ئىقتىدارى سىستېمىسىنى تېز شەكىللەندۈرۈش كېرەك.

(2) دۆلەتنى پەن-مائارىپ ئارقىلىق گۈللەندۈرۈش ئىستراتېگىيەسىنى چوڭقۇر يولغا قويۇپ، يۇقىرى سۈپەتلىك تەرەققىياتنىڭ ئۇللۇق تىرىكنى كۈچەيتىش كېرەك. پارتىيە 20-قۇرۇلتىيى دوكلاتىدا: مائارىپ، پەن-تېخنىكا،

ئىختىساسلىقلار — سوتسىيالىستىك زامانىۋىلاشقان دۆلەتنى ئومۇميۈزلۈك قۇرۇشنىڭ ئۇللۇق، ئىستراتېگىيەلىك تىرىكى، دەپ كۆرسىتىلدى. «دوكلات»تا، مائارىپ كۈچلۈك دۆلىتى، پەن-تېخنىكا كۈچلۈك دۆلىتى، ئىختىساسلىقلار كۈچلۈك دۆلىتى قۇرۇلۇشىنى بىر گەۋدە قىلىپ بىرتۇتاش ئالغا سىلجىتىشتا چىڭ تۇرۇپ، يېڭىلىق يارىتىش زەنجىرى، كەسىپ زەنجىرى، مەبلەغ زەنجىرى، ئىختىساسلىقلار زەنجىرىنى بىر گەۋدە قىلىش ئورۇنلاشتۇرمىسىنى يولغا قويۇپ، مائارىپ، پەن-تېخنىكا، ئىختىساسلىقلار ئۇنىۋېرسال ئىسلاھاتىنى چوڭقۇرلاشتۇرۇش تەكىتلىنىپ، بۇ يىللىق مائارىپ، پەن-تېخنىكا، ئىختىساسلىقلار خىزمىتىنى ياخشى ئىشلەشكە قارىتا ئېنىق تەلەپلەر ئوتتۇرىغا قويۇلدى.

يۇقىرى سۈپەتلىك مائارىپ سىستېمىسى قۇرۇلۇشىنى كۈچەيتىش كېرەك. مائارىپ گۈللەنسە دۆلەت گۈللىنىدۇ، مائارىپ كۈچەيسە دۆلەت قۇدرەت تاپىدۇ. دۆلىتىمىز مائارىپى كۆلەم جەھەتتە كېڭىيىش باسقۇچىدىن يۇقىرى سۈپەتلىك تەرەققىي قىلىش باسقۇچىغا ئۆتتى. «دوكلات»تا پارتىيەنىڭ مائارىپ فاڭجېنىنى ئومۇميۈزلۈك ئىزچىللاشتۇرۇپ، يۇقىرى سۈپەتلىك تەرەققىياتنى ھەر دەرىجىلىك، تۈرلۈك مائارىپنىڭ جان تومۇرى قىلىشتا چىڭ تۇرۇش تەلەپ قىلىندى. بىرىنچىدىن، ئەخلاق ئارقىلىق ئادەم تەربىيەلەش تۈپ ۋەزىپىسىنى ئەمەلىيلەشتۈرۈش كېرەك. قانداق ئادەم تەربىيەلەش، ئادەمنى قانداق تەربىيەلەش، كىم ئۈچۈن ئادەم تەربىيەلەش مائارىپتىكى تۈپ مەسىلە. «دوكلات»تا مائارىپ كۈچلۈك دۆلىتى قۇرۇشتىكى بۇ يادرولۇق تېمىنى چۆرىدىگەن ھالدا، ئالىي، ئوتتۇرا، باشلانغۇچ مەكتەپلەرنىڭ ئىدىيەۋى-سىياسىي

تەربىيە خىزمىتىنى بىر گەۋدىلەشتۈرۈش قۇرۇلۇشىنى ئالغا سىلجىتىش تەلەپ قىلىندى. ئىككىنچىدىن، ھەر دەرىجىلىك، تۈرلۈك مائارىپنىڭ تەرەققىياتىنى بىرتۇتاش پىلانلاش كېرەك. دۆلىتىمىز دۇنيا بويىچە كۆلىمى ئەڭ چوڭ مائارىپ سىستېمىسىنى قۇرۇپ چىقتى، ھەرقايسى ئوقۇش باسقۇچلىرىنىڭ ئومۇملىشىش دەرىجىسى ئوتتۇرا، يۇقىرى كىرىملىك دۆلەتلەرنىڭ ئوتتۇرىچە سەۋىيەسىگە يەتتى ياكى ئۇنىڭدىن ئېشىپ كەتتى. «دوكلات»تا ئاساسىي مائارىپنى ئەلالاشتۇرۇش، سۈپىتىنى ئۆستۈرۈش ھەرىكىتىنى قانات يايدۇرۇش ئوتتۇرىغا قويۇلدى، بۇنىڭدا كۆپ خىل تەدبىرنى تەڭ قوللىنىپ، ئاساسىي مائارىپ سۈپىتىنى ئومۇميۈزلۈك ئۆستۈرۈشكە تۈرتكە بولۇپ، «ئىككى جەھەتتىن تەڭ تۇتۇش قىلىش» ئارقىلىق ئاجىز مەكتەپلەرنىڭ مەكتەپ باشقۇرۇش سەۋىيەسىنى ياخشىلاش ۋە ئەلا سۈپەتلىك ئوقۇتۇش ئورنى تەمىناتىنى ئاشۇرۇش كېرەك. مائارىپ كۈچلۈك دۆلەتنى قۇرۇشتا، ئالىي مائارىپ باشلامچى ئورۇندا تۇرىدۇ. ئىختىساسلىقلارنى ئۆز ئالدىغا يېتىشتۈرۈش سۈپىتى ۋە پەن- تېخنىكىدا يېڭىلىق يارىتىش ئىقتىدارىنى ئۆستۈرۈشنى چۆرىدەپ، ئالىي مائارىپ ئۇنىۋېرسال ئىسلاھاتىنى نۇقتىدا سىناق قىلىشنى يولغا قويۇپ، ئالىي مەكتەپلەرنىڭ ئۆزگىچە، ئەۋزەل كەسىپلەر توپى قۇرۇشىغا تۈرتكە بولۇپ، تەشكىللىك پەن تەتقىقاتىنى ياخشى قانات يايدۇرۇش كېرەك. «دوكلات»تا يەنە كەسپىي مائارىپ سۈپىتىنى زور كۈچ بىلەن ئۆستۈرۈپ، يۇقىرى ساپالىق ماھارەت ئىختىساسلىقلىرىنى يېتىشتۈرۈش تەلەپ قىلىندى. ئۈچىنچىدىن، مائارىپ تەرەققىياتىدىكى گەۋدىلىك مەسىلىلەرنى كۈچەپ ھەل قىلىش كېرەك. مەسىلەن، «دوكلات»تا يېزىلاردىكى ياتاقلىق مەكتەپلەرنىڭ مەكتەپ باشقۇرۇش شارائىتىنى ياخشىلاش

ئوتتۇرىغا قويۇلدى. مەملىكەت بويىچە مەجبۇرىيەت مائارىپى باسقۇچىدىكى ياتاقلىق مەكتەپ 65 مىڭ، ياتاقتا يېتىپ ئوقۇيدىغان ئوقۇغۇچى 31 مىليون 540 مىڭ بولۇپ، مەجبۇرىيەت مائارىپى باسقۇچىدىكى ئوقۇغۇچىلار ئومۇمىي سانىنىڭ 19.6%ىنى ئىگىلەيدۇ. گەرچە يېقىنقى يىللاردىن بۇيان يېزىلاردىكى ياتاقلىق مەكتەپلەرنىڭ شارائىتى زور دەرىجىدە ياخشىلانغان بولسىمۇ، لېكىن يەنە نۇرغۇن ئاجىز ھالقىلار مەۋجۇت، بۇ كەمتۈكلۈكلەرنى تولۇقلاشقا توغرا كېلىدۇ. يەنە مەسىلەن، «دوكلات»تا ئوقۇغۇچىلارنىڭ پسىخىكا ساغلاملىق تەربىيەسىنى كۈچەيتىش ئوتتۇرىغا قويۇلدى. يېقىنقى يىللاردىن بۇيان، پسىخىكا ساغلاملىقى مەسىلىسىدە «يېشى كىچىكلىشىش» تەرەققىيات يۈزلىنىشى كۆرۈلۈپ، جەمئىيەتنىڭ دىققىتىنى قوزغىدى. ساغلاملىق بىرىنچى دېگەن مائارىپ ئىدىيەسىدە چىڭ تۇرۇپ، كۆپ خىل تەدبىرنى تەڭ قوللىنىپ پسىخىكا ساغلاملىقى خىزمىتىنى كۈچەيتىش ۋە ياخشىلاش كېرەك. تۆتىنچىدىن، مائارىپنىڭ يۇقىرى سۈپەتلىك تەرەققىياتقا تېخىمۇ ياخشى مۇلازىمەت قىلىشىغا تۈرتكە بولۇش كېرەك. نۆۋەتتە، ئىقتىسادىي، ئىجتىمائىي تەرەققىيات ئىختىساسلىقلارنى يېتىشتۈرۈشكە يېڭى، تېخىمۇ يۇقىرى تەلەپ قويدى. «دوكلات»تا يەن، كەسىپ ۋە بايلىق قۇرۇلمىسىنىڭ جايلىشىشىنى ئەلالاشتۇرۇپ، قوللىنىشچان تولۇق كۇرسلۇق ئالىي مەكتەپلەرنى بەرپا قىلىش ۋە قۇرۇش تەلەپ قىلىندى، بۇنىڭدا دۆلەتنىڭ ئىستراتېگىيەلىك ئىختىساسلىقلىرى ۋە جىددىي ئېھتىياجلىق، قىس ئىختىساسلىقلارنى نىشانلىق يېتىشتۈرۈش كېرەك.

پەن-تېخنىكىدا يۇقىرى سەۋىيەدە ئۆزىگە تايىنىش، ئۆزىنى قۇدرەت تاپتۇرۇشقا تېز تۈرتكە بولۇش كېرەك. باش شۇجى شى

جىنپىڭ مۇنداق كۆرسەتتى: «پەن-تېخنىكىدا يۇقىرى سەۋىيەدە ئۆزىگە تايىنىش، ئۆزىنى قۇدرەت تاپتۇرۇشنى ئىشقا ئاشۇرۇش جۇڭگوچە زامانىۋىلاشتۇرۇش قۇرۇلۇشىدىكى ئاچقۇچ». «دوكلات»تا: يېڭىچە پۈتۈن دۆلەتنىڭ كۈچىنى ئىشقا سېلىش تۈزۈلمىسىنىڭ ئەۋزەللىكىنى تولۇق جارى قىلدۇرۇپ، ئۆز ئالدىغا يېڭىلىق يارىتىش ئىقتىدارىمىزنى ئومۇمىيۈزلۈك ئۆستۈرىمىز، دەپ تەكىتلەندى. بىرىنچىدىن، ئۇل تەتقىقاتنى سىجىل كۈچەيتىش كېرەك. دۆلىتىمىز دۇچ كەلگەن نۇرغۇن «گالدىن بوغىدىغان» تېخنىكا مەسىلىلىرىنىڭ يىلتىزى ئۇل تەتقىقاتنىڭ يېتەرلىك بولماسلىقىدۇر. «دوكلات»تا ئۇل تەتقىقاتنىڭ سىستېمىلىق جايلىشىشىنى كۈچەيتىش ئورۇنلاشتۇرۇلدى. ئالدى كۆرەرلىك، ئىستراتېگىيەلىك ئېھتىياج يۆنىلىشىنى گەۋدىلەندۈرۈپ، ئۇل تەتقىقات بايلىقىنىڭ تەقسىملىنىشى ۋە جايلىشىش قۇرۇلمىسىنى ئەلالاشتۇرۇپ، بىر تۈركۈم يېڭىلىق يارىتىش بازىلىرى، ئەۋزەل كوللېكتىپ ۋە نۇقتىلىق نىشانلارنى ئۇزاققىچە مۇقىم قوللاش كېرەك. ئۇل تەتقىقات ئۇزاق مۇددەتلىككە ۋە ئېنىقسىزلىققا ئىگە بولۇپ، سالماق بىلەن سىجىل مەبلەغ سېلىشقا توغرا كېلىدۇ. ئۆتكەن يىلى دۆلىتىمىز ئۇل تەتقىقات خىراجىتىنىڭ پۈتۈن جەمئىيەت تەتقىقات خىراجىتىدە ئىگىلىگەن نىسبىتى 6.65% بولدى، ھالبۇكى تەرەققىي تاپقان دۆلەتلەردە ئادەتتە 15%تىن يۇقىرى بولىدۇ. ھەر دەرىجىلىك مالىيە سېلىنمىنى داۋاملىق ئاشۇرۇش بىلەن بىرگە، كارخانا ۋە ئىجتىمائىي كۈچلەرنى سېلىنمىنى ئاشۇرۇشقا يېتەكلىشى كېرەك. ئىككىنچىدىن، يېڭىلىق يارىتىش سىستېمىسىنىڭ ئومۇمىي ئۈنۈمىنى ئۆستۈرۈش كېرەك. دۆلىتىمىزدە دۆلەت تەجرىبىخانىسى، دۆلەت پەن تەتقىقات ئاپپاراتى، يۇقىرى سەۋىيەلىك تەتقىقات تېپىدىكى داشۆ، پەن-

تېخنىكا باشلامچى كارخانىسى قاتارلىق ئىستراتېگىيەلىك پەن-تېخنىكا كۈچلىرى بار، كارخانىلىرىنىڭ سانى دۇنيا بويىچە ئەڭ كۆپ، مۇھىمى بايلىق تەقسىملەشنى ئەلالاشتۇرۇپ، ئىقتىدار جەھەتتە بىر-بىرىنى تولۇقلايدىغان، ياخشى ھەمتۈرتكە بولىدىغان ماسلىشىپ يېڭىلىق يارىتىش يېڭى ئەندىزىسىنىڭ شەكىللىنىشىگە تۈرتكە بولۇش كېرەك. «دوكلات»تا دۆلەتنىڭ ئىستراتېگىيەلىك پەن-تېخنىكا كۈچى ۋە ئىجتىمائىي يېڭىلىق يارىتىش بايلىقىنى توپلاپ، ئاچقۇچلۇق، يادرولۇق تېخنىكىلاردا ئۆتكەلگە ماسلىشىپ ھۇجۇم قىلىشنى ئالغا سىلجىتىپ، ئاغدۇرۇش خاراكتېرلىك تېخنىكا ۋە ئالدىنقى قاتاردىكى تېخنىكا تەتقىقاتىنى كۈچەيتىش تەلەپ قىلىندى. ئۈچىنچىدىن، كارخانىلارنىڭ پەن-تېخنىكىدا يېڭىلىق يارىتىشتىكى ئاساسىي گەۋدىلىك ئورنىنى كۈچەيتىش كېرەك. يېقىنقى يىللاردىن بۇيان، دۆلەت كارخانىلارنىڭ يېڭىلىق يارىتىشتىكى ئاساسىي گەۋدىلىك رولىنى جارى قىلدۇرۇشنى قوللاش جەھەتتە نۇرغۇن تەدبىرلەرنى قوللاندى. دۆلەتنىڭ نۆۋەتتىكى نۇقتىلىق تەتقىق قىلىش-ئېچىش پىلانىدا، كارخانىلار قاتناشقان ياكى باشلامچى بولغانلىرىنىڭ ئىگىلىگەن نىسبىتى 80%كە يېقىنلاشتى. كارخانىلارنىڭ پەن-تېخنىكا سېلىنمىسىنىڭ ئېشىشمۇ ناھايىتى تېز بولدى، لېكىن سېلىنما سىجىللىقى جەھەتتە تەرەققىي تاپقان دۆلەتلەرنىڭكىگە سېلىشتۇرغاندا يەنىلا ناھايىتى چوڭ پەرق بار. كارخانىلارنى يېڭىلىق يارىتىش سېلىنمىسىنى ئاشۇرۇشقا رىغبەتلەندۈرۈپ، ئىشلەپچىقىرىش، ئوقۇتۇش، تەتقىقات، قوللىنىشنى بىرلەشتۈرۈشنى چوڭقۇرلاشتۇرۇپ، پەن-تېخنىكا نەتىجىلىرىنىڭ يۆتكىلىشى، ئايلىنىشىنى ئىلگىرى سۈرۈش كېرەك. تۆتىنچىدىن، تۈزۈلمە-مېخانىزمنى تاكامۇللاشتۇرۇش، مۇكەممەللەشتۈرۈش

كېرەك. ئۆۋەتتە، پەن-تېخنىكىدا يېڭىلىق يارىتىشنى چەكلەپ تۇرۇۋاتقان، پەن-تېخنىكا خادىملىرىنىڭ ئاكتىپلىقىغا تەسىر يەتكۈزۈۋاتقان تۈزۈلمە-مېخانىزم توسالغۇلىرى يەنىلا ئاز ئەمەس. ئومۇمىيۈزلۈك يېڭىلىق يارىتىشقا مەدەت بېرىدىغان ئۇل تۈزۈمنى تېز شەكىللەندۈرۈپ، پەن-تېخنىكىنى باھالاش، پەن-تېخنىكا بويىچە مۇكاپاتلاش، پەن تەتقىقات تۈرلىرى ۋە خىراجىتىنى باشقۇرۇش تۈزۈمى ئىسلاھاتىنى چوڭقۇرلاشتۇرۇپ، «ئېلان چىقىرىپ باشلامچى تاللاش» مېخانىزمىنى تاكامۇللاشتۇرۇپ، بىلىم مۈلۈك ھوقۇقىنى قوغداشنى كۈچەيتىپ، يېڭىلىق يارىتىش، ئىجاد قىلىش ھاياتىي كۈچىنى ئۈزلۈكسىز ئۇرغۇتۇش كېرەك. خەلقئارا پەن-تېخنىكا ئالاقە-ھەمكارلىقنى كېڭەيتىپ، دۇنياۋى يېڭىلىق يارىتىش تورىغا تېخىمۇ پائال سىڭىشىش كېرەك.

ئىختىساسلىقلارنى ھەر تەرەپلىمە يېتىشتۈرۈش ۋە ياخشى ئىشلىتىش كېرەك. يۇقىرى سۈپەتلىك تەرەققىياتقا تۈرتكە بولۇشتا ئىختىساسلىقلار بىرىنچى بايلىق. 2023-يىلى، دۆلىتىمىزدە داشۆ مەدەنىيەت سەۋىيەسىگە ئىگە نوپۇس 250 مىليوندىن ئاشتى، ئەمگەك يېشىدىكى نوپۇسنىڭ مائارىپنى قوبۇل قىلىش ئوتتۇرىچە يىل چېكى 11.05 يىلغا يەتتى، ئىختىساسلىقلار بايلىقى ئومۇمىي مىقدارى، پەن-تېخنىكا ئادەم كۈچى بايلىقى، تەتقىق قىلىپ يارىتىش خادىملىرىنىڭ ئومۇمىي سانى بىردەك دۇنيا بويىچە 1-ئورۇندا تۇردى، لېكىن ئىختىساسلىقلار قوشۇنىدىكى قۇرۇلملىق زىددىيەت يەنىلا گەۋدىلىك، ئىختىساسلىقلارنى تەرەققىي قىلدۇرۇش مېخانىزمى تېخى تاكامۇللاشمىدى. «دوكلات»تا: تېخىمۇ ئاكتىپ، تېخىمۇ ئېچىۋېتىلگەن، تېخىمۇ ئۈنۈملۈك ئىختىساسلىقلار سىياسىتىنى يولغا قويۇش ئوتتۇرىغا قويۇلدى، بۇنىڭدا تۈرلۈك ئىختىساسلىقلارنى كەڭ

دائىرىدە يېتىشتۈرۈپ، جاھاندىكى ئىختىساسلىقلارنى كەڭ دائىرىدە كىرگۈزۈپ، ھەركىم ئۆز قابىلىيىتىنى ئىشقا سالىدىغان، كارامىتىنى كۆرسىتىدىغان ياخشى ۋەزىيەتنى شەكىللەندۈرۈش مەقسەت قىلىنغان. بىرىنچىدىن، سۇپا قۇرۇلۇشىنى كۈچەيتىش كېرەك. «دوكلات»تا يۇقىرى سەۋىيەلىك ئىختىساسلىقلار ئېگىزلىكى ۋە ئىختىساسلىقلارنى جەلپ قىلىش، توپلاش سۇپىسى قۇرۇلۇشىنى ئالغا سىلجىتىش ئوتتۇرىغا قويۇلدى، بۇنىڭدا ئاساسلىقى خەلقئارا ۋە رايون پەن-تېخنىكىدا يېڭىلىق يارىتىش مەركىزى قاتارلىقلارنىڭ پەن-مائارىپ بايلىقى، كەسىپ ئاساسى قاتارلىق جەھەتلەردىكى ئەۋزەللىكىنى جارى قىلدۇرۇپ، تېخىمۇ زور سالماق بىلەن ئىختىساسلىقلارنى جەلپ قىلىپ، ئىختىساسلىقلارنى توپلاپ، ئىختىساسلىقلار تەرەققىياتىنىڭ ئىستراتېگىيەلىك تىرەك نۇقتىسى ۋە ياۋا غاز سېپى ئەندىزىسىنى تېز شەكىللەندۈرۈش كۆزدە تۇتۇلغان. ئىككىنچىدىن، خىزمەتنىڭ مۇھىم نۇقتىسىنى ئىگىلەش كېرەك. دۆلىتىمىزنىڭ تەرەققىياتى ھەرقايسى ساھە، ھەرقايسى قاتلامدىكى ئىختىساسلىقلارغا موھتاج، «دوكلات»تا ئالدىنقى قاتاردا تۇرىدىغان پەن-تېخنىكا باشلامچى ئىختىساسلىقلىرى ۋە يېڭىلىق يارىتىش كوللېكتىپى، سەرخىل ئىجادچان ئىختىساسلىقلار، ئۇل تەتقىقات ئىختىساسلىقلىرى، داڭلىق ئىنژېنېرلار ۋە يۇقىرى ماھارەتلىك ئىختىساسلىقلار قاتارلىقلارنى تاللاپ يېتىشتۈرۈش، كىرگۈزۈش، ئىشلىتىش قاتارلىقلارنى چۆرىدىگەن ھالدا ئېنىق تەلەپلەر ئوتتۇرىغا قويۇلدى. ياشلىق مەزگىلى ئىجادچانلىق ئەڭ ئۇرغۇپ تۇرىدىغان مەزگىل. تەتقىقاتلاردىن مەلۇم بولۇشىچە، تەبىئىي پەندە كەشپىيات ۋە ئىجادىيەت بىلەن شۇغۇللىنىشتىكى ئەڭ ياخشى ياش باسقۇچى 25 ياشتىن 45 ياشقىچە ئىكەن. ياش پەن-تېخنىكا ئىختىساسلىقلىرىنى

قولـلاش سالـمـىقىنـى زورايـتـىـپ، مـائـاش تەمـىـنـاتـى، تـۇرالـغـۇ، پەرزەنتلەرنىڭ مەكتەپكە كىرىشى قاتارلىق جەھـەتلەردىكـى ئەمەلـيـ قىيىنچىلىقلارنى كۈچەپ ھەل قىلىـپ، ئۇلارنىڭ ئۆسۈپ يېتىلىشـى ئۈچـۈن ياخشى مـۇھىت يارىـتىش كـېـرەك. ئۈچـىـنـچىدىـن، پـەن-تېخنىكىنى باھالاش مېخانىزمىنى تاكامۇللاشتۇرۇش كېرەك. باھالاش سىستېمىسى ئىختىساسلىقلارنىڭ ئۆسۈپ يېتىلىـشى ۋە تەرەققىياتـىـدا مۇھىم «دىرىژورلۇق تايىقى»لىق رول ئويـنايدۇ. يېـڭىلـىق يارىتـىـش قىممىتى، ئىقتىدارى، تۆھپىسىنى يېتەكچى قىلغان ئىختىساسلىقلارنـى باھالاش سىستېمىسىنى تېز بەرپا قىلىپ، «تۆتنى ئاساس قىلىۋېلىشنى تۈگىتـىش»نى داۋاملـىق چوڭقـۇرلاشتۇرۇش بـىـلەن بىلـلە، «يېڭـى ئۆلچەم تۇرغۇزۇش»قا تېخىمۇ ئەھمىيەت بېرىش كېرەك. دۆلـىـتىمـىـز دۇنيا بويىچە كۆلىمـى ئەڭ چوڭ ئـىـختىساسلىقـلار قوشۇنـىـغا ئىگـە، پۈتۈن كۈچ بىـلەن ياخشـى ئىختـىـساسلـىقلار ئېكولوگـىـيەسى بەرپـا قىلىـىـلا، چوقۇم يېـڭى بىر نـۆۋەتلىك پـەن-تېخنـىـكا ئـىـنقىلابـى ۋە كەسىپ ئۆزگىرىشىدە پۇرسەتنى ئىگىلەپ، تەشەببۇسكارلىقنى قولغا كەلتۈرەلەيدۇ.

(3) ئىچكى ئېھتىياجنى كۈچـەپ ئاشۇرۇپ، ئىـقتىسـادتا ياخشـى سۈپەتلىك ئايلـىنىشـنىڭ ئـىشقا ئېـشىشىـغا تۈرتكـە بولۇش كـېـرەك. دۆلىتىمىزنىڭ ئاھالىسى 1 مىليـارد 400 مىليـوندىن ئاشـىدۇ، كىشى بېشىغا توغرا كېلىدىغان ئىچكى ئىشلەپچىقـىرىش ئومـۇمي قـىـممـىتـى 12 مىـڭ دوللارغا يېـتـىدۇ، ئوتـتـۇرا ھال كـىـرىملـىكلەر تـوپـى 500 مىليوندىن ئاشىدۇ، ئاھالىلەر ئىستېمالى سەرخىللىشىپ ۋە دەرىجىسى ئۆسۈپ، دۆلىتىمىز دۇنيا بويىچە ئەڭ چوڭ، ئەڭ يـوشۇرۇن كۈچكـە ئىگە ئىستېمال بازىرىغا ئىگە بولدى. شۇنىڭ بىلەن بىللە، دۆلـىـتىمـىـز يېـڭىـچە سانائـەتلـەشتۈرۈش، ئـۇچـۇرلاشـتـۇرۇش، شـەھـەر-

بازارلاشتۇرۇش، يېزا ئىگىلىكىنى زامانىۋىلاشتۇرۇشنىڭ چوڭقۇر تەرەققىيات باسقۇچىدا تۇرۇۋاتىدۇ، ئۈنۈملۈك سېلىنمىغا بولغان ئېھتىياج يوشۇرۇن كۈچى ناھايىتى زور. بۇ ئىككى تەرەپنىڭ بىرلىشىشى غايەت زور ئىچكى ئېھتىياج يوشۇرۇن كۈچىنى ھاسىل قىلىدۇ، بۇ، چوڭ دۆلەتكە خاس ئىقتىسادىمىزنىڭ ئەڭ چوڭ ئەۋزەللىكى. ئىچكى ئېھتىياجنى ئاشۇرۇش ئىستراتېگىيەسىنى يولغا قويۇشنى تەمىنات تەرەپلىك قۇرۇلمىلىق ئىسلاھاتنى چوڭقۇرلاشتۇرۇش بىلەن ئورگانىك بىرلەشتۈرۈپ، ئىستېمال بىلەن سېلىنمىنى تېخىمۇ ياخشى بىرتۇتاش پىلانلاپ، ئىقتىسادنىڭ ئېشىشىغا تۈرتكە بولۇش رولىنى كۈچەيتىش كېرەك.

ئىستېمالنىڭ مۇقىم ئېشىشىنى ئىلگىرى سۈرۈش كېرەك. نۆۋەتتە ئىستېمالنىڭ ئېشىش ھەرىكەتلەندۈرگۈچ كۈچىنىڭ يېتەرلىك بولماسلىقىدىكى سەۋەب كۆپ تەرەپلىك. بۇنىڭ ئىچىدە، يۇقۇم يۈز بەرگەندىن بۇيان، قىسمەن كىشىلەر توپى كىرىمىنىڭ ئېشىش سۈرئىتى ئاستىلاش، ئىستېمال ئىقتىدارى ئاجىزلاپ كېتىش ئامىلى، تەمىنات قۇرۇلمىسى ۋە ئىقتىدار ئامىلى، ئىستېمال مۇھىتىدىكى توسالغۇ ئامىلى، شۇنداقلا كۆزلىمىدىكى مۇقىمسىزلىق ئېلىپ كەلگەن ئالدىنى ئېلىش خاراكتېرلىك ئامانەت پۇل كۆپىيىش، نەق ئىستېمال ئازىيىپ كېتىش ئامىلى بار. مەسىلەن، 2022-يىلى ۋە 2023-يىلى ئائىلىلەرنىڭ ئامانەت پۇلى ئايرىم-ئايرىم ھالدا يېڭىدىن 17 تىرىليون 800 مىليارد يۈەن ۋە 16 تىرىليون 700 مىليارد يۈەن كۆپىيىپ، 2019-يىلدىن 2021-يىلغىچە بولغان ئامانەت پۇلنىڭ 10 تىرىليون يۈەنلىك يىللىق ئوتتۇرىچە ئېشىش مىقدارىدىن %60تىن %80كىچە ئېشىپ كەتتى. «دوكلات»تا: كىرىمنى ئاشۇرۇش، تەمىناتنى ئەلالاشتۇرۇش، چەكلەش خاراكتېرلىك تەدبىرلەرنى ئازايتىش

قاتارلىق جەھەتلەردە ئۇنىۋېرسال تەدبىر قوللىنىپ، ئىستېمالنىڭ يوشۇرۇن ئىقتىدارىنى قوزغىتىش ئوتتۇرىغا قويۇلدى. يېڭىچە ئىستېمال جۇش ئۇرۇپ راۋاجلانماقتا، ۋەزىيەتكە قاراپ يېتەكلەپ، تېز يېتىلدۈرۈش، زورايتىش كېرەك. رەقەملىك ئىستېمال، يېشىل ئىستېمال، ساغلام ئىستېمالنى ئىلگىرى سۈرۈش سىياسىتىنى يولغا قويۇپ، توردا پارچە سېتىش، بىۋاستە كۆرسىتىش ئېلېكترونلۇق سودىسى قاتارلىق يېڭى كەسىپ ھالىتى، يېڭى ئەندىزىنى تەرەققىي قىلدۇرۇپ، ئاقىل ئۆي، مەدەنىي كۆڭۈل ئېچىش-ساياھەت، تەنتەربىيە مۇسابىقىسى، دۆلىتىمىزدە ئىشلەنگەن «مودا مەھسۇلات» قاتارلىقلارغا دائىر ئىستېمالنىڭ يېڭى ئېشىش نۇقتىلىرىنى پائال يېتىلدۈرۈش كېرەك. ئەنئەنىۋى ئىستېمالنى مۇقىملاشتۇرۇپ ۋە كېڭەيتىپ، كەڭ كۆلەملىك ئىستېمال بۇيۇملىرىنىڭ كونىسىنى يېڭىسىغا ئالماشتۇرۇش ھەرىكىتىنى يولغا قويۇپ، ئاقىل، تورلاشقان يېڭى ئېنېرگىيەلىك ئاپتوموبىل، ئېلېكترونلۇق مەھسۇلات قاتارلىقلارغا دائىر كۆپ مىقدارلىق ئىستېمالنى جانلاندۇرۇش كېرەك. ئاھالىلەرنىڭ كىرىمى ۋە تۇرمۇش سەۋىيەسىنىڭ ئۆسۈشىگە ئەگىشىپ، مۇلازىمەت ئىستېمال ئېھتىياجى سىجىل ئاشتى. ياشانغانلارنى كۈتۈش، بالىلارنى تەربىيەلەش، ئائىلە مۇلازىمىتى قاتارلىق مۇلازىمەتلەرنىڭ كۆلىمىنى كېڭەيتىش، سۈپىتىنى ئۆستۈرۈشكە تۈرتكە بولۇپ، ئىجتىمائىي كۈچلەرنىڭ مەھەللە مۇلازىمىتى بىلەن شۇغۇللىنىشىغا مەدەت بېرىپ، ئۆي ئىشلىتىش، توك ئىشلىتىش، سۇ ئىشلىتىش قاتارلىق جەھەتلەردە تېخىمۇ كۆپ يار-يۆلەك بولۇش كېرەك. مەھسۇلات ۋە مۇلازىمەت تەمىناتىنى ئەلالاشتۇرۇپ، تەمىنلەشتە يېڭىلىق يارىتىشقا تۈرتكە بولۇش ئارقىلىق ئىستېمالنىڭ يېڭى ئېشىش نۇقتىسىنى يېتىلدۈرۈپ، ئاپتوموبىل

توختىتىش مەيدانى، توكلىغۇ ۋە داۋالاش قاتارلىق مۇلازىمەت ئەسلىھەلىرى قۇرۇلۇشىنى تېزلىتىش ئارقىلىق ئىستېمال ئېھتىياجى بوشلۇقىنى كېڭەيتىش كېرەك. ئىستېمال مۇھىتىنى ئەلالاشتۇرۇپ، «ئىستېمالنى ئىلگىرى سۈرۈش يىلى» پائالىيىتىنى قانات يايدۇرۇپ، ئىستېمالنى چەكلەيدىغان ۋاقتى ئۆتكەن سىياسەتلەرنى تەڭشەشنى تېزلىتىپ، ئىستېمال ئىناۋەتلىك قەرزىنى مۇۋاپىق ئاشۇرۇش قاتارلىق قوللاش سىياسەتلىرىنى قوللىنىپ، «خاتىرجەم ئىستېمال ھەرىكىتى»نى يولغا قويۇپ، ئىستېمالچىلارنىڭ ھوقۇق-مەنپەئەتىنى قوغداشنى كۈچەيتىپ، قولاي، بىخەتەر، خاتىرجەم ئىستېمال مۇھىتى يارىتىش كېرەك.

ئۈنۈملۈك سېلىنمىنى پائال كېڭەيتىش كېرەك. يېڭى ماھىيەتلىك ئىشلەپچىقىرىش كۈچلىرىنى تەرەققىي قىلدۇرۇش، ئىقتىسادنىڭ تىپىنى ئۆزگەرتىپ دەرىجىسىنى ئۆستۈرۈشكە تۈرتكە بولۇش سېلىنمىدىن ئايرىلالمايدۇ، ئۇل ئەسلىھە ۋە ئىجتىمائىي ئىشلار، خەلق تۇرمۇشى ساھەسىدە يەنە نۇرغۇن ئاجىز ھالقىلارنى جىددىي كۈچەيتىشكە توغرا كېلىدۇ، ئۈنۈملۈك سېلىنمىنىڭ يوشۇرۇن كۈچى ناھايىتى زور. كۈچلۈك تەدبىر قوللىنىپ، كۆپ خىل يوللار ئارقىلىق سېلىنمىنى ئاشۇرۇشقا تۈرتكە بولۇپ، سېلىنما قۇرۇلمىسىنى ئەلالاشتۇرۇپ، سېلىنمىنىڭ مۇۋاپىق ئېشىشىنى ساقلاش كېرەك. بىر تەرەپتىن، ھۆكۈمەت سېلىنمىسىنىڭ تۈرتكە بولۇش، زورايتىش ئۈنۈمىنى ياخشى جارى قىلدۇرۇش كېرەك. بۇ يىل مەركەز خامچوتى ئىچىدىكى سېلىنما، يەرلىك مەخسۇس تۈر زايومى، زايوم مەبلىغى قاتارلىقلار قوشۇلۇپ، ھۆكۈمەتنىڭ مەبلەغ سېلىش كۆلىمى بۇلتۇرقىدىن كۆرۈنەرلىك ئاشتى. پەن-تېخنىكىدا يېڭىلىق يارىتىش، يېڭىچە ئۇل ئەسلىھە، ئېنېرگىيە تېجەش، بۇلغىما ئازايتىش،

كاربوننى تۆۋەنلىتىشنى نۇقتىلىق قوللاپ، خەلق تۇرمۇشى قاتارلىق ئىقتىساد، جەمئىيەتنىڭ ئاجىز ساھەلىرىدىكى كەمتۈكلۈكنى تولۇقلاشنى كۈچەيتىپ، كەلگۈندىن مۇداپىئەلىنىش، سۇنى چىقىرىۋېتىش، ئاپەتكە تاقابىل تۇرۇش ئۇل ئەسلىھەلىرى قۇرۇلۇشىنى ئالغا سىلجىتىپ، تۈرلۈك ئىشلەپچىقىرىش ئۇسكۈنىلىرى، مۇلازىمەت ئۇسكۈنىلىرىنى يېڭىلاش ۋە تېخنىكا ئۆزگەرتىشكە تۈرتكە بولۇپ، 14-بەش يىللىق يىرىك پىلاندىكى مۇھىم، زور قۇرۇلۇش تۈرلىرىنى تېز يولغا قويۇش كېرەك. يەرلىك ھۆكۈمەت مەخسۇس زايومنىڭ سېلىنما ساھەسى ۋە كاپىتال مەبلىغى ئورنىدا ئىشلىتىش دائىرىسىنى مۇۋاپىق كېڭەيتىپ، نورما تەقسىماتىنى تۈر تەييارلىقى تولۇق، سېلىنما ئۈنۈمى بىرقەدەر يۇقىرى رايونلارغا مايىللاشتۇرۇش كېرەك. تۈرلۈك مەبلەغلەرنى بىرتۇتاش ياخشى ئىشلىتىپ، قۇرۇلۇش تۈرلىرىنى ئىلمىي پىلانلاپ ئورۇنلاشتۇرۇپ، تەكرار مەبلەغ سېلىشتىن ساقلىنىپ، ئۈنۈمى تۆۋەن، ئۈنۈمسىز مەبلەغ سېلىشنىڭ ئالدىنى ئېلىپ، مەبلەغ سېلىش ئۈنۈمىنى ئۆستۈرۈش كېرەك. يەنە بىر تەرەپتىن، خەلق ئىچى سېلىنمىسىنى ئىرىشىپ مۇقىملاشتۇرۇش ۋە كېڭەيتىش كېرەك. يېقىنقى يىللاردا خەلق ئىچى سېلىنمىسىنىڭ پۈتۈن جەمئىيەت سېلىنمىسىدا ئىگىلىگەن نىسبىتى سىجىل تۆۋەنلىدى، 2021-يىلدىن 2023-يىلغىچە ئايرىم-ئايرىم ھالدا 56.5%، 54.2% ۋە 50.4% بولدى. بۇ مەسىلىگە قارىتا، بىز خەلق ئىچى سېلىنمىسىنى ئىلگىرى سۈرىدىغان بىر تۈركۈم سىياسەت-تەدبىرلەرنى چىقاردۇق. بۇ يىل ھازىر بار بولغان سىياسەتلەرنى ئەمەلىيلەشتۈرۈشنى ياخشى تۇتۇش ئاساسىدا، ئالاقىدار سىياسەت-تەدبىرلەرنى يەنىمۇ مۇكەممەللەشتۈرۈپ، خەلق ئىچى سېلىنمىسى كۆزلىمىسى ۋە ئىشەنچىنى ئاشۇرۇش كېرەك.

ھۆكۈمەت بىلەن ئىجتىمائىي كاپىتال ھەمكارلىقى يېڭى مېخانىزمىنى ياخشى يولغا قويۇپ، خەلق ئىچى كاپىتالىنىڭ مۇھىم، زور تۈر قۇرۇلۇشلىرىغا قاتنىشىشىغا ئىلھام بېرىش كېرەك. تۈرلۈك چەكلىمىلەرنى يەنىمۇ بۇزۇپ تاشلاپ، تېخىمۇ كۆپ ساھەلەردە خەلق ئىچى سېلىنمىسىنى كىرەلەيدىغان، تەرەققىي قىلالايدىغان، نەتىجە يارىتالايدىغان قىلىش كېرەك.

(4) ئىسلاھاتنى قەتئىي تەۋرەنمەي چوڭقۇرلاشتۇرۇپ، تەرەققىيات ئىچكى ھەرىكەتلەندۈرگۈچ كۈچىنى ئاشۇرۇش كېرەك. يۇقىرى سۈپەتلىك تەرەققىياتقا تۈرتكە بولۇشتا، نېگىزلىكى ئىسلاھاتقا تايىنىش كېرەك. نۇقتىلىق ساھەلەر ۋە ئاچقۇچلۇق ھالقىلار ئىسلاھاتىدا ئۆتكەلگە ھۇجۇم قىلىشنى ئالغا سىلجىتىپ، بازارنىڭ بايلىق تەقسىملەشتىكى ھەل قىلغۇچ رولىنى تولۇق جارى قىلدۇرۇپ، ھۆكۈمەتنىڭ رولىنى تېخىمۇ ياخشى جارى قىلدۇرۇپ، بازارلاشقان، قانۇنچىللاشقان، خەلقئارالاشقان ئالدىنقى قاتاردىكى تىجارەت-سودا مۇھىتى يارىتىپ، يۇقىرى سەۋىيەلىك سوتسىيالىستىك بازار ئىگىلىكى تۈزۈلمىسىنى بەرپا قىلىشقا تۈرتكە بولۇش كېرەك.

تۈرلۈك تىجارەت ئاساسىي گەۋدىلىرىنىڭ ھاياتىي كۈچىنى ئۇرغۇتۇش كېرەك. باش شۇجى شى جىنپىڭ كۆپ قېتىم مۇنداق تەكىتلىدى: ئومۇمىي مۈلۈكچىلىك ئىگىلىكىمۇ، ئومۇمىي مۈلۈكچىلىكتىن باشقا ئىگىلىكمۇ سوتسىيالىستىك بازار ئىگىلىكىنىڭ مۇھىم تەركىبىي قىسمى، ئۇلار ھەرگىزمۇ بىر-بىرىنى چەتكە قاقماسلىقى، بىر-بىرىنى خوراتماسلىقى، بەلكى بىر-بىرىنى تولۇقلىشى، بىر-بىرىنى گەۋدىلەندۈرۈشى كېرەك. «دوكلات»تا: دۆلەت كارخانىلىرى، پۇقراۋى كارخانىلار، چەت ئەل مەبلىغى كارخانىلىرىنىڭ ھەممىسى زامانىۋىلاشتۇرۇش قۇرۇلۇشىدىكى مۇھىم

كۆچ، دەپ كۆرسىتىلدى. «ئىككىدە قىلچە تەۋرەنمەسلىك»تىن ئىبارەت تۈزۈلمە-مېخانىزمنى ئۈزلۈكسىز مۇكەممەللەشتۈرۈپ ۋە ئەمەلىيلەشتۈرۈپ، كارخانىلارنىڭ مۈلۈك ھوقۇقى ۋە ئۆز ئالدىغا ئىگىلىك باشقۇرۇش ھوقۇقىنى قانۇن بويىچە باراۋەر قوغداپ، تۈرلۈك مۈلۈكچىلىكتىكى كارخانىلارنىڭ ئادىل رىقابەتلىشىشى، بەس-بەستە تەرەققىي قىلىشىغا ياخشى مۇھىت يارىتىپ بېرىش كېرەك. دۆلەت كارخانىلىرى ئاساسلىقى خەلق ئىگىلىكىنىڭ جان تومۇرىغا مۇناسىۋەتلىك مۇھىم كەسىپ ۋە ئاچقۇچلۇق ساھەلەرگە تارقالغان، كۆپىنچىسى ساھە باشلامچى كارخانىلىرى بولۇپ، كۆپىنچىسى كەسىپ زەنجىرى، تەمىنات زەنجىرىنىڭ «باشلامچى زەنجىرى»لىك ئورنىدا تۇرىدۇ. دۆلەت كارخانىلىرى ئىسلاھاتىنى چوڭقۇرلاشتۇرۇش، يۈكسەلدۈرۈش ھەرىكىتىنى چوڭقۇر يولغا قويۇپ، دۆلەت ئىگىلىكىنىڭ جايلىشىشىنى ئەلالاشتۇرۇش ۋە قۇرۇلمىسىنى تەڭشەشكە يېتەكچىلىك قىلىش تۈزۈمىنى ئورنىتىپ، دۆلەت كارخانىلىرىنىڭ ئاساسلىق كەسىپلەرنى كۈچەيتىشى، ئەلالاشتۇرۇشقا تۈرتكە بولۇپ، يادرولۇق ئىقتىدارىنى كۈچەيتىپ، يادرولۇق رىقابەت كۈچىنى ئاشۇرۇش كېرەك. پۇقراۋى ئىگىلىك خەلق ئىگىلىكىدە مۇھىم ئورۇندا تۇرىدۇ، مەملىكەت بويىچە %50تىن ئارتۇق باج كىرىمى، %60 ئەتراپىدىكى ئىچكى ئىشلەپچىقىرىش ئومۇمىي قىممىتى، %70تىن ئارتۇق تېخنىكىدا يېڭىلىق يارىتىش نەتىجىسى، شەھەر-بازاردىكى %80تىن ئارتۇق ئەمگەك كۈچىنىڭ ئىشقا ئورۇنلىشىشى پۇقراۋى ئىگىلىكنى مەنبە قىلىدۇ. نۆۋەتتە، پۇقراۋى ئىگىلىكنىڭ تەرەققىياتى بەزى قىيىنچىلىقلارغا دۇچ كەلدى، كۆزلىمە مۇقىم بولماسلىق، ئىشەنچ يېتەرلىك بولماسلىق مەسىلىسى گەۋدىلىك. جۇڭگو كوممۇنىستىك پارتىيەسى مەركىزىي كومىتېتى،

گوۋۇيۈەن بۇلتۇر «پۇقراۋى ئىگىلىكنىڭ تەرەققىي قىلىپ زورىيىشىنى ئىلگىرى سۈرۈش توغرىسىدىكى پىكىر»نى بېسىپ تارقىتىپ 31 تۈرلۈك تەدبىرنى ئوتتۇرىغا قويدى، ئالاقىدار تارماقلار 28 يانداش تەدبىر تۈزدى، جايلارمۇ قوللاش سىياستىنى ئېلان قىلدى. بۇ يىل بۇ سىياسەتلەرنى داۋاملىق پۇختا، ئىنچىكە ئەمەلىيلەشتۈرۈپلا قالماي، يەنە دىققەتنى كارخانىلار كۆڭۈل بۆلىدىغان نۇقتىلارغا مەركەزلەشتۈرۈپ بەزى يېڭى تەدبىرلەرنى چىقىرىپ، بازار ئىجازىتى، زۆرۈر ئامىلغا ئېرىشىش، قانۇننى ئادىل ئىجرا قىلىش، ھوقۇق-مەنپەئەتنى قوغداش قاتارلىق جەھەتلەردە ساقلىنىۋاتقان گەۋدىلىك مەسىلىلەرنى يەنىمۇ ئىلگىرىلەپ ھەل قىلىش كېرەك. مەسىلەن، مەبلەغ يۈرۈشتۈرۈش قىيىن بولۇش، مەبلەغ يۈرۈشتۈرۈش قىممەت بولۇش مەسىلىسىدە، نۆۋەتتە پۇقراۋى كارخانىلارنىڭ بانكا قەرز پۇل ئالدۇقىنىڭ ئىگىلىگەن نىسبىتى 25%كە يەتمەيدۇ، ئىناۋەتلىك زايوم تارقىتىش كۆلىمىنىڭ ئىگىلىگەن نىسبىتى ئاران 5% ئەتراپىدا بولۇپ، مەبلەغ يۈرۈشتۈرۈش مۇھىتى بىلەن پۇقراۋى ئىگىلىكنىڭ كۆلىمى، ئورنى، رولى تېخى دېگەندەك ماس كەلمەيدۇ، شۇڭا «دوكلات»تا پۇقراۋى كارخانىلارغا بېرىلىدىغان قەرز پۇل نىسبىتىنى ئاشۇرۇپ، ئۇلارنىڭ زايوم تارقىتىش، مەبلەغ يۈرۈشتۈرۈش كۆلىمىنى كېڭەيتىش ئوتتۇرىغا قويۇلدى. پۇلنى نېسى قالدۇرۇش مەسىلىسىگە قارىتا، «دوكلات»تا كارخانىلارنىڭ پۇلىنى نېسى قالدۇرۇشنىڭ ئالدىنى ئېلىش ۋە ئۇنى ھەل قىلىشنىڭ ئۇزاق ئۈنۈملۈك مېخانىزمىنى تاكامۇللاشتۇرۇش تەلەپ قىلىندى. ئىسلاھات-ئېچىۋېتىش يولغا قويۇلغاندىن بۇيان، نۇرغۇن پۇقراۋى كارخانا دادىللىق بىلەن رىقابەتلىشىپ، دادىللىق بىلەن تەۋەككۈل قىلىپ، دادىللىق بىلەن ئىش قىلىپ، ئېشىشنى ئىلگىرى سۈرۈش،

ئىش ئورنىنى كۆپەيتىش، خەلق تۇرمۇشىنى ياخشىلاش قاتارلىق جەھەتلەردە پائال رولىنى جارى قىلدۇردى. «دوكلات»تا مۇنەۋۋەر كارخانىچىلار روھىنى ئەۋج ئالدۇرۇپ، كارخانىچىلارنىڭ ئىجادىي تەرەققىياتقا ئېتىبار بېرىشى، دادىللىق بىلەن ئىش قىلىشى، دادىللىق بىلەن تەۋەككۈل قىلىشى، دادىللىق بىلەن مەبلەغ سېلىشى، كارخانىنى پۇختا قەدەم بىلەن ياخشى باشقۇرۇشنى پائال قوللاش كېرەكلىكى تەكىتلەندى.

مەملىكەت بويىچە بىرلىككە كەلگەن چوڭ بازار قۇرۇلۇشىنى تېزلىتىش كېرەك. پارتىيە 20-قۇرۇلتىيىدا مەملىكەت بويىچە بىرلىككە كەلگەن چوڭ بازار بەرپا قىلىش، زۆرۈر ئامىللارنى بازارلاشتۇرۇش ئىسلاھاتىنى چوڭقۇرلاشتۇرۇش، يۇقىرى ئۆلچەملىك بازار سىستېمىسى بەرپا قىلىشقا قارىتا ئىستراتېگىيەلىك ئورۇنلاشتۇرما چىقىرىلدى. 2022-يىلى، جۇڭگو كوممۇنىستىك پارتىيەسى مەركىزىي كومىتېتى، گوۋۇيۈەن «مەملىكەت بويىچە بىرلىككە كەلگەن چوڭ بازار قۇرۇلۇشىنى تېزلىتىش توغرىسىدىكى پىكىر»نى بېسىپ تارقىتىپ، ئومۇمىي تەلەپ، خىزمەت پىرىنسىپى، ئاساسلىق نىشان ۋە نۇقتىلىق ۋەزىپىلەرنى ئايدىڭلاشتۇردى. بۇلتۇر گوۋۇيۈەن ئومۇمىي خىزمەت لايىھەسىنى تۈزۈپ چىقتى. بۇ يىل «دوكلات»تا يەنە كونكرېت ئورۇنلاشتۇرۇش قىلىندى. بىرىنچىدىن، بىرلىككە كەلگەن ئاساسىي تۈزۈم-قائىدىلەرنى ئورنىتىش كېرەك. مەملىكەت بويىچە بىرلىككە كەلگەن چوڭ بازار قۇرۇلۇشىنىڭ ئۆلچەم كۆرسەتمىسىنى تۈزۈپ، مۈلۈك ھوقۇقىنى قوغداش، بازار ئىجازىتى، ئادىل رىقابەت، ئىجتىمائىي ئىناۋەت قاتارلىق جەھەتلەردىكى تۈزۈم-قائىدىلەرنىڭ بىرلىككە كېلىشىگە كۈچەپ تۈرتكە بولۇپ، ئادىل رىقابەتنى تەكشۈرۈش تۈزۈمىنى چىقىرىپ، تۈرلۈك مۈلۈكچىلىكتىكى

كارخانىلارنىڭ رىقابەتكە ئادىل قاتنىشىشىغا كاپالەتلىك قىلىش كېرەك. ئىككىنچىدىن، گەۋدىلىك مەسىلىلەرنى كۈچەپ ھەل قىلىش كېرەك. ھازىر بازارغا بىنورمال ئارىلىشىش يەنىلا مەۋجۇت، نۇرغۇن كونا مەسىلىلەر تولۇق ھەل قىلىنمىدى، شۇنىڭ بىلەن بىللە، يەنە بەزى يېڭى ئەھۋال، يېڭى مەسىلىلەر كۆرۈلدى، مەسىلەن، ھۆكۈمەت بىر تۇتاش سېتىۋېلىش ۋە خېرىدار چاقىرىش-چىقىش ساھەسىدە بىخەتەرلىك، ئىناۋەت، تېخنىكا ئۆلچىمى قاتارلىقلار نامىدىكى يوشۇرۇن توسۇق ھېلىھەم مەۋجۇت. توسالغۇ-پۇتلىكاشاڭلارنى تۈگىتىپ، يەرلىك قورۇقچىلىق قىلىش، بازارنى بۆلۈۋېتىش، سودىگەر ۋە مەبلەغ جەلپ قىلىشتا ناتوغرا رىقابەتلىشىش قاتارلىق گەۋدىلىك مەسىلىلەرنى مەخسۇس تۈزەپ، خېرىدار چاقىرىش-چىقىش بازىرىنى قېلىپلاشتۇرۇش ۋە باشقۇرۇشنى كۈچەيتىش كېرەك. ئۈچىنچىدىن، ئادىل، بىرلىككە كەلگەن بازارنى نازارەت قىلىش-باشقۇرۇشنى يولغا قويۇش كېرەك. بازارنى نازارەت قىلىش-باشقۇرۇش تىجارەت ئاساسىي گەۋدىلىرى بىلەن زىچ مۇناسىۋەتلىك، نۆۋەتتە، سالاھىيەت، مۇھىت قوغداش، سۈپەت نازارەتچىلىكى، سەھىيە، ئوت مۇداپىئەسى قاتارلىق جەھەتلەردە يەنە نۇرغۇن نازارەت قىلىش-باشقۇرۇش جايىدا بولماسلىق، بىرلىككە كەلمەسلىك ئەھۋاللىرى مەۋجۇت. بىرلىككە كەلگەن بازارنى نازارەت قىلىش-باشقۇرۇش قائىدىسىنى تېز تاكامۇللاشتۇرۇپ، بازارنى نازارەت قىلىش-باشقۇرۇشنى ئۆلچەملەشتۈرۈش، قېلىپلاشتۇرۇش قۇرۇلۇشنى كۈچەيتىپ، بازارنى نازارەت قىلىش-باشقۇرۇش تۈزۈمى ۋە سىياستىنىڭ مۇقىملىقى، كۆزلىمىلىكلىكىنى كۈچەيتىش كېرەك. «دوكلات»تا قانۇن بويىچە نازارەت قىلىش-باشقۇرۇشتا چىڭ تۇرۇپ، نازارەت قىلىش-باشقۇرۇش مەسئۇلىيىتىنى قاتتىق

ئەمەلىيلەشتۈرۈپ، نازارەت قىلىش-باشقۇرۇشنىڭ دەللىكى ۋە ئۈنۈمدارلىقىنى ئۆستۈرۈپ، ئادىل رىقابەتلىشىدىغان بازار تەرتىپىنى قەتئىي قوغداش كېرەكلىكى تەكىتلەندى.

مالىيە، باج، پۇل مۇئامىلە قاتارلىق ساھەلەرنىڭ ئىسلاھاتىنى ئالغا سىلجىتىش كېرەك. پارتىيە مەركىزىي كومىتېتىنىڭ تەدبىر-ئورۇنلاشتۇرمىسى بويىچە، «دوكلات»تا بۇنىڭغا قارىتا كونكرېت ئورۇنلاشتۇرۇش قىلىندى. يېڭى بىر نۆۋەتلىك مالىيە-باج تۈزۈلمىسى ئىسلاھاتىنى پىلانلاپ، پۇل مۇئامىلە تۈزۈلمىسى ئىسلاھاتى ئورۇنلاشتۇرمىسىنى ئەمەلىيلەشتۈرۈپ، يۇقىرى سۈپەتلىك تەرەققىياتقا مالىيە، باج، پۇل مۇئامىلە جەھەتتىن مەدەت بېرىش سالمىقىنى ئاشۇرۇش كېرەك. ئېلېكتىر ئېنېرگىيەسى، نېفىت، تەبىئىي گاز، تۆمۈريول، خەۋەرلىشىش قاتارلىق كەسىپلەرنىڭ تور ھالقىلىرى تەبىئىي مونوپوللۇق خۇسۇسىيىتىگە ئىگە بولۇپ، ئىسلاھات بىلەن نازارەت قىلىش-باشقۇرۇشقا تەڭ ئەھمىيەت بېرىشتە چىڭ تۇرۇپ، ئىسلاھاتنى كۈچەپ چوڭقۇرلاشتۇرۇپ، تەبىئىي مونوپول ھالقىلىرىنى نازارەت قىلىش-باشقۇرۇش تۈزۈلمە-مېخانىزمىنى تاكامۇللاشتۇرۇپ، تەبىئىي مونوپول كەسىپلەر ۋە ھالقىلارنىڭ ساغلام تەرەققىياتىغا تۈرتكە بولۇش كېرەك. ھازىر ئىجتىمائىي ئىشلار ۋە خەلق تۇرمۇشى ساھەسىدە يەنە نۇرغۇن كەمتۈكلۈك ۋە ئاجىز ھالقىلار بار، «دوكلات»تا كىرىم تەقسىماتى، ئىجتىمائىي كاپالەت، تېببىي دورىگەرلىك-ساقلىق ساقلاش، ياشانغانلارنى كۈتۈش مۇلازىمىتى قاتارلىق ئىجتىمائىي ئىشلار، خەلق تۇرمۇشى ساھەسىدىكى ئىسلاھاتنى چوڭقۇرلاشتۇرۇش تەكىتلەندى.

(5) يۇقىرى سەۋىيەلىك سىرتقا ئېچىۋېتىش دائىرىسىنى كېڭەيتىپ، ئۆزئارا مەنپەئەت يەتكۈزۈپ، ئورتاق پايدا ئېلىشنى

ئىلگىرى سۈرۈش كېرەك. سىرتقا ئېچىۋېتىش دۆلىتىمىزنىڭ زامانىۋىلاشتۇرۇش قۇرۇلۇشىدا ئۈزۈلۈكسىز يېڭى مۇۋەپپەقىيەتلەرنى قولغا كەلتۈرۈشتىكى مۇۋەپپەقىيەت يولى، ئۇ ھەم پۈتۈن دۇنيا ئىقتىسادىغا قۇدرەتلىك ھەرىكەتلەندۈرگۈچ كۈچ قوشتى. بىز يۇقىرى ئۆلچەملىك خەلقئارا ئىقتىساد-سودا قائىدىسى بىلەن تەشەببۇسكارلىق بىلەن ئۇدۇللىشىپ، تۈزۈملۈك ئېچىۋېتىشنى پۇختا قەدەم بىلەن كېڭەيتىپ، يۇقىرى سەۋىيەلىك سىرتقا ئېچىۋېتىش ئارقىلىق ئىسلاھاتنى چوڭقۇرلاشتۇرۇشنى ئىلگىرى سۈرۈپ، يۇقىرى سۈپەتلىك تەرەققىياتقا تۈرتكە بولۇپ، خەلقئارا ئىقتىسادىي ھەمكارلىق ۋە رىقابەت يېڭى ئەۋزەللىكىنى يېتىلدۈرۈشىمىز كېرەك.

تاشقى سودىنىڭ سۈپىتىنى ئۆستۈرۈپ، مىقدارىنى مۇقىملاشتۇرۇشقا تۈرتكە بولۇش كېرەك. بۇ يىل دۆلىتىمىزنىڭ تاشقى سودىسى دۇچ كەلگەن قىيىنچىلىق، خىرىس بىرقەدەر كۆپ بولدى، خەلقئارا سودىنىڭ ئېشىشى بىرقەدەر چوڭ ئېنىقسىزلىققا دۇچ كەلدى، خەلقئارا ئايلىنىشتا كاشىلا پەيدا بولدى، بەزى دۆلەتلەر بىزگە قارىتا كۆپ خىل سودا توسۇقى قۇردى. شۇنىڭ بىلەن بىللە، دۆلىتىمىز تاشقى سودىسىنىڭ تەرەققىياتى يەنىلا كۆپ تەرەپلىمە ئەۋزەللىك ۋە شارائىتنى ھازىرلىدى. بىز ھازىر بار بولغان ئەۋزەللىكلەرنى مۇستەھكەملەپ ۋە كۈچەيتىپ، تاشقى سودا تەرەققىياتىنىڭ يېڭى ھەرىكەت قۇۋۋىتىنى يېتىشتۈرۈشىمىز كېرەك. ئىمپورت-ئېكسپورت ئىناۋەتلىك قەرزى ۋە ئېكسپورت ئىناۋەت سۇغۇرتىسىنى قوللاشنى كۈچەيتىپ، چېگرا ھالقىپ راسچوت قىلىش، پېرېۋوت نىسبىتى خەۋپ-خەتىرىنى باشقۇرۇش قاتارلىق مۇلازىمەتلەرنى ئەلالاشتۇرۇپ، خەلقئارا ئەشيا ئوبوروتى سىستېمىسى قۇرۇلۇشىنى تېزلىتىپ، تاشقى سودا كارخانىلىرىنىڭ تەننەرخىنى

تۈۋەنلىتىپ ئۇنۇمنى ئۆستۈرۈشى، كۆپ مەنبەلىك بازار ئېچىشىغا مەدەت بېرىش كېرەك. يېقىنقى يىللاردىن بۇيان، دۆلىتىمىزنىڭ چېگرا ھالقىغان ئېلېكترونلۇق سودا ئىمپورت-ئېكسپورت سىجىل، تېز ئېشىپ، تاشقى سودا تەرەققىياتىدىكى يېڭى يارقىن نۇقتىغا ئايلاندى. يانداش سىياسەتلەرنى مۇكەممەللەشتۈرۈپ، نازارەت قىلىش-باشقۇرۇشنى قولايلاشتۇرۇش سەۋىيەسىنى ئۆستۈرۈپ، كارخانىلارنىڭ چېگرا ھالقىغان ئېلېكترونلۇق سودا ئارقىلىق سېتىش يوللىرىنى كېڭەيتىشى، خاس ماركىلارنى يېتىشتۈرۈشىنى قوللاپ، چەت ئەلدىكى ئىسكىلاتلارنىڭ جايلىشىشىنى ئەلالاشتۇرۇش كېرەك. پىششىقلاش سودىسى ھېلىھەم دۆلىتىمىزنىڭ خەلقئارا ئىش تەقسىماتىغا چوڭقۇر قاتنىشىشتىكى مۇھىم ئۇسۇلى. پىششىقلاش سودىسىنىڭ دەرىجىسىنى ئۆستۈرۈشنى قوللاپ، قوشۇلما قىممىتى يۇقىرى پىششىقلاش سودىسىنى قانات يايدۇرۇشقا ئىلھام بېرىش كېرەك. ئارا مەھسۇلات سودىسى دۆلىتىمىز تاشقى سودىسىدا بىرقەدەر چوڭ نىسبەتنى ئىگىلەيدۇ، بۇلتۇر دۆلىتىمىز ئارا مەھسۇلات ئېكسپورتى ئومۇمىي قىممىتىنىڭ 45%تىن كۆپرەكىنى ئىگىلىدى، ئارا مەھسۇلات ئىمپورتى ئومۇمىي قىممىتىنىڭ ئاز كەم 80%نى ئىگىلىدى. يېقىنقى يىللاردىن بۇيان، «يېڭى ئۈچ خىل مەھسۇلات» قاتارلىق يېشىل مەھسۇلاتلارنىڭ سودىسى بىرقەدەر تېز ئاشتى، تەرەققىيات يوشۇرۇن كۈچىمۇ ناھايىتى زور بولدى. داۋاملىق تەدبىر قوللىنىپ، ئارا مەھسۇلات سودىسى، يېشىل سودا قاتارلىق يېڭى ئېشىش نۇقتىلىرىنى كېڭەيتىش كېرەك. ئەلا سۈپەتلىك مەھسۇلات ئىمپورتىنى پائال كېڭەيتىپ، يۇقىرى سۈپەتلىك تەرەققىيات ۋە خەلقنىڭ تۇرمۇش سۈپىتىنى ئۆستۈرۈش ئېھتىياجىنى تېخىمۇ ياخشى قاندۇرۇپ، تاشقى سودىنىڭ تەڭپۇڭ

تەرەققىياتنى ئىلگىرى سۈرۈش كېرەك. مەملىكەت نۇسخىسى ۋە ئەركىن سودا سىناق رايونى نۇسخىسىدىكى چېگرا ھالقىغان مۇلازىمەت سودىسى پاسسىپ تىزىملىكىنى يولغا قويۇپ، مۇلازىمەت سودىسى، رەقەملىك سودىنى ئىجادىي تەرەققىي قىلدۇرۇشقا دائىر سىياسەتنى ئوتتۇرىغا قويۇپ، دۆلىتىمىز تاشقى سودىسىنىڭ كۆلىمىنى مۇقىملاشتۇرۇش، قۇرۇلمىسىنى ئەلالاشتۇرۇش، خەلقئارا رىقابەت كۈچىنى ئاشۇرۇشقا يەنىمۇ تۆرتكە بولۇش كېرەك.

چەت ئەل مەبلىغىنى جەلپ قىلىش سالمىقىنى ئاشۇرۇش كېرەك. ھازىر چەت ئەل مەبلىغى كارخانىلىرى پۈتۈن مەملىكەتتىكى تۆرتتىن بىر قىسىم كارخانىلار ئومۇمىي سانىنىڭ 2%ىگىمۇ يەتمەيدۇ، لېكىن ئۇلار پۈتۈن مەملىكەتتىكى مال سودا سوممىسىنىڭ ئوندىن ئۈچ قىسمىنى، تېخنىكا ئىمپورت-ئېكسپورتىنىڭ ئوندىن ئالتە قىسمىنى، باج كىرىمىنىڭ يەتتىدىن بىر قىسمىنى، شەھەر-بازارلاردىكى ئىش ئورنىنىڭ ئون ئىككىدىن بىر قىسمىنى ئىگىلەپ تۆھپە ياراتتى. ئىقتىسادنىڭ مۇقىم يۈرۈشۈشىنى ساقلاش، كەسىپلەرنى ئەلالاشتۇرۇپ دەرىجىسىنى ئۆستۈرۈشنى ئىلگىرى سۈرۈش، يۇقىرى سۈپەتلىك تەرەققىياتقا تۆرتكە بولۇشتا، تاشقى مەبلەغنىڭ رولىغا يۈكسەك ئەھمىيەت بېرىش ۋە ئۇنى تېخىمۇ ياخشى جارى قىلدۇرۇش شەرت. ھازىر، پۈتۈن دۇنيادىكى چەت ئەل سودىگەرلىرىنىڭ بىۋاستە مەبلەغ سېلىشى ئومۇمىي جەھەتتىن پەسكويغا چۈشۈپ، سودىگەر چاقىرىپ مەبلەغ جەلپ قىلىش رىقابىتى كەسكىنلىشىپ، دۆلىتىمىزنىڭ تاشقى مەبلەغنى جەلپ قىلىشىغا بېسىم پەيدا قىلدى. لېكىن، دۆلىتىمىزنىڭ بازار كۆلىمى زور، كەسىپ يۈرۈشلەشتۈرۈش ئىقتىدارى كۈچلۈك ۋە بىرقەدەر يۇقىرى سېلىنما پايدا نىسبىتى يەنىلا چەت ئەل مەبلىغىگە نىسبەتەن بىرقەدەر كۈچلۈك جەلپكارلىققا

ئىگە. ئالاقىدار تەرەپلەرنىڭ ئىستاتىستىكىسىغا ئاساسلانغاندا، يېقىنقى بەش يىلدا چەت ئەل سودىگەرلىرىنىڭ جۇڭگوغا بىۋاسىتە سالغان مەبلىغىنىڭ پايدا نىسبىتى 9% ئەتراپىدا بولۇپ، خەلقئارادا بىرقەدەر يۇقىرى سەۋىيەدە تۇرغان. تاشقى مەبلەغنى تېخىمۇ زور كۈچ بىلەن جەلپ قىلىپ ۋە ئۈنۈملۈك پايدىلىنىپ، چەت ئەل سودىگەرلىرىنىڭ مەبلەغ سېلىش ئىشەنچىنى ئاشۇرۇش كېرەك. بىرىنچىدىن، چەت ئەل مەبلىغىگە ئىجازەت بېرىش پاسسىپ تىزىملىكىنى داۋاملىق قىسقارتىش كېرەك. بۇ يىل ياسىمىچىلىق ساھەسىگە قارىتىلغان چەت ئەل مەبلىغى ئىجازىتىگە چەك قويۇش تەدبىرلىرىنى ئومۇميۈزلۈك ئەمەلدىن قالدۇرۇپ، تېلېگراف، داۋالاش قاتارلىق مۇلازىمەتچىلىكنىڭ بازار ئىجازىتىنى بوشىتىش كېرەك. چەت ئەل سودىگەرلىرىنىڭ مەبلەغ سېلىشىغا ئىلھام بېرىلىدىغان كەسىپلەر مۇندەرىجىسىنىڭ دائىرىسىنى كېڭەيتىپ، چەت ئەل مەبلىغى كارخانىلىرىنى چېگرا ئىچىدە قايتا مەبلەغ سېلىشقا ئىلھاملاندۇرۇش كېرەك. مۇھىم، زور چەت ئەل مەبلىغى تۈرلىرىنى جەلپ قىلىشقا ئەھمىيەت بېرىش بىلەن بىللە، تېخىمۇ تەركىبى يۇقىرى ئوتتۇرا، كىچىك چەت ئەل مەبلىغى تۈرلىرىنى كىرگۈزۈشكە ئەھمىيەت بېرىش كېرەك. ئىككىنچىدىن، چەت ئەل مەبلىغى كارخانىلىرىغا قارىتىلغان يۇقىراۋى مۇئامىلىنى ياخشى ئەمەلىيلەشتۈرۈش كېرەك. ھۆكۈمەت بىرتۇتاش سېتىۋېلىش، خېرىدار چاقىرىش-چىقىش، ئۆلچەم تۈزۈشكە قانۇن بويىچە باراۋەر قاتنىشىشقا كاپالەتلىك قىلىپ، سانلىق مەلۇماتلارنىڭ چېگرا ھالقىپ يۆتكىلىشى قاتارلىق مەسىلەرنى ھەل قىلىشقا تۈرتكە بولۇش كېرەك. چەت ئەل سودىگەرلىرىنىڭ مەبلەغ سېلىشىغا قارىتىلغان مۇلازىمەت كاپالىتىنى كۈچەيتىپ، چىقىم مۇلازىمىتىنى ئەلالاشتۇرۇپ، چەت ئەل تەۋەلىكىدىكىلەرنىڭ جۇڭگوغا كېلىپ

خىزمەت، ئۆگىنىش، ساياھەت قىلىشنى يەنىمۇ قولايلاشتۇرۇش كېرەك. ئۈچىنچىدىن، ئەركىن سودا سىناق رايونلىرىنى يۈكسەلدۈرۈش ئىستراتېگىيەسىنى چوڭقۇر يولغا قويۇش كېرەك. ئەركىن سودا سىناق رايونلىرى، خەينەن ئەركىن سودا پورتى قاتارلىقلارغا تېخىمۇ كۆپ ئۆز ئالدىغا ئىش كۆرۈش هوقۇقى بېرىپ، تەرەققىيات رايونلىرىنىڭ ئىسلاھ قىلىش، يېڭىلىق يارىتىشغا تۈرتكە بولۇپ، ئىچىۋېتىش قاتلىمى تېخىمۇ يۇقىرى، تىجارەت-سودا مۇھىتى تېخىمۇ ئەلا، تەسىر كۆرسىتىش رولى تېخىمۇ كۈچلۈك بولغان سىرتقا ئېچىۋېتىش يېڭى ئېگىزلىكىنى بەرپا قىلىش كېرەك.

«بىر بەلباغ، بىر يول»نى يۇقىرى سۈپەتتە ئورتاق بەرپا قىلىشنىڭ چوڭقۇرلىشىشى، پۇختىلىنىشىغا تۈرتكە بولۇش كېرەك. باش شۇجى شى جىنپىڭ «بىر بەلباغ، بىر يول» تەشەببۇسىنى ئوتتۇرىغا قويغان 10 يىلدىن كۆپرەك ۋاقىتتىن بۇيان، «بىر بەلباغ بىر يول»نى ئورتاق قۇرۇشتا مول نەتىجىلەر قولغا كەلتۈرۈلدى. باش شۇجى شى جىنپىڭ بۇلتۇر 3-نۆۋەتلىك «بىر بەلباغ، بىر يول» خەلقئارا ھەمكارلىق باشلىقلار مۇنبىرىدە جۇڭگونىڭ «بىر بەلباغ بىر يول»نى يۇقىرى سۈپەتتە ئورتاق بەرپا قىلىشنى قوللاشقا دائىر سەككىز تۈرلۈك ھەرىكىتىنى جاكارلىدى. بىز سەككىز تۈرلۈك ھەرىكەتنى پۇختا، جايىدا ئەمەلىيلەشتۈرۈشنى ياخشى تۇتۇپ، مۇھىم، زور تۈر ھەمكارلىقىنى پۇختا قەدەم بىلەن ئالغا سىلجىتىپ، خەلق تۇرمۇشىغا دائىر بىر تۈركۈم «كىچىك ھەم ياخشى» تۈرلەرنى يولغا قويۇپ، رەقەملەشتۈرۈش، يېشىللاشتۇرۇش، يېڭىلىق يارىتىش، ساغلاملىق، مەدەنىيەت، ساياھەت، نامراتلارنى ئازايتىش قاتارلىق ساھەلەردىكى ھەمكارلىققا پائال تۈرتكە بولۇپ،

«بىر بەلباغ، بىر يول»نى ئورتاق قۇرۇشتا تېخىمۇ يۇقىرى سۈپەتلىك، تېخىمۇ يۇقىرى سەۋىيەلىك يېڭى تەرەققىياتنى ئىشقا ئاشۇرۇشقا تۈرتكە بولۇشىمىز كېرەك.

كۆپ تەرەپلىك، قوش تەرەپلىك ۋە رايونلۇق ئىقتىسادىي ھەمكارلىقنى چوڭقۇرلاشتۇرۇش كېرەك. دۆلىتىمىز سىرتقا قارىتا ئىمزالىغان ئەركىن سودا كېلىشىمى ئۈچتىن بىر قىسمىدىن ئارتۇق تاشقى سودا سوممىسىنى قاپلىدى. «رايون ئومۇميۈزلۈك ئىقتىسادىي ھەمراھلىق مۇناسىۋەتتى كېلىشىمى» قاتارلىق كۆچكە ئىگە بولغان كېلىشىملەرنى ئەمەلىيلەشتۈرۈشكە تۈرتكە بولۇپ، سودا، سېلىنما ھەمكارلىقى يوشۇرۇن كۈچىنى چوڭقۇر قېزىش، شۇنىڭ بىلەن بىللە، تېخىمۇ كۆپ دۆلەت ۋە رايونلار بىلەن يۇقىرى ئۆلچەملىك ئەركىن سودا كېلىشىمى ۋە مەبلەغ سېلىش كېلىشىمىنى پائال كېڭەيتىپ ئىمزالاش كېرەك. جۇڭگو-شەرقىي جەنۇبىي ئاسىيا دۆلەتلىرى ئىتتىپاقى ئەركىن سودا رايونى 3.0 نۇسخىسى سۆھبىتىنى ئالغا سىلجىتىپ، «رەقەملىك ئىقتىساد ھەمراھلىق مۇناسىۋەتتى كېلىشىمى»، «ئومۇميۈزلۈك ۋە ئىلغار تىنچ ئوكيان ھالقىغان ھەمراھلىق مۇناسىۋەتتى كېلىشىمى»غا قاتنىشىشقا تۈرتكە بولۇش كېرەك. دۇنيا سودا تەشكىلاتى ئىسلاھاتىغا ئومۇميۈزلۈك، چوڭقۇر قاتنىشىپ، دۇنيا سودا تەشكىلاتىنى يادرو قىلغان كۆپ تەرەپلىك سودا تۈزۈلمىسىنىڭ نوپۇزى ۋە ئۈنۈمىنى قەتئىي قوغداپ، دۇنيا سودا تەشكىلاتىنىڭ تالاش-تارتىشلارنى ھەل قىلىش مېخانىزمىنىڭ نورمال ئايلىنىشىنى ئەسلىگە كەلتۈرۈشكە پائال تۈرتكە بولۇپ، ئېچىۋېتىلگەن دۇنيا ئىقتىسادى بەرپا قىلىشقا تۈرتكە بولۇش كېرەك.

(6) تەرەققىيات بىلەن خەۋپسىزلىكنى تېخىمۇ ياخشى بىرتۇتاش

پىلانلاپ، نۇقتىلىق ساھەلەردىكى خەۋپ-خەتەرنىڭ ئۈنۈملۈك ئالدىنى ئېلىش ۋە تۈگىتىش كېرەك. دۆلىتىمىزدە ئىقتىساد، پۇل مۇئامىلە خەۋپ-خەتىرىنى ئومۇمىي جەھەتتىن كونترول قىلغىلى بولىدۇ، لېكىن بەزى ساھەلەردە يوشۇرۇن خەۋپ-خەتەر يەنىلا بىر قەدەر گەۋدىلىك. سىستېما قارىشىنى كۈچەيتىپ، يۇقىرى سۈپەتلىك تەرەققىيات ئارقىلىق يۇقىرى سەۋىيەلىك خەۋپسىزلىكنى ئىلگىرى سۈرۈشتە چىڭ تۇرۇپ، يۇقىرى سەۋىيەلىك خەۋپسىزلىك ئارقىلىق يۇقىرى سۈپەتلىك تەرەققىياتنى كاپالەتلەندۈرۈپ، ئۆي-زېمىن، يەرلىك قەرز، ئوتتۇرا،كىچىك پۇل مۇئامىلە ئاپپاراتلىرى قاتارلىقلارنىڭ خەۋپ-خەتىرىنى ھادىسىدىنمۇ، ماھىيەتتىنمۇ تۈزەش ئارقىلىق تۈگىتىپ، ئىقتىساد، پۇل مۇئامىلە ئومۇمىيىتىنىڭ مۇقىملىقىنى قوغداش كېرەك.

يوشۇرۇن خەۋپ-خەتەرنى پۇختا، تەرتىپلىك بىر تەرەپ قىلىش كېرەك. بۇ توغرۇلۇق «دوكلات»تا كونكرېت ئورۇنلاشتۇرما قىلىندى. بىرىنچىدىن، ئېغىر، زور خەۋپ-خەتەرنى بىر تەرەپ قىلىشنى بىرتۇتاش ماسلاشتۇرۇش مېخانىزمىنى مۇكەممەللەشتۈرۈش كېرەك. مالىيە، پۇل مۇئامىلە، كەسىپ قاتارلىق ساھەلەردىكى خەۋپ-خەتەر ئۆزئارا باغلىنىشلىق بولۇپ، ئالاھىدە شارائىتتا ئۆزئارا ئۆتىشىدۇ، ئۆزئارا يۇقىدۇ. ئېغىر، زور خەۋپ-خەتەرنىڭ ئالدىنى ئېلىش ۋە ئۇنى تۈگىتىشتە كۆپ تەرەپ ھەمكارلىشىش، ماسلىشىشقا توغرا كېلىدۇ، بۇنىڭدا ھەرقايسى تەرەپلەرنىڭ مەسئۇلىيىتىنى ئەمەلىيلەشتۈرۈش ھەممىدىن مۇھىم. كارخانىلارنىڭ ئاساسىي گەۋدىلىك مەسئۇلىيىتى، تارماقلارنىڭ نازارەت قىلىش-باشقۇرۇش مەسئۇلىيىتى، يەرلىكنىڭ تەۋەلىك مەسئۇلىيىتىنى چىڭىتىپ، بىر تەرەپ قىلىش ئۈنۈمىنى ئۆستۈرۈپ،

ئۆي-زېمىن، يەرلىك قەرز، ئۇتتۇرا، كىچىك پۇل مۇئامىلە ئاپپاراتلىرى قاتارلىقلارنىڭ خەۋپ-خەتىرىنى بىرتۇتاش پىلانلاپ تۈگىتىش كېرەك. ئىككىنچىدىن، ئۆي-زېمىن بازىرىنىڭ مۇقىم، ساغلام تەرەققىياتىنى ئىلگىرى سۈرۈش كېرەك. بۇلتۇردىن بۇيان، ئۆي-زېمىن بازىرىدا پائال ياخشىلىنىشقا قاراپ ئۆزگىرىش بولدى. ئۆي-زېمىن سىياسىتىنى داۋاملىق ئەلالاشتۇرۇپ، شەھەرلەرنىڭ ئەھۋالىغا قاراپ تەدبىر قوللىنىشتا سىياسەت قورالىدىن ياخشى پايدىلىنىپ، ئوخشاش بولمىغان مۆلۈكچىلىكتىكى ئۆي-زېمىن كارخانىلىرىنىڭ مۇۋاپىق مەبلەغ يۈرۈشتۈرۈشتىكى ئېھتىياجىنى ئوخشاش مۇئامىلە بىلەن قوللاپ، پۇل مۇئامىلە بىلەن ئۆي-زېمىن كەسپىنىڭ ياخشى ئايلىنىشىنى ئىلگىرى سۈرۈش كېرەك. ئۈچىنچىدىن، يەرلىكنىڭ قەرز خەۋپ-خەتىرىنى تۈگىتىش بىلەن مۇقىملىق-تەرەققىياتنى بىرتۇتاش ياخشى پىلانلاش كېرەك. بىر قاتار قەرز تۈگىتىش لايىھەلىرىنى يەنىمۇ ئەمەلىيلەشتۈرۈپ، مالىيە مەبلىغى ئورۇنلاشتۇرۇش، چىقىمنى ئازايتىش، ساقلانما مۈلۈك بايلىقىنى جانلاندۇرۇش قاتارلىق شەكىللەر ئارقىلىق خەۋپ-خەتەرنى تەدرىجىي تۈگىتىش كېرەك. قەرزنى تۈگىتىشنى پۇختا ئالغا سىلجىتىش بىلەن بىللە، تىرىشىپ يەرلىك ئىقتىسادنىڭ مۇقىم تەرەققىياتىنى ساقلاش كېرەك. دۆلەت مەركەز خامچوتى ئىچىدىكى سېلىنمىدا مۇۋاپىق مايىللىشىش، تەڭپۇڭ يۆتكىمە چىقىمنى ئاشۇرۇش، ئاساسىي قاتلامنىڭ ئاساسىي مالىيە كاپالىتىنى كۈچەيتىش قاتارلىق تەدبىرلەرنى ھەر تەرەپلىمە قوللىنىپ، قىيىنچىلىقى بار رايونلارغا مەدەت بېرىدۇ. بۇ رايونلار تىجارەت-سودا مۇھىتىنى ئەلالاشتۇرۇش، خەلق ئىچى سېلىنمىسىنىڭ ھاياتىي كۈچىنى ئۇرغۇتۇش، تاشقى مەبلەغنى تېخىمۇ كۆپ جەلپ قىلىش قاتارلىق

جەھەتلەردىن تىرىشىپ كۈچ سەرپ قىلىپ، قەرزنى تۈگىتىش جەريانىدا ئەمەلىيەتكە ئۇيغۇن كېلىدىغان يېڭى تەرەققىيات يولىنى تېپىشى كېرەك. تۆتىنچىدىن، ئوتتۇرا، كىچىك پۇل مۇئامىلە ئاپپاراتلىرىنىڭ خەۋپ-خەتەرنى بىر تەرەپ قىلىشىنى پۇختا ئالغا سىلجىتىش كېرەك. بىرنەچچە يىل ئۇدا بىر تەرەپ قىلىش ئارقىلىق، خەۋپ-خەتىرى يۇقىرى ئوتتۇرا، كىچىك پۇل مۇئامىلە ئاپپاراتلىرىنىڭ سانى زور دەرىجىدە ئازايدى. خەۋپ-خەتىرى يۇقىرى ئوتتۇرا، كىچىك پۇل مۇئامىلە ئاپپاراتلىرىنىڭ ئىسلاھ قىلىش، خەۋپ-خەتەرنى تۈگىتىشنى داۋاملىق، چوڭقۇر ئالغا سىلجىتىپ، پۇل مۇئامىلە سىستېمىسىنىڭ مۇقىملىقىنى سىجىل يۈكسەلدۈرۈش كېرەك.

خەۋپ-خەتەرنىڭ ئالدىنى ئېلىش-تىزگىنلەش ئۇزاق ئۈنۈملۈك مېخانىزمىنى تاكامۇللاشتۇرۇش كېرەك. مەنبەدىن ئالدىنى ئېلىش-تىزگىنلەش، ھادىسىدىنمۇ، ماھىيەتتىنمۇ تۈزەشنى ئىلگىرى سۈرۈپ ، زور يوشۇرۇن خەۋپ-خەتەرنى تۈپتىن ئازايتىش كېرەك. بىرىنچىدىن، ئۆي-زېمىن تەرەققىياتىنىڭ يېڭى ئەندىزىسىنى تېز بەرپا قىلىش كېرەك. يېڭىچە شەھەر-بازارلاشتۇرۇشنىڭ تەرەققىيات يۈزلىنىشى ۋە ئۆي-زېمىن بازىرىدىكى تەمىنات-تەلەپ مۇناسىۋىتىنىڭ ئۆزگىرىشىگە ماسلىشىپ، ئۆي-زېمىن كەسپىگە ئالاقىدار ئۇللۇق تۈزۈملەرنى مۇكەممەللەشتۈرۈش كېرەك. كاپالەتلىك تۇرالغۇ قۇرۇلۇشى ۋە تەمىناتىنى ئاشۇرۇپ، تاۋار ئۆيگە ئالاقىدار ئۇللۇق تۈزۈملەرنى مۇكەممەللەشتۈرۈپ، ئاھالىنىڭ مۇتلەق تۇرالغۇ ئېھتىياجى ۋە كۆپ خىللاشقان، ياخشىلاش خاراكتېرلىك تۇرالغۇ ئېھتىياجىنى قاندۇرۇش كېرەك. ئىككىنچىدىن، يۇقىرى سۈپەتلىك تەرەققىياتقا ئۇيغۇنلاشقان ھۆكۈمەت قەرزنى باشقۇرۇش مېخانىزمى

ئورنىتىش كېرەك. ئومۇمىي يەرلىك قەرزنى كۆزىتىش، نازارەت قىلىش-ئۆلچەش سىستېمىسىنى مۇكەممەللەشتۈرۈپ، يوشۇرۇن قەرزنىڭ يېڭىدىن كۆپىيىشىنى قەتئىي توسۇپ، ساقلانما يوشۇرۇن قەرزنى تەرتىپلىك تۈگىتىش كېرەك. مەبلەغ يۈرۈشتۈرۈش سۇپىلىرىنىڭ سانىنى سىجىل ئازايتىپ، مەبلەغ يۈرۈشتۈرۈش يولىلا قىلىنغان تۈرلۈك «قۇرۇق قاپ» سۇپىلارنى ئەمەلدىن قالدۇرۇپ، سۇپا كارخانىلارنى فۇنكسىيەسى بويىچە تۈرگە ئايرىپ بازارلاشتۇرۇپ يۈرۈشتۈرۈلىدىغان دۆلەت كارخانىلىرىغا ئۆزگەرتىش كېرەك. ئۈچىنچىدىن، پۇل مۇئامىلىنى نازارەت قىلىش-باشقۇرۇش تۈزۈلمىسىنى تاكامۇللاشتۇرۇش كېرەك. پۇل مۇئامىلىنى نازارەت قىلىش-باشقۇرۇشنىڭ ئۈنۈمدارلىقىنى كۈچەيتىپ، خەۋپ-خەتەرنى كۆزىتىش-سىگنال بېرىش مېخانىزمىنى مۇكەممەللەشتۈرۈپ، پۇل مۇئامىلە خەۋپ-خەتىرىنىڭ ئالدىنى ئېلىش-تىزگىنلەش ئىقتىدارىنى ئۆستۈرۈش كېرەك.

نۇقتىلىق ساھەلەرنىڭ بىخەتەرلىك ئىقتىدارى قۇرۇلۇشىنى كۈچەيتىش كېرەك. بۈگۈنكى دۇنيا تىنچ ئەمەس، رايون توقۇنۇشى ۋە تەبىئىي ئاپەتلەر پات-پات يۈز بېرىپ تۇرۇۋاتىدۇ. بىزنىڭدەك بۇنداق نوپۇس ۋە سانائەت چوڭ دۆلەتتە ئاشلىق، ئېنېرگىيە، كەسىپ زەنجىرى، تەمىنات زەنجىرى قاتارلىقلارنىڭ بىخەتەرلىكىنى ياخشى قوغداش ئىنتايىن مۇھىم. دۆلىتىمىزدە ئاشلىقتىن ئۇدا مول ھوسۇل ئېلىنىدى، لېكىن ئىمپورت مىقدارىمۇ ئاز ئەمەس، بۇلتۇر 160 مىليون توننا ئاشلىق ئىمپورت قىلىنىپ ، 11.7% ئاشتى، بۇ، دۆلەت ئىچى مەھسۇلات مىقدارىنىڭ 23%ىگە باراۋەر كېلىدۇ. بۇلتۇر يەنە قىممىتى 350 مىليارد دوللارغا يېقىن تويلاشتۇرۇلغان توك يولى ئىمپورت قىلىنىدى، ئىمپورت قىلىنغان خام نېفىت، تەبىئىي گاز

ئايرىم-ئايرىم ھالدا دۆلەت ئىچى ئىستېمال مىقدارىنىڭ تەخمىنەن 70%ى ۋە 40%نى ئىگىلىدى. ئاشلىق ئىشلەپچىقىرىش، يىغىش، ساقلاش، پىششىقلاش سىستېمىسىنى مۇكەممەللەشتۈرۈپ، ئاشلىق بىخەتەرلىكى ئاساسىنى ھەر تەرەپلىمە پۇختىلاش كېرەك. ئېنېرگىيە بايلىقىغا دائىر بىخەتەرلىك كاپالىتىنى كۈچەيتىپ، نېفىت-تەبىئىي گاز، ئىستراتېگىيەلىك قېزىلما بايلىقلارنى چارلاش-ئېچىش سالمىقىنى ئاشۇرۇش كېرەك. چوڭ دۆلەت زاپاس ساقلاش سىستېمىسىنى تېز بەرپا قىلىپ، نۇقتىلىق زاپاس ساقلاش ئەسلىھەلىرى قۇرۇلۇشىنى كۈچەيتىپ، زاپاس ساقلاش تۈرى، كۆلىمى، قۇرۇلمىسى، ئورۇنلاشتۇرمىسىنى ئەلالاشتۇرۇپ، ئادەتتە تەييارلىقنى تولۇق قىلىش، ياخشى ساقلاش، ئاچقۇچلۇق پەيتتە چىقارغىلى، ئىشلەتكىلى بولۇشقا ھەقىقىي كاپالەتلىك قىلىش كېرەك. كەسىپ زەنجىرى، تەمىنات زەنجىرىدىن ئاچقۇچلۇق پەيتتە چاتاق چىقسا بولمايدۇ، بۇ، چوڭ دۆلەت ئىقتىسادى جەزمەن ھازىرلاشقا تېگىشلىك مۇھىم ئىقتىدار. كەسىپ زەنجىرى، تەمىنات زەنجىرىنىڭ بىخەتەرلىكى، مۇقىملىقىنى ئۈنۈملۈك قوغداپ، خەلق ئىگىلىكىنىڭ راۋان ئايلىنىشىغا تىرەك بولۇش كېرەك.

(7) يېزا ئىگىلىكى، يېزا، دېھقانلار خىزمىتىنى قەتئىي بوشاشماي چىڭ تۇتۇپ، يېزا-كەنتلەرنى ئومۇميۈزلۈك گۈللەندۈرۈشنى پۇختا ئالغا سىلجىتىش كېرەك. باش شۇجى شى جىنپىڭ مۇنداق تەكىتلىدى: جۇڭگوچە زامانىۋىلاشتۇرۇشنى ئالغا سىلجىتىشتا، يېزا ئىگىلىك ئاساسىنى قەتئىي بوشاشماي پۇختىلاپ، يېزا-كەنتلەرنى ئومۇميۈزلۈك گۈللەندۈرۈشنى ئالغا سىلجىتىش كېرەك. «دوكلات»تا مۇنۇلار كۆرسىتىلدى: يېزا ئىگىلىكى كۈچلۈك دۆلىتى قۇرۇش نىشانىنى چىڭ كۆزلەپ، «مىڭ كەنت ئۈلگە كۆرسىتىش، ئون مىڭ

كەنت تۈزەش» قۇرۇلۇشى تەجرىبىلىرىنى ئۆگىنىپ ۋە قوللىنىپ، شارائىتقا قاراپ ئىش كۆرۈپ، تۈرگە ئايرىپ تەدبىر قوللىنىپ، تەرتىپ بويىچە پەيدىنپەي ئىلگىرىلەپ، ئۇزاققىچە بوشاشماي تىرىشىپ، يېزا-كەنتلەرنى ئومۇميۈزلۈك گۈللەندۈرۈشتە ماھىيەتلىك ئىلگىرىلەشلەرنى، باسقۇچلۇق نەتىجىلەرنى ئۈزلۈكسىز قولغا كەلتۈرۈشكە تۈرتكە بولۇش كېرەك.

ئاشلىق ۋە مۇھىم يېزا ئىگىلىك مەھسۇلاتلىرى ئىشلەپچىقىرىشىدا مەھسۇلاتنى مۇقىملاشتۇرۇش-تەمىناتنى كاپالەتلەندۈرۈشنى كۈچەيتىش كېرەك. يېقىنقى يىللاردىن بۇيان ئاشلىق قاتارلىق ئاساسلىق يېزا ئىگىلىك مەھسۇلاتلىرىدىن ئۇدا مول ھوسۇل ئېلىنىپ، مال باھاسىنى مۇقىملاشتۇرۇش، خەلق تۇرمۇشىنى ياخشىلاش كۈچلۈك كاپالەتكە ئىگە قىلىندى. ھازىر دۆلىتىمىزنىڭ ئاشلىق بىلەن تەمىنلىشى يېتەرلىك، لېكىن ئاشلىق ئىشلەپچىقىرىش ئىقتىدارى ئاساسى تېخى پۇختا ئەمەس. ئاشلىق ۋە مۇھىم يېزا ئىگىلىك مەھسۇلاتلىرى ئىشلەپچىقىرىشىنى قىلچە بوشاشتۇرماي چىڭ تۇتۇپ، دۆلەتنىڭ ئاشلىق بىخەتەرلىكىگە كاپالەتلىك قىلىش كېرەك. بىرىنچىدىن، ئاشلىق تېرىلغۇ كۆلىمىنى مۇقىملاشتۇرۇشتا چىڭ تۇرۇش بىلەن بىرلىك مەھسۇلاتنى ئاشۇرۇشقا تەڭ كۈچ چىقىرىپ، تىرىشىپ پۈتۈن يىلدا ئاشلىقتىن مول ھوسۇل ئېلىشنى قولغا كەلتۈرۈش كېرەك. كۆپ خىل تەدبىر قوللىنىپ، ئاشلىق تېرىلغۇ كۆلىمىنى مۇقىملاشتۇرۇپ، دېھقانچىلىق مەزگىلىگە دەخلى يەتكۈزمەي، ئاشلىق تېرىش ۋە ئېتىز پەرۋىشىنى چىڭ تۇتۇپ، مول ھوسۇل ئېلىش ئاساسىنى پۇختىلاش كېرەك. ئاشلىقنىڭ بىرلىك مەھسۇلاتىنى كەڭ كۆلەمدە ئاشۇرۇشقا تېزدىن تۈرتكە بولۇپ، مەۋقەنى ھازىرقى مۇنبەت ئېتىز، ئەلا سورت، ياخشى پۇرسەت،

ياخشى ئۇسۇل، ياخشى تۈزۈمگە قويۇپ، سورتقا ئايرىپ توپلاشتۇرۇپ يۈرۈشلەشتۈرۈپ كېڭەيتىشنى كۈچەيتىپ، مەھسۇلاتنى ئاشۇرۇشتىكى ئاچقۇچلۇق تېخنىكىلارنىڭ ئەمەلىيلىشىش نىسبىتى ۋە قاپلاش دائىرىسىنى ئۆستۈرۈش كېرەك. يېقىنقى ئىككى يىلدىن بۇيان دۆلىتىمىزنىڭ دادۇر تېرىشنى كېڭەيتىش ئۈنۈمى كۆرۈنەرلىك بولدى، ئەمما قىسمەن رايونلاردا دادۇر سېتىش قىيىن بولۇش، ئۈنۈم تۆۋەن بولۇش، يىل ئاتلاپ قايتا تېرىش قاتارلىق مەسىلىلەر كۆرۈلدى. قانۇنىيەتكە ھۆرمەت قىلىپ، ھەقىقەتنى ئەمەلىيەتتىن ئىزدەپ، دادۇر تېرىشنى كېڭەيتىش نەتىجىلىرىنى مۇستەھكەملەش كېرەك. ئىككىنچىدىن، يېزا ئىگىلىك تەرەققىياتىنى قوللاش سىياسىتىنى كۈچەيتىپ، ئاشلىق تېرىش، ئاشلىق ئىشلەپچىقىرىشنى تۇتۇش ئاكتىپلىقىنى تولۇق قوزغاش كېرەك. دېھقانلار ئاشلىق تېرىپ پۇل تاپالىسا، ئاشلىق ئىشلەپچىقىرىشى كاپالەتكە ئىگە بولىدۇ. بۇلتۇردىن بۇيان، يېزا ئىگىلىك مەھسۇلاتلىرىنىڭ باھاسى ئومۇميۈزلۈك تۆۋەنلەپ، ئاشلىق تېرىش، ئاشلىق ئىشلەپچىقىرىشنى تۇتۇش ئاكتىپلىقىغا پايدىسىز تەسىر كۆرسەتتى. بۇ يىل بۇغداي ۋە چىلگە سوقچاق شالىنىڭ ئەڭ تۆۋەن سېتىۋېلىش باھاسى مۇۋاپىق ئۆستۈرۈلۈپ، ئۈچ چوڭ ئاساسي ئاشلىقنىڭ ئىشلەپچىقىرىش تەننەرخى ۋە كىرىم سۇغۇرتىسى سىياسىتىنى يولغا قويۇش دائىرىسى پۈتۈن مەملىكەتكە كېڭەيتىلىدۇ، بۇ دېھقانلارنى كۆپ خىل ئاشلىق تېرىشقا يېتەكلەش ۋە ئۇنىڭغا تۈرتكە بولۇشقا پايدىلىق. ئاشلىق كۆپ چىقىدىغان رايونلارغا مەنپەئەت تولۇقلىمىسى بېرىش مېخانىزمىنى مۇكەممەللەشتۈرۈش جەھەتتە، ئاشلىق كۆپ چىقىدىغان ناھىيەلەرنى قوللاش سالمىقىنى ئاشۇرۇپ، يۇقىرى ئۆلچەملىك ئېتىز-ئېرىق قۇرۇلۇشىغا مەركەز ۋە ئۆلكە دەرىجىلىك مەبلەغ تولۇقلىمىسى بېرىش

سەۋىيەسىنى ئۆستۈرۈپ، ئاشلىق كۆپ چىقىدىغان ناھىيەلەرگە قارىتىلغان مەبلەغنى يۈرۈشلەشتۈرۈش تەلپىنى ئەمەلدىن قالدۇرۇپ، ئاشلىق كۆپ چىقىدىغان رايونلارنى ئاشلىق ئىشلەپچىقىرىشنى تۇتۇشتا تېخىمۇ كۆپ ھەرىكەتلەندۈرگۈچ كۈچكە ئىگە قىلىش كېرەك. ئۈچىنچىدىن، ئاشلىق ئىشلەپچىقىرىشنى يەرگە باغلاش، ئاشلىق ئىشلەپچىقىرىشنى تېخنىكىغا باغلاشنى كۈچەيتىپ، يېزا ئىگىلىكىنىڭ ئۇنىۋېرسال ئىشلەپچىقىرىش ئىقتىدارىنى ئۆستۈرۈش كېرەك. تېرىلغۇ يەر ۋە ئۇرۇقتىن ئىبارەت ئىككى مۇھىم نۇقتىنى چىڭ تۇتۇپ، يېڭى بىر نۆۋەتلىك 100 مىليارد جىڭ ئاشلىق ئىشلەپچىقىرىش ئىقتىدارىنى ئۆستۈرۈش ھەرىكىتىنى پۇختا ئىلگىرى سۈرۈش كېرەك. تېرىلغۇ يەرنى قوغداش ۋە قۇرۇش سالمىقىنى ئاشۇرۇپ، شەرقىي شىمالدىكى قارا تۇپراقلىق رايونلار، تۈزلەڭلىك رايونلار، سۇ ئىنشائاتى، سۇغىرىش شارائىتى ھازىرلانغان رايونلاردىكى تېرىلغۇ يەرلەرنى ئالدى بىلەن يۇقىرى ئۆلچەملىك ئېتىز قىلىپ قۇرۇپ چىقىش، قارا تۇپراقنى قوغداش ۋە شورلۇق يەرلەرنى ئۇنىۋېرسال تۈزەشنى كۈچەيتىش كېرەك. ئۇرۇقچىلىقنى گۈللەندۈرۈش ھەرىكىتىنى پۇختا ئىلگىرى سۈرۈپ، ئۇرۇق مەنبەسىگە دائىر ئاچقۇچلۇق، يادرولۇق تېخنىكىدا ئۆتكەلگە ھۇجۇم قىلىش سالمىقىنى زورايتىپ، ئۇرۇقچىلىقتا يېڭىلىق يارىتىش نەتىجىلىرىنى رېئال ئىشلەپچىقىرىش كۈچىگە ئايلاندۇرۇشنى تېزلىتىش كېرەك. يېقىنقى يىللاردىن بۇيان، دۆلىتىمىز يېزا ئىگىلىكىدە تەبىئىي ئاپەت كۆپ، قايتا-قايتا يۈز بەردى، ئاپەتتىن سىگنال بېرىش ۋە ئاپەت يۈزلىنىشىنى مۇھاكىمە قىلىپ ھۆكۈم قىلىشنى كۈچەيتىپ، سۇچىلىق ئۇل ئەسلىھەلىرىنى مۇكەممەللەشتۈرۈشنى تېزلىتىپ، يېزا ئىگىلىكىدە ئاپەتنىڭ ئالدىنى

ئېلىش، ئاپەت زىيىنىنى ئازايتىش، ئاپەتتىن قۇتقۇزۇش ئىقتىدارىنى ئومۇميۈزلۈك ئۆستۈرۈش كېرەك. «دوكلات»تا، جايلار دۆلەتنىڭ ئاشلىق بىخەتەرلىكىگە كاپالەتلىك قىلىش مەسئۇلىيىتىنى زىممىسىگە ئېلىشى كېرەك، دەپ تەكىتلەندى. ئاشلىق بىخەتەرلىكىگە پارتىيە، ھۆكۈمەت تەڭ مەسئۇل بولۇشنى ئومۇميۈزلۈك ئەمەلىيلەشتۈرۈپ، تېرىلغۇ يەرنى قوغداش ۋە ئاشلىق بىخەتەرلىكى مەسئۇلىيەت تۈزۈمىنى باھالاشنى چىڭىتىش كېرەك. جايلار مەيلى ئاشلىق كۆپ چىقىدىغان رايون بولسۇن ياكى ئاساسلىق سېتىش رايونى بولسۇن، ئىشلەپچىقىرىش بىلەن سېتىش تەڭپۇڭلاشقان رايون بولسۇن، مەسئۇلىيەتنى ھەقىقىي زىممىسىگە ئېلىشى، ئاساسلىق سېتىش رايونى، بولۇپمۇ زور كۈچ سەرپ قىلىپ كۆلەم، مەھسۇلات مىقدارىغا كاپالەتلىك قىلىپ، ئاشلىق ۋە مۇھىم يېزا ئىگىلىك مەھسۇلاتلىرى بىلەن مۇقىم، بىخەتەر تەمىنلەشكە ئورتاق كاپالەتلىك قىلىپ، تاماق مەسىلىسىنى باشتىن-ئاخىر ئۆزىمىزگە تايىنىپ ھەل قىلىشقا ھەقىقىي كاپالەتلىك قىلىشى كېرەك.

نامراتلىقتىن قۇتۇلدۇرۇش ئۆتكىلىگە ھۇجۇم قىلىش نەتىجىلىرىنى قىلچە بوشاشماي مۇستەھكەملەش ۋە كېڭەيتىش كېرەك. بۇ يىل نامراتلىقتىن قۇتۇلدۇرۇش ئۆتكىلىگە ھۇجۇم قىلىش نەتىجىلىرىنى مۇستەھكەملەش ۋە كېڭەيتىشنى يېزا-كەنتلەرنى گۈللەندۈرۈش بىلەن ئۈنۈملۈك جىپسىلاشتۇرۇشتىكى بەش يىللىق ئۆتكۈنچى مەزگىلنىڭ 4-يىلى، شۇڭا مەسئۇلىيەتنى كۈچەيتىپ، سىياسەت ۋە خىزمەتلەرنى ئەمەلىيلەشتۈرۈپ، كۆلەملىك قايتا نامراتلىشىپ كېتىش يۈز بەرمەسلىككە ھەقىقىي كاپالەتلىك قىلىش كېرەك. قايتا نامراتلىشىپ كېتىشنىڭ ئالدىنى ئېلىش بويىچە كۆزىتىشنى چىڭ تۇتۇپ، قاراتمىلىق يار-يۆلەك بولۇش تەدبىرلىرىنى

ئەمەلىيلەشتۈرۈپ، قايتا نامراتلىشىپ كېتىش يوشۇرۇن خەۋپىنى ۋاقتىدا تۈگىتىش كېرەك. تۇرلۇك بايلىق ۋە يار-يۆلەك بولۇش تەدبىرلىرىنىڭ كەسىپ تەرەققىياتىنى ئىلگىرى سۈرۈش ۋە ئىشقا ئورۇنلاشتۇرۇش دائىرىسىنى كېڭەيتىشكە مەركەزلىشىشى، تورپلىنىشىغا تۈرتكە بولۇپ، كۆچۈرۈلگەنلەرگە داۋاملىق يار-يۆلەك بولۇشنى كۈچەيتىپ، نامراتلىقتىن قۇتۇلغان ئاممىنىڭ كىرىمىنى سجىل ئاشۇرۇپ، نامراتلىقتىن قۇتۇلغان رايونلارنىڭ تەرەققىياتىنى تېزلىتىپ، ئىچكى ھەرىكەتلەندۈرگۈچ كۈچىنى ئاشۇرۇش كېرەك. شەرقىي رايونلار بىلەن غەربىي رايونلارنىڭ ھەمكارلىقى ۋە نۇقتىلىق بىرىكتۈرۈپ يار-يۆلەك بولۇشنى چوڭقۇرلاشتۇرۇش كېرەك. يېزا-كەنتلەرنى گۈللەندۈرۈشتە دۆلەت نۇقتىلىق يار-يۆلەك بولىدىغان ناھىيەلەرنى قوللاش سالمىقىنى ئاشۇرۇپ، يېزىلاردىكى تۆۋەن كىرىملىك ئاھالىگە ۋە ئانچە تەرەققىي تاپمىغان رايونلارغا دائىملىق يار-يۆلەك بولۇش مېخانىزمىنى ئورنىتىپ ۋە تاكامۇللاشتۇرۇپ، نامراتلىقتىن قۇتۇلدۇرۇش نەتىجىلىرىنى تېخىمۇ مۇستەھكەملەش، ئۈنۈمىنى تېخىمۇ ئىمكانىيەتلىك سجىل قىلىش كېرەك.

يېزىلارنىڭ ئىسلاھات-تەرەققىياتىنى پۇختا قەدەم بىلەن ئالغا سىلجىتىش كېرەك. بۇ يىللىق يېزا ئىسلاھاتىنىڭ مۇھىم بىر نۇقتىسى 2-نۆۋەتلىك يەر ھۆددە مۇددىتى توشقاندىن كېيىن يەنە 30 يىل ئۇزارتىشنى پۈتۈن ئۆلكىدە سىناق قىلىشنى يولغا قويۇشتىن ئىبارەت، بۇ خىزمەت ھەم يېزىلارنىڭ ئاساسىي ئىگىلىك باشقۇرۇش تۈزۈمىگە مۇناسىۋەتلىك، ھەم كەڭ دېھقانلارنىڭ جانىجان مەنپەئەتىگە مۇناسىۋەتلىك، «چوڭ جەھەتتە مۇقىم بولۇش، كىچىك جەھەتتە تەڭشەش»تە چىڭ تۇرۇپ، ئىسلاھاتنى نۇقتىدا سىناق

قىلىش ۋەزىپىسىنىڭ ئەمەلىيلىشىشىنى پۇختا، مۇقىم ئالغا سىلجىتىش كېرەك. دېھقانلار كىرىمىنىڭ ئېشىشىنى ئىلگىرى سۈرۈشنى كۆزدە تۇتۇپ، يېزا-كەنتلەردە خەلقنى بېيىتىش كەسىپلىرىنى زورايتىپ، يېڭىچە يېزا ئىگىلىك تىجارەت ئاساسىي گەۋدىلىرى ۋە ئىجتىمائىيلاشقان مۇلازىمەتنى راۋاجلاندۇرۇپ، يېزا-كەنت ئىختىساسلىقلىرىنى يېتىشتۈرۈش ۋە ياخشى ئىشلىتىش كېرەك. ھازىر، يېزا-كەنت قۇرۇلۇشىدا يەنە نۇرغۇن كەمتۈكلۈك، ئاجىز تۈرلەر بار. مەسىلەن، ناھىيە تەۋەسىدىكى يېڭى ئېنېرگىيەلىك ئاپتوموبىللارغا توك قاچىلايدىغان ئاممىۋى توكلىغۇنىڭ سانى پۈتۈن مەملىكەتنىڭ ئاران 12.1%ىنى ئىگىلەيدۇ؛ يېڭى يېزا ئىگىلىك مەھسۇلاتلىرىنىڭ سوغۇق زەنجىرلىك توشۇلۇش نىسبىتىنىڭ بىرقەدەر تۆۋەن بولۇشى خوراش نىسبىتىنىڭ تەرەققىي تاپقان دۆلەتلەرنىڭكىدىن خېلىلا يۇقىرى بولۇشىغا سەۋەب بولۇۋاتىدۇ؛ يەنە تەخمىنەن 40% مەمۇرىي كەنتتە ئەۋەتىش-يەتكۈزۈش ئەشيا ئوبوروتى ئۇنىۋېرسال مۇلازىمەت پونكىتى تېخى قۇرۇلمىدى ۋە باشقىلار. «دوكلات»تا يېزا-كەنت قۇرۇلۇشى ھەرىكىتىنى چوڭقۇر يولغا قويۇپ، توكلىغۇ، سوغۇق زەنجىرلىك ئەشيا ئوبوروتى، ئەۋەتىش-يەتكۈزۈش، تەقسىملەپ ئايرىپ بېرىش ئەسلىھەلىرى قۇرۇلۇشىنى كۈچەيتىش تەكىتلەندى. جايلارنىڭ ئەمەلىيىتى ۋە دېھقانلارنىڭ ئېھتىياجىنى ئاساس قىلىپ، نۇقتىلىق كەنت-بازارلاردا يېڭى ئېنېرگىيەلىك ئاپتوموبىلغا توك قاچىلاش، باتارىيە ئالماشتۇرۇش ئەسلىھەلىرىنى پىلانلاپ قۇرۇشنى كۈچەيتىپ، تايانچ سوغۇق زەنجىرلىك ئەشيا ئوبوروتى بازىسى قۇرۇشنى تېزلىتىپ، ناھىيە، يېزا، كەنتلەرنىڭ ئەشيا ئوبوروتى تەقسىملەش-يەتكۈزۈش سىستېمىسىنى تاكامۇللاشتۇرۇپ، يېزا

ئىگىلىكى، يېزىلارنىڭ تەرەققىيات ئېھتىياجىنى تېخىمۇ ياخشى قاندۇرۇش كېرەك.

(8) شەھەر-يېزىلارنىڭ يۇغۇرۇلۇشى ۋە رايونلارنىڭ ماس تەرەققىياتىغا تۈرتكە بولۇپ، ئىقتىسادنىڭ جايلىشىشىنى زور كۈچ بىلەن ئەلالاشتۇرۇش كېرەك. پارتىيە 18-قۇرۇلتىيىدىن بۇيان، دۆلىتىمىزنىڭ شەھەر-يېزىلىرى، رايونلىرىنىڭ ماس تەرەققىياتىدا پۇختا قەدەم تاشلىنىپ، يېڭى تەرەققىيات ئەندىزىسى بەرپا قىلىش، يۇقىرى سۈپەتلىك تەرەققىياتقا تۈرتكە بولۇشتا مۇھىم تىرەكلىك رول ئوينىدى. رايونلار ماس تەرەققىيات ئىستراتېگىيەسى، رايونلار زور ئىستراتېگىيەسى، ئاساسىي فۇنكسىيەلىك رايون ئىستراتېگىيەسىنى چوڭقۇر يولغا قويۇپ، يېڭىچە شەھەر-بازارلاشتۇرۇشنى ئالغا سىلجىتىش بىلەن يېزا-كەنتلەرنى ئومۇميۈزلۈك گۈللەندۈرۈشنى ئورگانىك بىرلەشتۈرۈپ، ئۈستۈنلۈك ئارقىلىق بىر-بىرىنى تولۇقلايدىغان، يۇقىرى سۈپەتلىك تەرەققىي قىلىدىغان رايون ئىقتىساد ئەندىزىسىنى تېز بەرپا قىلىش كېرەك.

يېڭىچە شەھەر-بازارلاشتۇرۇشنى پائال ئالغا سىلجىتىش كېرەك. دۆلىتىمىزنىڭ شەھەر-بازارلاشتۇرۇش قۇرۇلۇشىدا يەنە زور تەرەققىي قىلىش، يۈكسىلىش بوشلۇقى بار ، دائىم تۇرۇشلۇق ئاھالىنىڭ شەھەر-بازارلىشىش نىسبىتى تەرەققىي تاپقان دۆلەتلەرنىڭ شەھەر-بازارلىشىش نىسبىتىدىن ئون نەچچە پىرسەنت پوئېنت تۆۋەن، نوپۇستىكى ئاھالىنىڭ شەھەر-بازارلىشىش نىسبىتى تېخىمۇ تۆۋەن. يېڭىچە شەھەر-بازارلاشتۇرۇشتىن ئىبارەت ئىستراتېگىيەلىك ھەرىكەتنى چوڭقۇر يولغا قويۇپ، تۈرلۈك زۆرۈر ئامىللارنىڭ قوش يۆنىلىشلىك يۆتكىلىشىنى ئىلگىرى سۈرۈپ، شەھەر-يېزىلارنىڭ

يۇغۇرما تەرەققىيات يېڭى ئەندىزىسىنى شەكىللەندۈرۈش كېرەك. بىرىنچىدىن، يېزا ئىگىلىك يۆتكەلمە ئاھالىسىنىڭ شەھەر ئاھالىسىگە ئايلىنىشىنى تېزلىتىشنى گەۋدىلىك ئورۇنغا قويۇش كېرەك. نۆۋەتتە، مەملىكەت بويىچە شەھەر رايونلىرىدا دائىملىق نوپۇسى 3 مىليوندىن تۆۋەن شەھەرلەردە نوپۇسقا ئېلىش چەكلىمىسى ئاساسىي جەھەتتىن ئەمەلدىن قالدۇرۇلدى، لېكىن تەكشۈرۈپ ئىستاتىستىكا قىلىنىشىچە، شەھەرگە كىرگەن 170 مىليون دېھقان ئىشلەمچى ۋە ئۇلار بىلەن بىللە كۆچۈپ كەلگەن ئائىلە تەۋەلىرى تېخى شەھەر-بازارلاردا نوپۇسقا ئېلىنمىغان. نوپۇس تۈزۈمى ئىسلاھاتىنى چوڭقۇرلاشتۇرۇپ، «ئادەم، يەر، پۇل»نى بىر-بىرىگە باغلاش سىياسىتىنى مۇكەممەللەشتۈرۈپ، ئاممىۋى بايلىقنى تەقسىملەش بىلەن دائىملىق نوپۇس كۆلىمىنى ئۆزئارا ماسلاشتۇرۇشنى ئىلگىرى سۈرۈپ، شەھەرگە كىرىپ ئىشلەشنى خالايدىغان دېھقان ئىشلىگۈچىلەر ھەم ئۇلارنىڭ ئائىلە تەۋەلىرىنى شەھەر-بازارلاردا نوپۇسقا ئېلىش، نوپۇسقا ئېلىنمىغان دائىملىق ئاھالىنىڭ شەھەر-بازارلارنىڭ ئاساسىي ئاممىۋى مۇلازىمىتىدىن باراۋەر بەھرىمەن بولۇشىغا تۈرتكە بولۇش كېرەك. ئىككىنچىدىن، ناھىيە بازىرىنىڭ يېڭىچە شەھەر-بازارلاشتۇرۇشنىڭ مۇھىم ۋاستىسىگە ئايلىنىشىغا تۈرتكە بولۇش كېرەك. پۈتۈن مەملىكەت بويىچە ناھىيە بازىرى ھەم ناھىيە دەرىجىلىك شەھەرلەرنىڭ شەھەر رايونىدىكى دائىملىق نوپۇس 250 مىليوندىن ئېشىپ، شەھەر-بازارلاردىكى دائىملىق نوپۇسنىڭ تەخمىنەن 27%ىنى ئىگىلىدى، بارغانسېرى كۆپ يېزا ئاھالىسى ناھىيە بازىرىغا بېرىپ ئوقۇيدۇ، ئىشقا ئورۇنلىشىدۇ، ئولتۇراقلىشىدۇ، تۇرمۇش كەچۈرىدۇ. ناھىيە ئىقتىسادىنى يېتىلدۈرۈپ ۋە راۋاجلاندۇرۇپ، ئۇل ئەسلىھە ۋە ئاممىۋى مۇلازىمەتتىكى

كەمتۈكلۈكلەرنى تولۇقلاپ، ناھىيە بازىرىنىڭ ئۇنىۋېرسال كۆتۈرۈش ئىقتىدارىنى ئۆستۈرۈش كېرەك. شەھەر توپى، مەركىزىي شەھەر چەمبىرىكىگە تايىنىشقا ئەھمىيەت بېرىپ، چوڭ، ئوتتۇرا، كىچىك شەھەرلەرنىڭ ماس تەرەققىياتىنى ئىلگىرى سۈرۈش كېرەك. ئۈچىنچىدىن، شەھەر يېڭىلاش ھەرىكىتىنى پۇختا قەدەم بىلەن يولغا قويۇش كېرەك. ئادەتتىكى ئەھۋالدىمۇ، جىددىي ئەھۋالدىمۇ ئىشلەتكىلى بولىدىغان ئاممىۋى ئۇل ئەسلىھە قۇرۇلۇشىنى ئالغا سىلجىتىلىپ، ئالاقىدار ئەسلىھە قۇرۇلۇشىغا يۇقۇمىنىڭ ئالدىنى ئېلىش-تىزگىنلەش، جىددىي ۋەقەلەرگە تاقابىل تۇرۇش-ئاپەتنىڭ زىيىنىنى ئازايتىش ئېھتىياجىنى قوشۇپ، «ئادەتتىكى ئەھۋال»دا ساياھەت، ساغلاملىق-كۈتۈنۈش، ئىستىراھەت قاتارلىقلاردا ئىشلىتىشكە ، «جىددىي ئەھۋال»دا تېزدىن ئالماشتۇرۇپ پايدىلىنىشقا بولىدىغان قىلىپ، شۇ ئارقىلىق شەھەرنىڭ جىددىي ۋەقەلەرگە تاقابىل تۇرۇشنى كاپالەتلەندۈرۈش ئىقتىدارىنى ئۆستۈرۈش كېرەك. نۆۋەتتە، بىر قىسىم پەۋقۇلئاددە چوڭ، ئالاھىدە چوڭ شەھەردىكى كەنتلەردە ئۆي بىخەتەرلىكى ۋە ئوت مۇداپىئە بىخەتەرلىكى يوشۇرۇن خەۋپى كۆپ بولۇش، يانداش ئەسلىھەلەر قالاق بولۇش قاتارلىق گەۋدىلىك مەسىلىلەر مەۋجۇت. شەھەردىكى كەنتلەرنى ئۆزگەرتىشنى پائال، پۇختا قەدەم بىلەن ئالغا سىلجىتىپ، شەھەرلەرنىڭ ئولتۇراقلىشىش مۇھىتىنى كۈچەپ ياخشىلاپ، شەھەرلەرنىڭ يۇقىرى سۈپەتلىك تەرەققىياتىغا تۈرتكە بولۇش كېرەك. ھازىر نۇرغۇن شەھەرلەردە كەلكۈندىن مۇداپىئەلىنىش-زەي چىقىرىۋېتىش ئىقتىدارى يېتەرلىك بولماسلىق، سۇ، توك، گاز، ئىسسىقلىق تۇرۇبا يوللىرى كونىراپ كېتىش قاتارلىق مەسىلىلەر مەۋجۇت، يەر ئاستى تۇرۇبا تورى قاتارلىق قۇرۇلۇشلارنى ياخشىلاشنى تېزلىتىپ، شەھەرنىڭ

يۈرۈشلۈش بىخەتەرلىكىگە كاپالەتلىك قىلىشنى كۈچەيتىش كېرەك. كونا مەھەللىلەرنى ئۆزگەرتىش خەلقنىڭ خاتىرجەم ياشىشى، خۇشال-خۇرام ئىشلىشىگە بىۋاسىتە مۇناسىۋەتلىك. پارتىيە 19-قۇرۇلتىيىدىن بۇيان، دۆلىتىمىز جەمئىي تەخمىنەن 900 مىليارد يۈەن مەبلەغ سېلىپ، 220 مىڭ كونا مەھەللىنى ئۆزگەرتىش قۇرۇلۇشىدا ئىش باشلاپ، تەخمىنەن 100 مىليون كىشىگە نەپ يەتكۈزدى. كونا مەھەللىلەرنى ئۆزگەرتىشكە داۋاملىق تۈرتكە بولۇپ، لىفت ئورنىتىش، ماشىنا توختىتىش قاتارلىق قىيىن مەسىلىلەرنى ھەل قىلىپ، توسالغۇسىز مۇھىت، ياشانغانلارغا لايىقلاشقان ئەسلىھە قۇرۇلۇشىنى كۈچەيتىش كېرەك. «دوكلات»تا مۇنداق تەكىتلەندى: يېڭىچە شەھەر-بازارلاشتۇرۇشنىڭ ھەممە ئىشلىرىدا ئادەمنى ئاساس قىلىشنى گەۋدىلەندۈرۈپ، ئىنچىكە باشقۇرۇش ۋە مۇلازىمەت قىلىش سەۋىيەسىنى ئۆستۈرۈپ، خەلق ئاممىسىنى تېخىمۇ يۇقىرى سۈپەتلىك تۇرمۇشتىن بەھرىمەن قىلىش كېرەك.

رايونلار ماس تەرەققىيات سەۋىيەسىنى ئۆستۈرۈش كېرەك. «دوكلات»تا، جايلارنىڭ سېلىشتۇرما ئەۋزەللىكىنى تولۇق جارى قىلدۇرۇپ، ئاساسىي فۇنكسىيەلىك ئورنىغا ئاساسەن، ئۇلارنى يېڭى تەرەققىيات ئەندىزىسى بەرپا قىلىشقا پائال سىڭىشىش ۋە مۇلازىمەت قىلىش ئىمكانىيىتىگە ئىگە قىلىش كېرەك، دەپ كۆرسىتىلدى. ئالاقىدار مېخانىزم ۋە سىياسەتلەرنى ئىسلاھ قىلىپ ۋە مۇكەممەللەشتۈرۈپ، شەرقىي شىمالنى ئومۇميۈزلۈك گۈللەندۈرۈشتە يېڭى بۆسۈش ھاسىل قىلىشقا تۈرتكە بولۇپ، ئوتتۇرا رايوننىڭ تېز يۈكسىلىشىنى ئىلگىرى سۈرۈپ، شەرقىي رايوننىڭ زامانىۋىلىشىشنى تېز ئالغا سىلجىتىشقا ئىلھام بېرىپ، غەربىي رايوننى كەڭ ئېچىشتا يېڭى ئەندىزە شەكىللەندۈرۈشكە تۈرتكە بولۇپ، شەرقىي شىمال ۋە

ئوتتۇرا، غەربىي رايونلارنىڭ يۆتكەلگەن كەسپلەرنى قوبۇللاش ئىقتىدارىنى ئۆستۈرۈش كېرەك. ئىقتىسادىي تەرەققىيات ئەۋزەللىكىگە ئىگە رايونلارنىڭ يۇقىرى سۈپەتلىك تەرەققىياتنىڭ ھەرىكەتلەندۈرگۈچى كۈچ مەنبەسىگە خاس رولىنى تېخىمۇ ياخشى جارى قىلدۇرۇشىنى قوللاپ، بېيجىڭ-تيەنجىن-خېبېينىڭ ماس تەرەققىياتىنى چوڭقۇر ئالغا سىلجىتىپ، چاڭجياڭ دېلتىسىنى بىر گەۋدىلەشتۈرۈپ يۇقىرى سۈپەتلىك تەرەققىي قىلدۇرۇشنى سىجىل، چوڭقۇر ئالغا سىلجىتىدىغان سىياسەت-تەدبىرلەرنى ئوتتۇرىغا قويۇپ ۋە يولغا قويۇپ، گۇاڭدۇڭ-شياڭگاڭ-ئاۋمېن چوڭ قولتۇق رايونى قۇرۇلۇشىغا تۈرتكە بولۇشنى تېزلىتىش كېرەك. چاڭجياڭ ئىقتىساد بەلبېغىنىڭ يۇقىرى سۈپەتلىك تەرەققىياتىنى سىجىل ئالغا سىلجىتىپ، خۇاڭخې دەرياسى ۋادىسىنىڭ ئېكولوگىيەسىنى قوغداش ۋە يۇقىرى سۈپەتلىك تەرەققىياتىغا تۈرتكە بولۇش كېرەك. كونا ئىنقىلابىي رايونلار، مىللەتلەر رايونىنىڭ تەرەققىياتىنى تېزلىتىشكە مەدەت بېرىپ، چېگرا رايونلارنىڭ قۇرۇلۇشىنى كۈچەيتىپ، چېگرا رايوننى گۈللەندۈرۈش-خەلقنى بېيىتىش ھەرىكىتىنى بىرتۇتاش ئالغا سىلجىتىش كېرەك. مۇھىم ئىشلەپچىقىرىش كۈچلىرىنىڭ جايلىشىشىنى ئەلالاشتۇرۇپ، دۆلەتنىڭ ئىستراتېگىيەلىك مەركىزىي رايون قۇرۇلۇشىنى كۈچەيتىش كېرەك. دېڭىز-ئوكيان ئىقتىسادىنى زور كۈچ بىلەن راۋاجلاندۇرۇپ، دېڭىز-ئوكيان كۈچلۈك دۆلىتى قۇرۇش كېرەك. بۇ يىل ئاساسىي فۇنكسىيەلىك رايونلارنىڭ ئىستراتېگىيەلىك سىياسەت-ھۆججەتلىرىنى چوڭقۇر ئەمەلىيلەشتۈرۈش مۇھاكىمە قىلىپ تۈزۈلىدۇ، ئاساسىي فۇنكسىيەلىك رايونلارنى ئەلالاشتۇرۇشقا دائىر يولغا قويۇش يىرىك پىلانى ئوتتۇرىغا قويۇلىدۇ، بۇنىڭ بىلەن ئاساسىي فۇنكسىيەلىك رايون

ئىستراتېگىيەسى ئارقىلىق ئىقتىسادنىڭ مۇۋاپىق جايلىشىشىغا يېتەكچىلىك قىلىندۇ.

(9) ئېكولوگىيە مەدەنىيلىكى قۇرۇلۇشىنى كۈچەيتىپ، يېشىل، تۆۋەن كاربونلۇق تەرەققىياتنى ئالغا سىلجىتىش كېرەك. بۇلتۇر 7-ئايدا پارتىيە مەركىزىي كومىتېتى مەملىكەتلىك ئېكولوگىيەلىك مۇھىتنى قوغداش يىغىنىنى ئېچىپ، 12-ئايدا «گۈزەل جۇڭگو قۇرۇلۇشىنى ئومۇمىيۈزلۈك ئالغا سىلجىتىش توغرىسىدىكى پىكىر»نى بېسىپ تارقىتىپ، سىستېمىلىق ئورۇنلاشتۇرما قىلدى. سۈزۈك سۇ، يېشىل تاغنىڭ ئۆزى بىر بايلىق دېگەن ئىدىيەنى چوڭقۇر ئەملىيەتتىن ئۆتكۈزۈپ، كاربوننى تۆۋەنلىتىش، بۇلغىنىشنى ئازايتىش، يېشىللىقنى كېڭەيتىش ۋە ئىقتىسادنى ئاشۇرۇشنى ماس ئالغا سىلجىتىپ، ئادەم بىلەن تەبىئەت ئىناق بىللە ئۆتىدىغان گۈزەل جۇڭگو بەرپا قىلىش كېرەك.

ئېكولوگىيەلىك مۇھىتنى ھەر تەرەپلىمە تۈزەشكە تۈرتكە بولۇش كېرەك. يېقىنقى يىللاردىن بۇيان، دۆلىتىمىز بۇلغىنىشنىڭ ئالدىنى ئېلىش-تۈزەش بويىچە ئۆتكەلگە ھۇجۇم قىلىش جېڭىنى چوڭقۇر قانات يايدۇردى، بۇنىڭ نەتىجە-ئۈنۈمى ھەممىگە ئايان. شۇنىڭ بىلەن بىللە، ئېكولوگىيەلىك مۇھىت سۈپىتىنىڭ مۇقىملىق ئاساسدا ياخشىلىنىش ئاساسى يەنىلا مۇستەھكەم ئەمەس، ھەر تەرەپلىمە تۈزەشنى داۋاملىق كۈچەيتىپ، ئېكولوگىيەلىك مۇھىت سۈپىتىنى سىجىل ياخشىلاشقا توغرا كېلىدۇ. بىرىنچىدىن، بۇلغىنىشنىڭ ئالدىنى ئېلىش-تۈزەش ئۆتكىلىگە ھۇجۇم قىلىش جېڭىنى سىجىل، چوڭقۇر ياخشى قىلىش كېرەك. دۆلىتىمىزنىڭ ئاتموسفېرا مۇھىت ۋەزىيىتى ھېلىھەم كەسكىن بولۇپ، قىسمەن رايونلاردا كۈز، قىش پەسلىدە ھاۋانىڭ بۇلغىنىشى گەۋدىلىك.

بولتۇر گوۋۇيۈەن «ھاۋا سۈپىتىنى سىجىل ياخشىلاش ھەرىكەت پىلانى»نى بېسىپ تارقىتىپ، يېڭى نىشان-ۋەزىپە ۋە ھەرىكەت تەدبىرلىرىنى ئايدىڭلاشتۇردى، بۇنى جايىدا ئەمەلىيلەشتۈرۈش، پۇختا ئەمەلىيلەشتۈرۈشنى كۈچەيتىپ ياخشى تۇتۇش كېرەك. يېقىنقى يىللاردىن بۇيان، دۆلىتىمىزدە سۇ بۇلغىنىشىنىڭ ئالدىنى ئېلىش-تىزگىنلەش پۇختا ئالغا سىلجىتىلدى، «ئادەم بىلەن سۇنىڭ ئىناقلىقى»نى ئىلگىرى سۈرۈشنى داۋاملىق چۆرىدەپ، سۇ بايلىقى، سۇ مۇھىتى، سۇ ئېكولوگىيەسىنى تۈزەشنى بىرتۇتاش پىلانلاپ، سۈزۈك سۇنى قوغداش جېڭىنى سىجىل، چوڭقۇر ياخشى قىلىش كېرەك. «دوكلات»تا يەنە مۇنۇلار تەكىتلەندى: تۇپراق بۇلغىنىشنىڭ مەنبەدىن ئالدىنى ئېلىش-تىزگىنلەشنى كۈچەيتىپ، قاتتىق تاشلاندۇق، يېڭى بۇلغىما، سولياۋدىن بۇلغىنىشنى تۈزەشنى كۈچەيتىش كېرەك. ئىككىنچىدىن، ئېكولوگىيە سىستېمىسىنىڭ كۆپ خىللىقى، مۇقىملىقى، سىجىللىقىنى كۈچەيتىپ ئۆستۈرۈش كېرەك. ئېكولوگىيە بىرلىككە كەلگەن تەبىئىي سىستېما، ئۆزئارا بېقىنىدىغان، زىچ باغلىنىشلىق ئورگانىك بىر پۈتۈن گەۋدە. «دوكلات»تا مۇنداق تەكىتلەندى: تاغ، دەريا، ئورمان، ئېتىز، كۆل، ئوتلاق، قۇملۇقنى بىر گەۋدىلەشتۈرۈپ قوغداش ۋە سىستېمىلىق تۈزەشتە چىڭ تۇرۇپ، ئېكولوگىيەلىك مۇھىتنى رايونلارغا ئايرىپ باشقۇرۇش-تىزگىنلەشنى كۈچەيتىش كېرەك. «ئۈچ شىمال»قۇرۇلۇشىنىڭ ئۈچ چوڭ بەلگە خاراكتېرلىك جېڭىنى تەشكىللەپ ۋە ياخشى قىلىپ، دۆلەت باغچىسى ئاساسىي گەۋدە قىلىنغان تەبىئىيلىكى قوغدىلىدىغان جاي قۇرۇلۇشىنى ئالغا سىلجىتىش كېرەك. مۇھىم دەريا، كۆل ۋە سۇ ئامبارلىرىنىڭ ئېكولوگىيەسىنى قوغداش، تۈزەشنى كۈچەيتىپ، چاڭجياڭ دەرياسىدا بېلىق تۇتۇشنى ئون يىل چەكلەشنى سىجىل

ئالغا سىلجىتىش كېرەك. جانلىقلارنىڭ كۆپ خىللىقىنى قوغداشقا دائىر زور قۇرۇلۇشلارنى يولغا قويۇش كېرەك. ئۈچىنچىدىن، ئېكولوگىيە مەھسۇلاتلىرىنىڭ قىممىتىنى رېئاللاشتۇرۇش مېخانىزمىنى مۇكەممەللەشتۈرۈش كېرەك. بۇ يىل مەركەز مالىيەسى نۇقتىلىق ئېكولوگىيەلىك فۇنكسىيە رايونلىرىنىڭ يۆتكىمە چىقىمى ئۈچۈن 112 مىليارد 100 مىليون يۈەن ئورۇنلاشتۇردى، بۇ بۇلتۇرقىدىن 3 مىليارد يۈەن ئاشتى. ئۇنىڭدىن باشقا، ئېكولوگىيەنى قوغداش تولۇقلىمىسى بېرىش نىزامى چىقىرىپ، ھەرقايسى تەرەپلەرنىڭ ئېكولوگىيەلىك مۇھىتنى قوغداش ۋە ياخشىلاش ئاكتىپلىقىنى تولۇق قوزغاش كېرەك.

يېشىل، تۆۋەن كاربونلۇق ئىقتىسادنى زور كۈچ بىلەن تەرەققىي قىلدۇرۇش كېرەك. دۆلىتىمىزنىڭ ئىقتىسادىي، ئىجتىمائىي تەرەققىيات تېپىنى يېشىل تىپقا ئۆزگەرتىشتە پۇختا ئىلگىرىلەش قولغا كەلتۈرۈلدى، شۇنىڭ بىلەن بىللە، كەسىپ قۇرۇلمىسىدا سانائەتكىلا مايىللىشىش، ئېنېرگىيە قۇرۇلمىسىدا كۆمۈرگىلا مايىللىشىش قاتارلىق مەسىلىلەر ھېلىھەم بىرقەدەر گەۋدىلىك بولۇپ، كەسىپ قۇرۇلمىسى، ئېنېرگىيە قۇرۇلمىسى، قاتناش-ترانسپورت قۇرۇلمىسى، شەھەر-يېزا قۇرۇلۇشىنىڭ تەرەققىياتىنى يېشىل تىپقا ئۆزگەرتىشنى سىجىل ئالغا سىلجىتىشقا توغرا كېلىدۇ. بىرىنچىدىن، ئومۇميۈزلۈك تېجەش ئىستراتېگىيەسىنى ئەمەلىيلەشتۈرۈش كېرەك. يېقىنقى يىللاردىن بۇيان، دۆلىتىمىزنىڭ بايلىقتىن پايدىلىنىش ئۈنۈمى ئۈزلۈكسىز ئۆستى، لېكىن ھېلىھەم زور دەرىجىدە ئاشۇرۇش ئىمكانىيىتى بار، نۆۋەتتە بىرلىك ئىچكى ئىشلەپچىقىرىش ئومۇمىي قىممىتى يارىتىش ئۈچۈن ئىشلىتىلىدىغان سۇ مىقدارى يۇقىرى كىرىملىك دۆلەتلەرنىڭ ئىككى ھەسسىسىدىن كۆپرەككە توغرا

كېلىدۇ، بىرلىك ئىچكى ئىشلەپچىقىرىش ئومۇمىي قىممىتىنىڭ ئېنېرگىيە سەرپىياتى دۇنيا ئوتتۇرىچە سەۋىيەسىنىڭ تەخمىنەن 1.5 ھەسسىسىگە توغرا كېلىدۇ. بۇ يىل سۈنئى تېجەپ ئىشلىتىش نىزامى ئېلان قىلىنىپ، سۇ بايلىقىدىن تېجەشلىك، تولۇقلىنىشچان پايدىلىنىش كۈچەيتىلىدۇ. نۇقتىلىق ساھەلەرنى ئېنېرگىيە تېجەيدىغان، سۇ تېجەيدىغان قىلىپ ئۆزگەرتىش تېزلىتىلىپ، ئېنېرگىيە تېجەش، كاربوننى تۆۋەنلىتىش ھەرىكەت لايىھەسى تۈزۈلۈپ، ئېنېرگىيە تېجەش، كاربوننى تۆۋەنلىتىش مەخسۇس ھەرىكىتى كەسىپ، ساھەلەر بويىچە يولغا قويۇلىدۇ. ئىككىنچىدىن، يېشىل تەرەققىياتقا مەدەت بېرىدىغان سىياسەت-تەدبىرلەر ۋە ئالاقىدار بازارلاشتۇرۇش مېخانىزمىنى مۇكەممەللەشتۈرۈش كېرەك. مالىيە-باج، پۇل مۇئامىلە، سېلىنما، باھا قاتارلىق سىياسەت ئارقىلىق مەدەت بېرىشنى كۈچەيتىپ، بايلىق ۋە مۇھىت زۆرۈر ئامىللىرىنى بازارلاشتۇرۇپ تەقسىملەش سىستېمىسىنى تاكامۇللاشتۇرۇپ، تىجارەت ئاساسىي گەۋدىلىرىنى ئېكولوگىيەلىك مۇھىتنى قوغداش داۋامىدا مۇۋاپىق پايدىغا ئېرىشىش ئىمكانىيىتىگە ئىگە قىلىش كېرەك. شۇنىڭ بىلەن بىللە، ئېنېرگىيە تېجەش، كاربوننى تۆۋەنلىتىشكە دائىر ئىلغار تېخنىكىلارنى تەتقىق قىلىپ يارىتىش ۋە قوللىنىشنى ئىلگىرى سۈرۈپ، يېشىل، تۆۋەن كاربونلۇق تەمىنات زەنجىرىنى شەكىللەندۈرۈشنى تېزلىتىش كېرەك. ئۈچىنچىدىن، تاشلاندۇقلاردىن ئايلانما پايدىلىنىش كەسپىنىڭ تەرەققىياتىغا تۈرتكە بولۇش كېرەك. دۆلىتىمىزنىڭ تاشلاندۇق بايلىق مىقدارى ۋە ئايلانما پايدىلىنىش يوشۇرۇن كۈچى غايەت زور، مەسىلەن، كېرەكسىز پولاتنىڭ نىسبىتى (يەنى كېرەكسىز پولات-تۆمۈرنىڭ ئىشلىتىلىش مىقدارى بىلەن يىرىك پولات مەھسۇلات مىقدارىنىڭ

نىسبىتى) 21% ئەتراپىدىلا بولۇپ، دۇنيانىڭ ئوتتۇرىچە سەۋىيەسىدىن خېلىلا تۆۋەن. تاشلاندۇقلاردىن ئايلانما پايدىلىنىش سىستېمىسى بەرپا قىلىشنى تېزلىتىپ، تاشلاندۇقلارنى بايلىققا ئايلاندۇرۇش ۋە قايتا پايدىلىنىش سەۋىيەسىنى ئۆستۈرۈش كېرەك.

كاربوننى چوققا قىممەتكە يەتكۈزۈش، كاربوننى نېيتراللاشتۇرۇشنى پائال، پۇختا ئالغا سىلجىتىش كېرەك. بۇ، پارتىيە مەركىزىي كومىتېتى چوڭقۇر، ئەتراپلىق ئويلىنىش ئارقىلىق چىقارغان مۇھىم، زور ئىستراتېگىيەلىك تەدبىر، بىزنىڭ خەلقئارا جەمئىيەتكە بەرگەن تەنتەنىلىك ۋەدىمىز، شۇنداقلا يۇقىرى سۈپەتلىك تەرەققىياتنى ئىشقا ئاشۇرۇشنىڭ ئىچكى تەلىپى. پۈتۈن مەملىكەت بويىچە بىر تۇتاش پىلانلاش، تېجەشنى ئالدىنقى ئورۇنغا قويۇش، ئىككى چاقنى تەڭ ھەرىكەتلەندۈرۈش، ئىچكى-تاشقى جەھەتتىن راۋانلاشتۇرۇش، خەۋپ-خەتەرنىڭ ئالدىنى ئېلىش پرىنسىپىدا چىڭ تۇرۇپ، كاربوننى چوققا قىممەتكە يەتكۈزۈش، كاربوننى نېيتراللاشتۇرۇش «1+N» سىياسەت سىستېمىسىنى ياخشى ئەمەلىيلەشتۈرۈش كېرەك. بىرىنچىدىن، «كاربوننى چوققا قىممەتكە يەتكۈزۈش ئون چوڭ ھەرىكىتى»نى پۇختا قانات يايدۇرۇش كېرەك. توغرا، نوپۇزلۇق كاربون چىقىرىش سانلىق مەلۇماتى «قوش كاربون» خىزمىتىنى ئالغا سىلجىتىشنىڭ مۇھىم ئاساسى، كاربون چىقىرىشنى ئىستاتىستىكا قىلىش، ھېسابلاش، تەكشۈرۈپ ئىقتىدارىنى ئۆستۈرۈپ، ئالاقىدار قائىدە، ئۆلچەم ۋە كاربون چىقىرىش خامچوتىنى باشقۇرۇش سىستېمىسىنى تەدرىجىي ئورنىتىش، تاكامۇللاشتۇرۇش كېرەك. بەزى دۆلەتلەرنىڭ ئىمپورت قىلىنغان مەھسۇلاتلاردا كاربوننى ئىزلاپ تەكشۈرۈش-ئۆلچەش، دەلىللەش

توغرىسىدىكى تەلىپىگە پائال ماسلىشىپ، كاربوننى ئىزلاپ باشقۇرۇش سىستېمىسى ئورنىتىپ، مەھسۇلاتنىڭ كاربون بەلگىسىنى دەلىللەش تۈزۈمى قۇرۇلۇشى، كاربون ئىزىنى خەلقئارا جىپسىلاشتۇرۇش، ئۆزئارا ئېتىراپ قىلىشنى ئالغا سىلجىتىش كېرەك. كاربون بازىرى تۆۋەن كاربونلۇق تەرەققىياتنى ئىلگىرى سۈرىدىغان مۇھىم ۋاستە، مەملىكەت بويىچە كاربون بازىرى ساھەسىنىڭ قاپلاش دائىرىسىنى كېڭەيتىپ، كاربون باھاسىنى بېكىتىش مېخانىزمىنى يەنىمۇ مۇكەممەللەشتۈرۈپ، پۈتكۈل جەمئىيەتنىڭ كاربوننى تۆۋەنلىتىش تەننەرخىنى چۈشۈرۈش كېرەك. ئىككىنچىدىن، ئېنېرگىيە ئىنقىلابىنى چوڭقۇر ئالغا سىلجىتىش كېرەك. تاشقاتما ئېنېرگىيە ئىستېمالىنى تىزگىنلەپ، يېڭىچە ئېنېرگىيە سىستېمىسى بەرپا قىلىشنى تېزلىتىش كېرەك. چوڭ تىپتىكى شامال ئېلېكترى، يورۇقلۇق ۋولت ئېلېكترى بازىسى ۋە سىرتقا يەتكۈزۈش يولى قۇرۇلۇشىنى كۈچەيتىپ، تارقالما ئېنېرگىيەدىن ئېچىپ پايدىلىنىشقا تۈرتكە بولۇپ، ئېلېكتر تورىنىڭ پاكىز ئېنېرگىيەنى قوبۇل قىلىش، تەقسىملەش ۋە تەڭشەش-تىزگىنلەش ئىقتىدارىنى ئۆستۈرۈپ، يېڭىچە ئېنېرگىيە ساقلاشنى تەرەققىي قىلدۇرۇش كېرەك. دۆلىتىمىزنىڭ يېشىل توك ئىشلىتىش، يېشىل گۇۋاھنامە تارقىتىش سودا كۆلىمى پۈختا قەدەم بىلەن كېڭىيىپ، بۇلتۇر 10-ئايغىچە يېشىل توك ئىشلىتىش بويىچە پۈتۈشۈپ سودىلىشىلغان توك مىقدارى جەمئىي 87 مىليارد 800 مىليون كىلوۋات سائەت بولۇپ، 148 مىليون يېشىل گۇۋاھنامە تەكشۈرۈپ تارقىتىلدى. يېشىل توك ئىشلىتىش، يېشىل گۇۋاھنامە تارقىتىش تۈزۈمى سىستېمىسىنى يەنىمۇ تاكامۇللاشتۇرۇپ، يېشىل توك ئىشلىتىلىش ۋە خەلقئارادا ئۆزئارا ئېتىراپ قىلىشنى ئىلگىرى سۈرۈش كېرەك. ئۈچىنچىدىن، ئىقتىسادىي، ئىجتىمائىي تەرەققىياتنىڭ

ئېنېرگىيە ئىشلىتىش ئېھتىياجىغا ھەقىقىي كاپالەتلىك قىلىش كېرەك. دۆلىتىمىز ئېنېرگىيە بايلىقى ئەۋزەللىكىدە «كۆمۈر مول، نېفىت كەمچىل، تەبىئىي گاز ئاز» بولۇشتەك ئالاھىدىلىك نامايان بولدى، كۆمۈرنى ئاساس قىلىش ئاساسىي دۆلەت ئەھۋالىمىز. مەۋقەنى دۆلەت ئەھۋالىغا قويۇپ، ئاۋۋال يېڭىسىنى ئورنىتىپ، ئاندىن كونىسىنى بىكار قىلىش، يېڭى ئېنېرگىيە تەرەققىياتى بىلەن دۆلەتنىڭ ئېنېرگىيە بىخەتەرلىكىنى بىر تۇتاش ياخشى پىلانلاپ، كۆمۈردىن پاكىز، يۇقىرى ئۈنۈملۈك پايدىلىنىشنى كۈچەيتىپ، كۆمۈر، كۆمۈر ئېلېكتىر ئېنېرگىيەنىڭ تولۇق كاپالەتلەندۈرۈش رولىنى جارى قىلدۇرۇپ، يېڭى ئېنېرگىيەنىڭ يۇقىرى سۈپەتلىك تەرەققىياتىغا تۈرتكە بولۇپ، ئىقتىساد، ئىجتىمائىي تەرەققىياتنى بىخەتەر، ئىشەنچلىك ئېنېرگىيە كاپالىتىگە ئىگە قىلىش كېرەك.

(10) خەلق تۇرمۇشىنى كاپالەتلەندۈرۈپ ۋە ياخشىلاپ، جەمئىيەت ئىدارە قىلىشنى كۈچەيتىش ۋە ئۇنىڭدا يېڭىلىق يارىتىش كېرەك. خەلقنىڭ بەخت ـ سائادىتىنى ئاشۇرۇش تەرەققىياتنىڭ تۈپ مەقسىتى، شۇنداقلا تەرەققىياتقا تۈرتكە بولۇشتىكى كۈچلۈك ھەرىكەتلەندۈرگۈچى كۈچ. خەلق مەركەز قىلىنغان تەرەققىيات ئىدىيەسىدە چىڭ تۇرۇپ، قۇربىنىڭ يېتىشىچە ئىشلەپ، مادارىغا قاراپ ئىش كۆرۈپ، يۇقىرى سۈپەتلىك تەرەققىيات داۋامىدا خەلق تۇرمۇشىنى كاپالەتلەندۈرۈش سەۋىيەسىنى مۇقىم ئۆستۈرۈش كېرەك. ھۆكۈمەت ئاساسقا كاپالەتلىك قىلىش، تۆۋەن چەككە كاپالەتلىك قىلىش مەسئۇلىيىتىنى ياخشى ئادا قىلىپ، خەلق تۇرمۇشىغا نەپ يەتكۈزىدىغان، خەلق قەلبىنى ئىللىتىدىغان تېخىمۇ كۆپ تەدبىرلەرنى قوللىنىشى كېرەك. شۇنىڭ بىلەن بىللە، ئىجتىمائىي كۈچلەرنىڭ غەيرىي ئاساسىي ئاممىۋى مۇلازىمەت

تەمىناتىنى كۆپەيتىشنى قوللاپ، ئاممىنىڭ كۆپ قاتلاملىق، كۆپ خىللاشقان ئېھتىياجىنى قاندۇرۇش كېرەك. خەلق تۇرمۇشىنى كاپالەتلەندۈرۈش ۋە ياخشىلاش مەسىلىسىگە تەرەققىيات تەپەككۇرى ئارقىلىق مۇئامىلە قىلىشقا ئەھمىيەت بېرىپ، خەلق ئاممىسى ئالدىراۋاتقان، قىينىلىۋاتقان، غەم قىلىۋاتقان، تەقەززا بولۇۋاتقان مەسىلىلەرنى ھەل قىلىش داۋامىدا ئىقتىسادنىڭ يېڭى ئېشىش نۇقتىسىنى يېتىلدۈرۈپ، ئىقتىسادنى تەرەققىي قىلدۇرۇش بىلەن خەلق تۇرمۇشىنى ياخشىلاشنىڭ ياخشى ئايلىنىشىنى شەكىللەندۈرۈش كېرەك.

كۆپ خىل تەدبىرلەرنى تەڭ قوللىنىپ، ئىشقا ئورۇنلىشىشنى مۇقىملاشتۇرۇپ كىرىمنى ئاشۇرۇشنى ئىلگىرى سۈرۈش كېرەك. ھازىر، دۆلىتىمىزدە ئىشقا ئورۇنلىشىش ئومۇمىي مىقدار بېسىمىغا دۇچ كېلىپلا قالماي، يەنە بىرقەدەر گەۋدىلىك قۇرۇلما خاراكتېرلىك زىددىيەتكىمۇ دۇچ كەلدى. بەزى ئەمگەكچىلەرنىڭ ماھارەت سەۋىيەسى بىلەن ئىش ئورنى ئېھتىياجى ماس كەلمەيدۇ، «ئىشقا ئورۇنلىشىش قىيىن بولۇش» بىلەن «ئىشچى قوبۇل قىلىش قىيىن بولۇش» تەڭ مەۋجۇت، ماھارەتلىك ئىختىساسلىقلار بازىرىدا ئادەم تەلەپ قىلىش نىسبىتى ئۇزاق مۇددەت 1.5تىن يۇقىرى نىسبەتنى ساقلاپ كەلدى. ئىشقا ئورۇنلاشتۇرۇش خىزمىتىنى ياخشى ئىشلەشتە، ئىشقا ئورۇنلىشىش ئومۇمىي مىقدارىنى پائال ئاشۇرۇش بىلەن بىللە، قۇرۇلمىلىق زىددىيەتنى ھەل قىلىشقا كۈچەشكە كۆچ سەرپ قىلىش كېرەك. ئىشقا ئورۇنلاشتۇرۇشنى ئالدىنقى ئورۇنغا قويۇش يۆنىلىشىنى داۋاملىق گەۋدىلەندۈرۈپ، ئىشقا ئورۇنلىشىشنى مۇقىملاشتۇرۇشقا دائىر تۈرلۈك سىياسەت-تەدبىرلەرنى مۇكەممەللەشتۈرۈپ ۋە ئەمەلىيلەشتۈرۈپ،

ئىشقا ئورۇنلىشىشنىڭ ئومۇمىي جەھەتتىن مۇقىم بولۇشىنى ساقلاش كېرەك. بىرىنچىدىن، سىياسەت جەھەتتىن قوللاش سالمىقىنى زورايتىش كېرەك. مالىيە-باج، پۇل مۇئامىلە قاتارلىقلارغا دائىر سىياسەتلەر ئارقىلىق ئىشقا ئورۇنلىشىشنى مۇقىملاشتۇرۇشنى قوللاشنى كۈچەيتىپ، ئىشقا ئورۇنلىشىشنى ئىلگىرى سۈرۈشكە پايدىلىق ماكرو سىياسەت مۇھىتى يارىتىش كېرەك. ئىشقا ئورۇنلىشىشنى ئىلگىرى سۈرىدىغان مەخسۇس سىياسەتلەرنىڭ سالمىقىنى ئاشۇرۇپ، ئىش ئورنىنى مۇقىملاشتۇرغاندىن كېيىن قايتۇرۇپ بېرىش، مەخسۇس قەرز بېرىش، ئىشقا ئورۇنلاشتۇرۇش ۋە ئىجتىمائىي سۇغۇرتا تولۇقلىما ياردەم پۇلى بېرىش قاتارلىقلارغا دائىر سىياسەتلەرنى ئەمەلىيلەشتۈرۈپ ۋە مۇكەممەللەشتۈرۈپ، ئىشقا ئورۇنلاشتۇرۇش سىغىمى چوڭ ساھە كارخانىلىرىغا مەدەت بېرىشنى كۈچەيتىش كېرەك. ئىككىنچىدىن، نۇقتىلىق توپتىكىلەرنى ئىشقا ئورۇنلاشتۇرۇش خىزمىتىنى گەۋدىلىك ياخشى تۇتۇش كېرەك. ئالىي مەكتەپنى پۈتكۈزگەنلەرنىڭ يېڭىدىن كۆپەيگەن ئەمگەك كۈچلىرىدە ئىگىلىگەن نىسبىتى 70%كە يېقىنلىشىدۇ، بۇلار دۆلەتنىڭ قىممەتلىك ئىختىساسلىقلار بايلىقى ھېسابلىنىدۇ. سىياسەت جەھەتتىن قوللاشنى كۈچەيتىپ، كۆپ خىل يوللار ئارقىلىق ئىش ئورنىنى كۆپەيتىپ، ئىشقا ئورۇنلىشىش، ئىگىلىك تىكلەشكە يېتەكچىلىك قىلىش مۇلازىمىتىنى ئەلالاشتۇرۇش، شۇنىڭ بىلەن بىللە، ئالىي مەكتەپنى پۈتكۈزگەنلەرنى كەسىپ تاللاش قارىشى، ئىشقا ئورۇنلىشىش قارىشىنى ئۆزگەرتىپ، ئىقتىسادىي، ئىجتىمائىي تەرەققىيات ئېھتىياجلىق ئىش ئورۇنلىرىدا تۆھپە قوشۇپ نەتىجە يارىتىشقا يېتەكلەش كېرەك. دېھقان ئىشلەمچىلەرنىڭ سىرتقا چىقىپ ئىشلىشى ۋە يۇرتىغا قايتىپ ئىشقا ئورۇنلىشىشى، ئىگىلىك تىكلىشى

قاتارلىقلارنى قوللاش سالمىقىنى زورايتىپ، نامراتلىقتىن قۇتۇلغان نوپۇسنىڭ ئىشلەش كۆلىمىنى كۈچەپ مۇقىملاشتۇرۇش كېرەك. يەنە ھەربىي سەپتىن چېكىنگەنلەرنى ئىشقا ئورۇنلاشتۇرۇش ۋە ئورۇنلاشتۇرۇش خىزمىتىنى پۇختا، ياخشى ئىشلەپ، ئىشقا ئورۇنلىشىشى قىيىن بولغان مېيىپلەر قاتارلىقلارغا يار-يۆلەك بولۇشنى كۈچەيتىش كېرەك. ئۈچىنچىدىن، ئىشقا ئورۇنلىشىش جەھەتتىكى تەمىنات بىلەن ئېھتىياجنى ماسلاشتۇرۇشنى ئىلگىرى سۈرۈش كېرەك. ئىلغار ياسىمىچىلىق، زامانىۋى مۇلازىمەت، ياشانغاندا كۈتۈش، ھالىدىن خەۋەر ئېلىش قاتارلىق ساھەلەرنىڭ ئىختىساسلىقلارغا بولغان ئېھتىياجىغا ماسلىشىپ، كەسپىي ماھارەت بويىچە تەربىيەلەشنى كۈچەيتىپ، ئەمگەكچىلەرنىڭ ساپاسىنى ئۈزلۈكسىز ئۆستۈرۈپ، ئىقتىسادىي، ئىجتىمائىي تەرەققىياتقا مۇلازىمەت قىلىدىغان جىددىي ئېھتىياجلىق، قىس ماھارەت ئىختىساسلىقلىرىنى يېتىشتۈرۈشنى تېزلىتىش كېرەك. تۆتىنچىدىن، ئىشقا ئورۇنلىشىش مۇلازىمىتى ۋە ھوقۇق-مەنپەئەت كاپالىتىنى كۈچەيتىش كېرەك. جانلىق ئىشقا ئورۇنلىشىشقا مۇلازىمەت قىلىش ۋە كاپالەتلىك قىلىش تەدبىرلىرىنى تۈرلەر بويىچە مۇكەممەللەشتۈرۈپ، يېڭى ئىشقا ئورۇنلىشىش ھالىتىدە ئىشقا ئورۇنلاشقانلارنى كەسپىي زەخمە جەھەتتىن كاپالەتلەندۈرۈش سىنىقىنى كېڭەيتىش كېرەك. ئىشقا ئورۇنلىشىش جەھەتتىكى كەمسىتىشنى قەتئىي تۈزىتىپ، دېھقان ئىشلەمچىلەرنىڭ ئىش ھەققىنى بېرىشنى كاپالەتلەندۈرۈپ، ئەمگەكچىلەرنىڭ قانۇنلۇق ھوقۇق-مەنپەئەتىنى قوغداش كېرەك. ئوتتۇرا ھال كىرىملىكلەرنىڭ كۆلىمىنى كېڭەيتىش، تۆۋەن كىرىملىكلەرنىڭ كىرىمىنى ئاشۇرۇشنى ئىلگىرى سۈرۈش تەدبىرلىرىنى تەتقىق قىلىپ تۈزۈپ، شەھەر-يېزا ئاھالىلىرىنىڭ

كىرىمىنى كۆپ خىل يوللار ئارقىلىق ئاشۇرۇپ، ئورتاق بېيىشنى پۇختا ئالغا سىلجىتىش كېرەك.

داۋالاش-ساقلىق ساقلاش مۇلازىمەت ئىقتىدارىنى ئۆستۈرۈش كېرەك. تېببىي دورا-سەھىيە تۈزۈلمە ئىسلاھاتىنى چوڭقۇرلاشتۇرۇپ، داۋالىنىش سۇغۇرتىسى، داۋالاش، تېببىي دورىگەرلىكنى ماس تەرەققىي قىلدۇرۇش ۋە تۈزەشنى ئىلگىرى سۈرۈش كېرەك. بىرىنچىدىن، ئومۇمىي خەلق داۋالىنىش سۇغۇرتىسى تۈزۈمىنى مۇكەممەللەشتۈرۈش كېرەك. شەھەر-يېزا ئاھالىسىنىڭ داۋالىنىش سۇغۇرتىسى بويىچە كىشى بېشىغا بېرىلىدىغان مالىيە ياردەم پۇلى ئۆلچىمى 30 يۈەن ئۆستۈرۈلۈپ، كىشى بېشىغا بېرىلگەن ياردەم پۇل يىلىغا 670 يۈەنگە يەتكۈزۈلۈپ، ئاھالىنىڭ داۋالىنىش سۇغۇرتىسىغا كاپالەتلىك قىلىش ئىقتىدارى ئۆستۈرۈلىدۇ. ئاساسىي داۋالىنىش سۇغۇرتىسىنى ئۆلكە دەرىجىسىدە بىرتۇتاش غەملەشكە داۋاملىق تۈرتكە بولۇپ، دۆلەتنىڭ دورىنى مەركەزلىك سېتىۋېلىش تۈزۈمى مۇكەممەللەشتۈرۈلۈپ، داۋالىنىش سۇغۇرتىسى فوندىنىڭ ئىشلىتىلىشىنى دائىملىق نازارەت قىلىش-باشقۇرۇشنى كۈچەيتىش كېرەك. ھازىر دۆلىتىمىزدە ئۆلكە ئاتلاپ يۆتكىلىدىغان نوپۇس 120 مىليوندىن ئاشقان بولۇپ، باشقا جايدا داۋالىنىش ئېھتىياجى زور، باشقا جايدا داۋالىنىش ھەققىنى راسچوت قىلىشنى ئەمەلىيلەشتۈرۈپ ۋە مۇكەممەللەشتۈرۈپ، بالىنىستىدا يېتىش ھەققى ۋە ئامبۇلاتورىيەدە داۋالىنىدىغان سوزۇلما، ئالاھىدە كېسەللەرنى بىۋاستە راسچوت قىلىشنىڭ قولايلىق بولۇش دەرىجىسىنى ئۆستۈرۈش كېرەك. ئىككىنچىدىن، داۋالاش مۇلازىمىتىنى ياخشىلاش كېرەك. ھۆكۈمەت دوختۇرخانىلىرى ئىسلاھاتىنى چوڭقۇرلاشتۇرۇپ، بىمارنى مەركەز قىلىشنى داۋالاش مۇلازىمىتىنىڭ

ھەرقايسى ھالقىلىرىغىچە سىڭدۈرۈش كېرەك. قايتا-قايتا تەكشۈرۈش نۇرغۇن بىمارلارنى ئازابلىدى، بۇ، ھەم داۋالاش بايلىقىنى ئىسراپ قىلدى، ھەم بىمارلارنىڭ يۈكىنى ئېغىرلاشتۇرۇۋەتتى، شۇڭا تەكشۈرۈش-ئانالىز قىلىش نەتىجىسىنى كەڭ دائىرىدە ئۆزئارا ئېتىراپ قىلىشقا پائال تۈرتكە بولۇش كېرەك. ئۈچىنچىدىن، داۋالاش بايلىقىنىڭ جايلىشىش قۇرۇلمىسىنى ئەلالاشتۇرۇش كېرەك. دۆلىتىمىزدە ئاساسىي قاتلام داۋالاش-ساقلىق ساقلاش ئاپپاراتلىرىنىڭ سانى 1 مىليوندىن ئاشقان بولسىمۇ، لېكىن قىسمەن ئاپپاراتلارنىڭ دىياگنوز قويۇش-داۋالاش ئىقتىدارى ۋە مۇلازىمەت سەۋىيەسى ئاممىنىڭ ئېھتىياجىنى قاندۇرالمايدۇ. ئەلا سۈپەتلىك داۋالاش بايلىقىنى ئاساسىي قاتلامغا يۈزلەندۈرۈشكە يەنىمۇ يېتەكلەپ، ناھىيە، يېزا، كەنتلەر داۋالاش مۇلازىمىتىنىڭ ماسلىشىپ ھەمتۈرتكە بولۇشىنى كۈچەيتىپ، ئاساسىي قاتلام داۋالاش-ساقلىق ساقلاش ئاپپاراتلىرىنىڭ سوزۇلما كېسەللىك، دائىم كۆرۈلىدىغان كېسەللىكلەرگە ئىشلىتىدىغان دورا تۈرلىرىنى كېڭەيتىپ، ئۇنىۋېرسال دوختۇرلارنى يېتىشتۈرۈش-تەربىيەلەشنى كۈچەيتىپ، ئاممىنىڭ داۋالىنىش ئادىتىنى تەدرىجىي ئۆزگەرتىپ، ئۇششاق كېسەل، سوزۇلما كېسەل، دائىم كۆرۈلىدىغان كېسەللەرگە دىياگنوز قويۇش-داۋالاشنى ئاساسىي قاتلامدا قالدۇرۇپ، دەرىجىگە ئايرىپ دىياگنوز قويۇش-داۋالاشنى تەرتىپلىك، ئۈنۈملۈك قىلىش كېرەك. نۆۋەتتە، بالىلار بۆلۈمى، ياشانغانلار تېبابىتى، روھىي ساغلاملىق، داۋالاش-پەرۋىش قاتارلىقلارغا دائىر مۇلازىمەتتە بىرقەدەر روشەن كەمتۈكلۈكلەر مەۋجۇت، مەسىلەن، دۆلىتىمىزدە 0 — 14 ياشلىق نوپۇسنىڭ ئىگىلىگەن نىسبىتى %17تىن ئاشىدۇ، ھالبۇكى بالىلار بۆلۈمى دوختۇرلىرىنىڭ دوختۇرلار ئىچىدە ئىگىلىگەن نىسبىتى ئاران

5%. يۇمشاق، قاتتىق ماتېرىيال قۇرۇلۇشى ۋە ئالاقىدار ئىختىساسلىقلارنى تەربىيەلەشنى كۈچەيتىپ، بۇ كەمتۈكلۈكلەرنى تولۇقلاشنى تېزلىتىش كېرەك. يەنە جۇڭيى تېبابىتى دورىگەرلىكىگە ۋارىسلىق قىلىش ۋە ئۇنىڭدا يېڭىلىق يارىتىشنى ئىلگىرى سۈرۈپ، جۇڭيى تېبابىتى ئەۋزەل مەخسۇس كېسەللىك بۆلۈمى قۇرۇلۇشىنى كۈچەيتىش كېرەك. تۆتىنچىدىن، كېسەللىكنىڭ ئالدىنى ئېلىش-داۋالاشنى بىرتۇتاش پىلانلاپ ياخشى ئىشلەش كېرەك. ئالدىنى ئېلىشنى ئاساس قىلىشتا چىڭ تۇرۇپ، كېسەللىكنىڭ ئالدىنى ئېلىش-تىزگىنلەش سىستېمىسىنى مۇكەممەللەشتۈرۈش كېرەك. نۇقتىلىق يۇقۇملۇق كېسەللىكلەرنىڭ ئالدىنى ئېلىش ۋە ئۇنى تىزگىنلەش خىزمىتىنى داۋاملىق ياخشى ئىشلەش، يۇقىرى قان بېسىمى، دىيابېت قاتارلىق سوزۇلما كېسەللىكلەرنىڭ ئالدىنى ئېلىش-داۋالاشنى داۋاملىق ياخشى تۇتۇش، كەم كۆرۈلىدىغان كېسەللىكلەرنى تەتقىق قىلىش، دىياگنوز قويۇش-داۋالاش مۇلازىمىتى ۋە دورا ئىشلىتىش كاپالىتىنى كۈچەيتىش كېرەك. ساغلام جۇڭگو ھەرىكىتى ۋە ۋەتەنپەرۋەرلىك تازىلىق ھەرىكىتىنى چوڭقۇر قانات يايدۇرۇپ، خەلق ئاممىسىنىڭ ساغلاملىق مۇداپىئە سېپىنى مۇستەھكەملەش كېرەك.

ئىجتىمائىي كاپالەت ۋە مۇلازىمەتنى كۈچەيتىش كېرەك. كۆپ قاتلاملىق ئىجتىمائىي كاپالەت سىستېمىسىنى كۈچەپ تاكامۇللاشتۇرۇپ، خەلق ئاممىسىنى ئۈنۈملۈك كاپالەت ۋە مۇقىم كۈزلىمىگە ئىگە قىلىش كېرەك. بىرىنچىدىن، كۆپ قاتلاملىق، كۆپ تىرەكلىك ياشانغاندا كۈتۈنۈش سۇغۇرتىسى سىستېمىسىنى راۋاجلاندۇرۇش كېرەك. شەھەر-يېزا ئاھالىسى ياشانغاندا كۈتۈنۈش ئاساسىي پۇلىنىڭ ئايلىق ئەڭ تۆۋەن ئۆلچىمى 20 يۈەن

ئۆستۈرۈلۈپ، ھەربىر كىشىگە ئايدا بېرىلىدىغان پۇل 123 يۇەنگە يەتكۈزۈلىدۇ. دۆلىتىمىزدە ھازىر 170 مىليوندىن ئارتۇق ياشانغان كىشى شەھەر-يېزا ئاھالىلىرىنىڭ ياشانغاندا كۈتۈنۈش سۇغۇرتىسى تەمىناتىدىن بەھرىمەن بولۇۋاتىدۇ. ياشانغاندا كۈتۈنۈش ئاساسىي پۇلىنىڭ ئەڭ تۆۋەن ئۆلچىمى كۆپ قېتىم ئۆستۈرۈلگەن بولسىمۇ، لېكىن ھازىرقى ئەھۋاللاردىن قارىغاندا سەۋىيەسى يەنىلا تۆۋەنرەك ھېسابلىنىدۇ. بۇ قېتىم ياشانغاندا كۈتۈنۈش ئاساسىي پۇلىنىڭ ئەڭ تۆۋەن ئۆلچىمى 19.4% ئاشۇرۇلدى، بۇ، يېقىنقى يىللاردىن بۇيان ئۆستۈرۈلۈش نىسبىتى بىرقەدەر چوڭ بولغان بىر قېتىملىق ئۆستۈرۈلۈش ھېسابلىنىدۇ. شۇنىڭ بىلەن بىللە، پېنسىيەگە چىققانلارنىڭ ياشانغاندا ئاساسىي كۈتۈنۈش پۇلىنى داۋاملىق ئۆستۈرۈپ، ياشانغاندا كۈتۈنۈش سۇغۇرتىسىنى مەملىكەت بويىچە بىر تۇتاش غەملەشنى مۇكەممەللەشتۈرۈش كېرەك. پۈتۈن مەملىكەتتە شەخسلەر ياشانغاندا كۈتۈنۈش پۇلى تۈزۈمىنى يولغا قويۇپ، 3-تۈۋرۈكلۈك ياشانغاندا كۈتۈنۈش سۇغۇرتىسىنى پائال راۋاجلاندۇرۇپ، ئۇزاق مۇددەتلىك پەرۋىش سۇغۇرتىسى تۈزۈمىنى ئورنىتىشنى ئالغا سىلجىتىپ، ياشانغانلارنىڭ ياشانغاندا كۈتۈنۈش كاپالىتىنى ئۈزلۈكسىز كۈچەيتىش كېرەك. ئىككىنچىدىن، «ياشانغانلار، بالىلار» قاتارلىقلارغا مۇناسىۋەتلىك ئالدىرىتىۋاتقان، قىيناۋاتقان، غەم قىلدۇرىۋاتقان، تەقەززا قىلدۇرىۋاتقان مەسىلىلەرنى ياخشى ھەل قىلىش كېرەك. 2023-يىلىنىڭ ئاخىرىدا، دۆلىتىمىزدە 60 ياش ھەم ئۇنىڭدىن يۇقىرى ياشتىكى ياشانغانلار نوپۇسى 297 مىليونغا يېتىپ، ئومۇمىي نوپۇسنىڭ 21.1%نى ئىگىلەپ، دۆلىتىمىز ياشانغانلار ئوتتۇرا ھال كۆپىيىش جەمئىيىتىگە قەدەم قويدى. ياشانغانلارنىڭ كۆپىيىشىگە پائال ھازىرلىق قىلىش دۆلەت

ئىستراتېگىيەسىنى يولغا قويۇپ، شەھەر-يېزا مەھەللىلىرىنىڭ ياشانغانلار كۈتۈنۈش مۇلازىمەت تورى قۇرۇلۇشىنى كۈچەيتىپ، يېزىلارنىڭ ياشانغانلار كۈتۈنۈش مۇلازىمىتىدىكى كەمتۈكلۈكلەرنى تولۇقلاش سالمىقىنى زورايتىش كېرەك. 2023-يىلى دۆلىتىمىزدە تۇغۇلغان نوپۇس 9 مىليون 20 مىڭ بولۇپ، تارىختىكى ئەڭ تۆۋەن سەۋىيە يارىتىلدى، شۇنداقلا ئۇدا ئىككى يىل نوپۇس مەنپىي ئېشىش كۆرۈلدى. تۇغۇتقا مەدەت بېرىش سىياسىتىنى چىڭ تۇتۇپ تاكامۇللاشتۇرۇپ، تۇغۇتتا دەم ئېلىش تۈزۈمىنى ئەللاشتۇرۇپ، تىجارەت ئاساسىي گەۋدىلىرىنىڭ ئادەم ئىشلىتىش تەننەرخىنى مۇۋاپىق، ئورتاق ئۈستىگە ئېلىش مېخانىزمىنى مۇكەممەللەشتۈرۈپ، ھاۋالىلىك بېقىش مۇلازىمىتى تەمىناتىنى كۆپ خىل يوللار ئارقىلىق كۆپەيتىپ، ئائىلىلەرنىڭ تۇغۇت، بېقىش-تەربىيەلەش، مائارىپ يۈكىنى يېنىكلىتىپ، تىرىشىپ مۇۋاپىق تۇغۇت سەۋىيەسى ۋە نوپۇس كۆلىمىنى ساقلاش كېرەك. ئۈچىنچىدىن، قاتلامغا، تۈرگە ئايرىلغان ئىجتىمائىي قۇتقۇزۇش-ياردەم بېرىش سىستېمىسىنى تاكامۇللاشتۇرۇش كېرەك. ئىجتىمائىي قۇتقۇزۇش-ياردەم بېرىش سىياسىتىنى مۇكەممەللەشتۈرۈپ ۋە ئەمەلىيلەشتۈرۈپ، قايتا نامراتلىشىپ كېتىشنىڭ ئالدىنى ئېلىش ۋە تۆۋەن كىرىملىك ئاھالىگە يار-يۆلەك بولۇش سىياسىتىنى بىرتۇتاش پىلانلاشنى كۈچەيتىپ، كاپالەتلەندۈرۈشكە تېگىشلىكلەرنى تولۇق كاپالەتلەندۈرۈشنى ھەقىقىي ئىشقا ئاشۇرۇش كېرەك. يەنە ھەربىي سەپتىن چېكىنگەنلەر، ھەربىيلەر ئائىلە تەۋەلىرى ۋە باشقا نەپىقە ئوبيېكتلىرىغا بولغان مۇلازىمەت كاپالىتىنى كۈچەيتىپ، ئۆيدە قالغان بالىلار ۋە قىيىن ئەھۋالدا قالغان بالىلارغا غەمخورلۇق قىلىش، قۇتقۇزۇش-ياردەم بېرىشنى ياخشى ئىشلەپ، مېيىپلىكنىڭ ئالدىنى ئېلىش ۋە

سالامەتلىكىنى ئەسلىگە كەلتۈرۈش مۇلازىمىتىنى كۈچەيتىپ، ئېغىر مېيىپلەرنى ھاۋالىلىك بېقىش، ھالىدىن خەۋەر ئېلىش سىياسىتىنى مۇكەممەللەشتۈرۈپ، تۈرلۈك كىشىلەر توپىغا پارتىيە ۋە ھۆكۈمەتنىڭ ئىللىقلىقىنى تېخىمۇ ۋاقتىدا، تېخىمۇ تولۇق ھېس قىلدۇرۇش كېرەك.

خەلق ئاممىسىنىڭ مەنىۋى مەدەنىيەت تۇرمۇشىنى بېيىتىش كېرەك. جۇڭگوچە زامانىۋىلاشتۇرۇشتا ھەم ماددىي بايلىق ئىنتايىن مول بولۇش، ھەم مەنىۋى بايلىق ئىنتايىن مول بولۇشنى، ئىدىيە، مەدەنىيەت جەھەتتە ئۆزىگە ئىشىنىش، ئۆزىنى قۇدرەت تاپتۇرۇشنى ئىشقا ئاشۇرۇش كېرەك. شى جىنپىڭ مەدەنىيەت ئىدىيەسىنى چوڭقۇر ئۆگىنىپ ۋە ئىزچىللاشتۇرۇپ، سوتسىيالىستىك يادرولۇق قىممەت قارىشىنى كەڭ كۆلەمدە ئەمەلىيەتتە كۆرسىتىپ، مەدەنىيەت ئىشلىرى ۋە كەسپىنى زور كۈچ بىلەن راۋاجلاندۇرۇپ، تەنتەربىيە ئىسلاھاتى ۋە تەرەققىياتىغا تۈرتكە بولۇپ، خەلقنىڭ كۈنسېرى ئېشىپ بېرىۋاتقان مەنىۋى مەدەنىيەت ئېھتىياجىنى تېخىمۇ ياخشى قاندۇرۇش كېرەك.

دۆلەت خەۋپسىزلىكى ۋە جەمئىيەت مۇقىملىقىنى قوغداش كېرەك. دۆلەت خەۋپسىزلىكى مىللەتنى گۈللەندۈرۈشنىڭ ئۇلى، جەمئىيەت مۇقىملىقى دۆلەتنى قۇدرەت تاپتۇرۇشنىڭ ئالدىنقى شەرتى. ئومۇمىي دۆلەت خەۋپسىزلىكى قارىشىنى قەتئىي تەۋرەنمەي ئىزچىللاشتۇرۇپ، دۆلەت خەۋپسىزلىكى سىستېمىسى ۋە ئىقتىدارى قۇرۇلۇشىنى كۈچەيتىش كېرەك. ئاممىۋى بىخەتەرلىكنى ئىدارە قىلىش سەۋىيەسىنى ئۆستۈرۈپ، ئىدارە قىلىش ئەندىزىسىنىڭ تىپىنى ئىشتىن بۇرۇن ئالدىنى ئېلىشقا ئۆزگەرتىشكە تۈرتكە بولۇپ، بىخەتەر ئىشلەپچىقىرىش ۋە ئاپەتنىڭ ئالدىنى ئېلىش، ئاپەت زىيىنىنى

ئازايتىش، ئاپەتتىن قۇتقۇزۇش خىزمىتىنى ياخشى ئىشلەپ، جەمئىيەت ئىدارە قىلىشتا يېڭىلىق يارىتىپ ۋە ئۇنى مۇكەممەللەشتۈرۈپ، خەلقنىڭ خاتىرجەم ياشىشى، خۇشال-خۇرام ئىشلىشى، جەمئىيەتنىڭ ئىناقلىقى، مۇقىملىقىغا ھەقىقىي كاپالەتلىك قىلىش كېرەك.

پارتىيە مەركىزىي كومىتېتىنىڭ بۇ يىللىق خىزمەتلەر توغرىسىدىكى تەدبىر-ئورۇنلاشتۇرمىلىرى ئايدىڭلاشتۇرۇلدى، ئاچقۇچ ئەمەلىيلەشتۈرۈشنى ياخشى تۇتۇشتا. ھەر دەرىجىلىك ھۆكۈمەتلەر ۋە ئورۇنلارنىڭ خادىملىرى «ئىككىنى تىكلەش»نىڭ ھەل قىلغۇچ ئەھمىيىتىنى چوڭقۇر ئۆزلەشتۈرۈپ، «تۆت ئاڭ»نى كۈچەيتىپ، «تۆت ئىشەنچ»نى چىڭىتىپ، «ئىككىنى قوغداش»نى ئىشقا ئاشۇرۇپ، ئاڭلىق ھالدا ئىدىيەدە، سىياسىيدا، ھەرىكەتتە يولداش شى جىنپىڭ يادرولۇقىدىكى پارتىيە مەركىزىي كومىتېتى بىلەن يۈكسەك بىردەكلىكنى ساقلاپ، پارتىيە مەركىزىي كومىتېتىنىڭ تەدبىر-ئورۇنلاشتۇرمىلىرىنى ئىزچىللاشتۇرۇشتىكى ياخشى ئىجرا قىلغۇچىلار، ھەرىكەتكە ئۆتكۈچىلەر، ئەمەلىي ئىشلىگۈچىلەردىن بولۇشى كېرەك. خىزمەت ئىستىلىنى ھەقىقىي ياخشىلاپ، مەمۇرىيەت ئۈنۈمىنى زور كۈچ بىلەن ئۆستۈرۈپ، كەم-كوتىسىز ئەمەلىيلەشتۈرۈشنى، تېز ھەرىكەتكە ئۆتۈپ ئەمەلىيلەشتۈرۈشنى، راستچىل-ئەمەلىيەتچىللىك بىلەن ئەمەلىيلەشتۈرۈشنى، دادىل ئىشلەپ نەتىجە يارىتىش ئارقىلىق ئەمەلىيلەشتۈرۈشنى چىڭ تۇتۇپ، ئاخىرقى ئۈنۈمنىڭ پارتىيە مەركىزىي كومىتېتىنىڭ تەدبىر بەلگىلەش مۇددىئاسىغا ئۇيغۇن بولۇشىغا، خەلق ئاممىسىنىڭ ئارزۇسىغا ئۇيغۇنلىشىشىغا ھەقىقىي كاپالەتلىك قىلىش كېرەك.

بۇ يىللىق ئىقتىسادىي، ئىجتىمائىي تەرەققىيات خىزمىتىنى ياخشى

ئىشلەشنىڭ ئەھمىيىتى زور، ۋەزىپىسى مۈشكۈل. شۇنىڭغا قەتئىي ئىشىنىمىزكى، يولداش شى جىنپىڭ يادرولۇقىدىكى پارتىيە مەركىزىي كومىتېتىنىڭ كۈچلۈك رەھبەرلىكىدە، شى جىنپىڭ يېڭى دەۋر جۇڭگوچە سوتسىيالىزم ئىدىيەسىنىڭ ئىلمىي يېتەكچىلىكىدە، پۈتۈن مەملىكەت خەلقى ئىشەنچنى چىڭىتىپ، يول ئېچىپ ئىلگىرىلەپ، جەزمەن تۈرلۈك قىيىنچىلىق، خىرىسلارنى يېڭىپ، پۈتۈن يىللىق ئىقتىسادىي، ئىجتىمائىي تەرەققىيات نىشان-ۋەزىپىلىرىنى ئورۇنلاپ، جۇڭگوچە زامانىۋىلاشتۇرۇش ئارقىلىق قۇدرەتلىك دۆلەت قۇرۇش، مىللەتنى گۈللەندۈرۈش ئۇلۇغ ئىشىنى ئومۇميۈزلۈك ئالغا سىلجىتىشنىڭ يېڭى سەھىپىسىنى پۈتىدۇ!

本书根据中国言实出版社2024年3月第1版北京第1次印刷版本选译出版。

بۇ كىتاب جۇڭگو يەنشى نەشرىياتى 2024 - يىل 3 - ئايدا نەشر قىلغان 1 - نەشرى بېيجىڭ 1 - باسمىسىدىن تاللاپ تەرجىمە ۋە نەشر قىلىندى.

تەرجىمە قىلغۇچىلار: قاھار پولات
ئابلىمىت بارى
خالمۇرات ئىمىن
مەسئۇل مۇھەررىر: ھاۋاگۈل ئەمرۇللا

14 - نۆۋەتلىك مەملىكەتلىك خەلق قۇرۇلتىيىنىڭ 2 - يىغىنىدا بېرىلگەن «ھۆكۈمەت خىزمىتىدىن دوكلات»نى ئۆگىنىشكە دائىر سوئال - جاۋابلار

نەشر قىلغۇچى: جۇڭگو يەنشى نەشرىياتى، مىللەتلەر نەشرىياتى
تارقاتقۇچى: جۇڭگو يەنشى نەشرىياتى
ساتقۇچى: جايلاردىكى شىنخۇا كىتابخانىلىرى
باسقۇچى: بېيجىڭ جۇڭگو نېفىتچىلىكى رەڭلىك باسمىچىلىق چەكلىك مەسئۇلىيەت شىركىتى
نەشرى: 2024 - يىل 7 - ئاي 1 - نەشرى
بېسىلىشى: 2024 - يىل 7 - ئاي 1 - بېسىلىشى
باسما تاۋىقى: 5.5
باھاسى: 35.00 يۈەن

图书在版编目（CIP）数据

十四届全国人大二次会议《政府工作报告》学习问答：
维吾尔文 / 国务院研究室编写组著. -- 北京：中国言
实出版社：民族出版社，2024.3
ISBN 978-7-5171-4778-7

Ⅰ.①十… Ⅱ.①国… Ⅲ.①政府工作报告－中国－
2024－学习参考资料－维吾尔语(中国少数民族语言)
Ⅳ.①D623

中国国家版本图书馆 CIP 数据核字(2024)第 053565 号

翻　　译　卡哈尔·普拉提、哈尔木拉提·依明、阿布力米提·巴日
责任编辑　阿瓦古丽·艾米都拉

出　　版　中国言实出版社，民族出版社
发　　行　中国言实出版社
　　　　　地　址：北京市朝阳区北苑路 180 号加利大厦 5 号楼 105 室
　　　　　邮　编：100101
　　　　　编辑部：北京市海淀区花园路 6 号 B 座 6 层
　　　　　邮　编：100088
　　　　　电　话：64924853（总编室）　64924716（发行部）
　　　　　网　址：www.zgyscbs.cn
　　　　　E-mail：zgyscbs@263.net
经　　销　新华书店
印　　刷　北京中石油彩色印刷有限责任公司
版　　次　2024 年 7 月第 1 版　　2024 年 7 月第 1 次印刷
规　　格　850×1168 毫米　1/32　印张　5.5
定　　价　35.00 元　ISBN 978-7-5171-4778-7